KB042171

도시로 보는 미국사

아메리칸 시티, 혁신과 투쟁의 연대기

도시로 보는 미국사

아메리칸 시티, 혁신과 투쟁의 연대기

박진빈 지음

책세상

• 차례 •

미국 도시로의 초대

미국 영화를 보면 어떤 도시의 전경으로 시작되는 경우가 많다. 영화의 배경이 될 도시의 스카이라인이 한눈에 보이게 펼쳐진다. 사전 정보 없이 영화관에 들어갔다가도 첫 장면에 눈에 익은 전경이 나오면 시카고구나, 뉴욕이구나 하고 바로 알아챈다. 만일 낯선 풍경이 펼쳐진다면 그곳이 어디인지 알아볼 수 있을 만한 단서를 찾아내려 애쓴다. 과연 이 영화는 그 도시의 무엇을, 어떤 특성을 배경에 깔고 전개될지 호기심을 느끼면서 말이다. 영화는 때로는 그 도시만의 역사적 배경에 기초한 사건을 보여주기도 하고, 또 때로는 미국의 어느 도시에서나 있을 수 있는 이야기를 펼쳐놓기도 한다.

이 책은 미국의 도시들이 겪은 일을 통해 미국의 역사를 이해하려는 시도이다. 특히 19세기 후반 이래 미국 주요 도시의 경험을 재구성함으로써 오늘날 미국 사회를 구성하는 특징적 요소들이 어떻게 형성되었는지 설명하려 한다. 그렇다면 왜 도시를 통해 미국의 역사를 살펴보려는 것일까? 그리고 도시의 역사를 중심으로 한 나라의 역사를 파악한다는 것은 어떤 의미가 있을까?

도시는 현대 사회의 핵심적 사건들이 벌어지는 곳이자 많은 인구가 거주하는 곳이니 도시의 역사를 중시하는 것이 당연하지 않으냐고 혹자는 생각할지도 모르겠다. 하지만 19세기까지만 해도 미국을 여행한 외지인들은 미국의 힘은 자연에, 광활한 미개척지에, 즉 도시가 아닌 곳에 있다고 느끼곤 했다. 알렉시 드 토크빌은 '서부', '미개척지'에서 미국적인 독립성, 개인주의, 진취적 성향 등이 나온다고 생각했다. 1876년에 미국을 횡단한 일본 사절단이 남긴 기록에 끊임없이 감탄의 대상으로 등장하는 것은 광대하고 다채로운 자연 풍경이었다. 이런 경향에서 벗어나 도시를 미국 사회를 이해하는 핵심어로 여기게 된 것은 지난 20세기에 있었던 일이다.

그러므로 이 책에서 주로 다룰 특정 도시들의 특성과 중요성을 설명하기에 앞서 먼저 해야 할 일은 도시라는 것이 무엇인지, 왜 도시를 역사의 중심에 놓아야 하는지 설명하는 일일 것이다.

1. 무엇이 도시인가

'도시'란 따로 정의가 필요하지 않다고 생각될 정도로 누구나 의미를 알고 있고 일상적으로 쓰는 단어이다. 도시가 무엇이라고 생각하느냐고 물으면 내 학생들은 대부분 '시골이 아닌 곳', '많은 사람들이 모여 있는 중심지'라고 답한다. 그래서 모여서 무엇을 하는 중심지인가 물으면 행정과 정치, 경제와 문화까지 다양한 답변을 내놓는다.

사전적 정의에 따르면 미국에서 도시, 즉 '시티city'는 '자치 단체로 인준된, 2,500명 이상의 인구를 가진 도회지'로서 '시장mayor에 의해 통치되는 행정 단위'를 일컫는다. 여기서 '자치 단체로 인준된incorporated'이라는 조건은 지방 자치의 역사가 긴 미국의 특성을 반영하는 것으로, 일정 인구가 모인 곳에서 자치적으로 도시를 구성한 뒤 정부의 인가를 받으면 하나의 새로운 도시가 탄생하게 되는 시스템을 배경으로 한다. 또한 '도회지'란 농업 이외의 산업, 특히 상업, 유통업, 금융업 등이 발달한 지역이라는 뜻이다. 그리고 그 통치와 운영을 담당하는 조직은 시장이라는 행정 우두머리에 의해 통치되는 구조를 취한다.

한편, 때때로 '도시'로 번역되기도 하는 '타운town'은 여러모로 도시와 유사하지만 행정적 기능은 결여된 도회지로, 대개 농경 지역과 상대되는 상업적·문화적 중심지를 의미한다. 도시와 달리 농촌 지역들 사이에 자연스럽게 형성된 거점이자 교차점이면서 특별한 행정적 기능을 수반하지는 않는 곳이라고 보면 된다. 타운보다 규모가 더 작은 도회적 성격의 공간들을 빌리지village, 보로borough 등으로 부르기도 한다.

이러한 사전적 정의들이 있지만, 우리가 도시를 말할 때는 분명 이러한 공식적이고 행정적인 규모와 숫자를 넘어선 무언가 더 포괄적이고 감성적인 부분을 담고 있다. 미국의 도시 연구를 선도한 루이스 워스Lewis Wirth는 '삶의 방식으로서의 도시'라는 개념에 집중했고, 루이스 멈퍼드Lewis Mumford는 '문명의 터전으로서의 도시'라는 개념을 정립했다. 이들은 '도시적인 것urbanity'이 바로 도시의 핵심이라고 생각했다는 점에서 공통점을 갖는데, '도시적인 것'이란 '시골적인 것rurality', 즉 농경적이고 목가적인 것에 반대되는 것으로서 성립되는 개념이다. 그러니 결국 내 학생들이 그리 틀린 답을 한 것은 아니다.

이렇게 본다면 도시의 개념은 기본적으로는 산업화 과정에서 생겨난 산업 도시를 중심으로 만들어졌다고 할 수 있다. 따라서 이러한 도시 개념은 '농촌-근대 이전, 도시-근대'라는 이분법적 도식과도 닿아 있다. 어디까지나 도시는 근대가 발생한 곳, 근대의 장소인 것이다. 그런데 이러한 구분이 현재도 유효한지는 의문이다. 미국 사회는 인구의 5퍼센트가 '도시'에 거주하던 1790년대로부터 엄청나게 멀리 와 있다. 2010년 인구 조사에 따르면 미국 인구의 80퍼센트가 '도시'로 분류되는 곳에 거주한다. 하지만 이 통계는, 이제는 도시들이 산업 도시만을 의미하지 않게 되었을 뿐 아니라, 좀 더 복잡한 기능을 수행하는 공간을 모두 도시에 포함시키게 되었음을 의미한다. 또한 이제는 단순히 기존의 도시의 경계 안으로 많은 사람이 몰려든 것이 아니라, 도시에 포함되는 지역이 공간적으로도 팽창한 것임을 의미한다. 원래 존재하던 도시에 그 주변 지역까지 더한 거대 도시들의 출현과 신도시의 추가가 계속 진행 중에 있다.

또한 이 통계는 농촌 내의 중심지나 교외와 같은, 원래는 도시로 분류되지 않으나 도시적인 공간과 거기에 거주하는 인구가 급증했음을 의미한다. 이 지역들은 이제 도시와 상반되는 곳이 아니라 문화적·경제적으로 도시에 근접한 곳으로 여겨진다. 이러한 현재 상황이 의미하는 바는, 오늘날에는 도시의 경계가 모호해지고 있다는 것이다. 2010년 미국 연방정부의 인구 조사는 미국 내 인구 5만 이상의 '도시화 지역urbanized area' 486곳과 인구 2,500~5만의 '도시적 군락urban cluster' 3,087곳을 구분해 도시 인구 산출의 근거로 삼았다. 이제 미국에서는 도시를 '시티'라는 좁은 의미로 국한하지 않고 광범위한 의미에서 도시 지역과 도시 인구를 상정하고 있는 것이다.

그렇다면 이제 우리는 어느 도시들을 살펴봐야 할까? 인구의 80 퍼센트가 거주하는 그곳들 모두를 살펴보기는 어렵고, 인구 조사에서 '도시화 지역', '도시적 군락'으로 새로이 범주화된 곳들 모두를 대상으로 삼기도 벅찰 것이다. 이 책에서 다룰 현대 미국사는 산업화 시기와 탈산업화 시기를 아우른다. 따라서 이러한 사회 변화의 특성을 가장 잘 드러내줄 도시들을 선정해 논의의 범위를 좁힐 필요가 있다.

이 책이 다루는 도시들은 가장 대표적인 메트로폴리스, 즉 미국

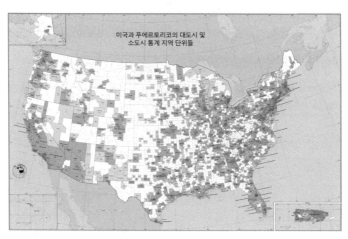

2013년 2월 기준, 미국 전체와 푸에르토리코를 955개의 인구 및 통계 단위로 나누었을 때 인구 5만 명 이상되는 대도시 388곳이 짙은색으로 표시되어 있다.

역사를 통해 명실상부하게 가장 대표적인 대도시로 자리 잡은 곳들이다. 이 도시들은 인구수나 면적 등을 기준으로 한 행정 단위로서의 도시일 뿐 아니라, 인구 조사를 통해 드러나는 도시화의 특성을 지닌 중심지이며, 그러한 물리적 조건을 넘어서는 사회적·문화적·정치적 현상의 중심지이기도 하다. 또한 이 도시들은 전통 도시, 계획도시를 핵심으로 하여 그 도시의 외곽까지 포함하는 거대 도시들이다.

이러한 대도시들이 만들어지는 과정에는 도시의 정치적·경제적·물리적 환경의 형성과, 다양한 도시인들 사이의 역학이라는 요소가 개입돼 있다. 이 책은 바로 이렇게 만들어져가는 과정으로서의 도시에 주목할 것이다. 이러한 시각은 도시를 자연적으로 생겨나 저절로 성장하는 것으로 보지 않고 혁신과 투쟁의 공간으로 보는 것이다. 즉 도시를, 발전과 정체성의 형성이라는 문제를 두고 도시인들이 상호 경쟁, 교류, 투쟁하는 가운데 역사적으로 형성되어가는 공간으로 보는 것이다. 이러한 시각은 각 시대에 도시가 어떤 방식으로 환경과 변화에 반응했는지, 그 방식의 선택은 어떻게 이루어졌는지, 그리고 대안적인 발전 방식은 무엇이었는지를 살펴보게 해줄 것이다.

2. 왜 도시인가

그렇다면 도시를 통해 역사를 이해하는 것이 왜 중요할까? 이 책은 도시를 혁신과 투쟁의 공간으로 다룬다. 도시는 시간과 더불어 끊임없이 변화하며, 인간의 삶을 만들어가는 공간이 된다. 미국의 도시는 미국의 변화를 주도하는 곳이며, 미국의 중요한 문제에 대한 해결 방식들을 제시하는 곳이다. 또한 도시는 그 주변 지역의 정체성을 대표하는 역할도 한다. 그러므로 이러한 도시가 어떤 역사를 거쳐 형성되었는지, 그리고 각 도시의 역사와 미국이라는 국가의 역사가 어떻게 교차하는지를 통해 미국사를 훑어보는 것은 의미 있는 일이다.

도시의 행정, 경제, 문화 같은 각 부문은 그에 대한 권리를 주장하는 개인과 집단에게는 쟁취하고 확보해야 할 대상이다. 그렇기에 특정 도시의 성격은, 도시에서의 권리를 획득하기 위해 다양한 도시인들이 혁신을 추구하기도 하고 경합과 투쟁을 벌이기도 하는 역사적 과정 속에서 생성된다고 볼 수 있다. 이러한 맥락에서 이 책은 도시의 정책, 도시의 구조가 야기한 사회적 갈등의 양상, 다양한 집단들의 경쟁과 협력, 그리고 도시 경제·사회·문화 제도의 변화, 도시와 중앙정부의 관계 등에 주목한다. 이를 종합적으로 분석함으로써 더 구체적이고 생생한 미국 현대사를 제시하고자 한다.

미국 도시학의 선구자인 시카고학파의 시조라 할 수 있는 로버트 파크Robert E. Park와 어니스트 버지스Ernest Burgess는 인간이 도시 환경에 사회적으로 적응하는 과정을 관찰하면서 기본적으로 도시학을 '인간 생태학human ecology'으로 규정했다. 공간을 점령, 활용하기 위한 상호 교류와 권력 작용에 따른 계층적 공간화에 주목했는데, 이렇게 보면 도시는 자연발생적인 것이라기보다는 투쟁의 결과물이라고 이해된다. 이렇게 인간이 도시를 만들고 그 도시가 인간의 반응을 유도하는 이 끊임없는 상호 작용을 통해서 항상 변화해가는 혁신의 공간이 바로 도시이다. 도시를 시대와 지역을 대표하는 곳으로 볼 수 있는 것은 바로 그 혁신성 때문이다.

　미국 역사학에서 도시에 대한 관심은 1960년대에 증폭되었다. 그 이전까지 정치, 외교, 지성 등에 초점을 맞춘 엘리트의 역사가 역사학의 중심이었다면, 1960년대부터는 소수의 정책 결정자들 이외의 다양한 집단과 개인의 상호 작용에 관심을 가지는 분위기가 형성되었다. 그러면서 다양한 사회 구성원들을 매개하는 곳으로서 도시가 역사학의 연구 분야로 각광 받기 시작했다. 다양한 인종, 민족, 계급, 젠더 집단들이 새로운 가치를 추구하고 경쟁하는 장소로서 도시가 흥미로운 연구 주제로 등장하게 된 것이다.[1]

　비록 1960년대에야 도시사 연구가 본격화되었고 그 연구의 중심 주제는 산업 도시였지만, 미국사의 특성상 도시사는 미국사를 연구하는 데 적절한 접근법이라고 봐야 한다. 왜냐하면 미국의 원주민사native american history를 제외한다면, 유럽인의 이주로 시작되는 미국사는 기본적으로 도시의 건설에서 출발하기 때문이다. 1607년 영국 왕 제임스 1세의 특허장을 받아 아메리카 대륙 최초의 영국 식민지를 건설한 버지니아 컴퍼니가 제일 먼저 한 일은 요새화된 상업 거점지인 마을을 건설하는 것이었다. 또한 수년 뒤인 1620년에 폭풍우 몰아치는 북부 해안에 당도한 퓨리턴들이 제일 먼저 힘쓴 일도 정치적·종교적 자치 공동체를 건설하는 것이었다. 두 도시의 성격은 달랐지만, 이렇게 미국의 역사는 도시의 역사와 맥을 같이한다. 따라서 개척기부터 시대별로 도시의 발전과 변화가 어떻게 진행되었는지 추적하는 것이 바로 미국사 연구의 한 줄기가 될 수 있다.

　한편, 미국은 광활한 영토와 지역별 특성의 차이로 인해 하나의 국가로서의 역사를 재구성하기 어렵다는 난점을 안고 있다. 연방정부의 정책을 열거하는 것으로 미국사를 대신할 경우 지나친 단순화가 우려되고, 반면에 한 지역의 역사만 살펴볼 경우 지역적 특성에 매몰되어 미국의 보편적 역사성을 부각하기 쉽지 않다. 특히 미국의 역사에서 20세기 전반까지는 중앙정부가 주도적인 역할을 했다고 평가하기 어렵기 때문에, 이때까지의 미국의 발전을 살펴보기 위해서는 지역적 특성과 전국적 차원의 역사의 흐름을 함께 고려하는 것이 바람직하다. 따라서 미국 사회의 주요 정책이 어떻게 만들어지고 변화했는지 알아보는 데에도 지역사, 특히 도시사 연구가 중심을 이루는 것이 적합하다.

3. 어떤 도시인가

이 책에서 중심적으로 다루는 필라델피아, 시카고, 로스앤젤레스, 애틀랜타, 세인트루이스, 앨커트래즈, 워싱턴 DC, 뉴욕은 도시를 형성한 시기나 최고로 발전했던 시기 등이 조금씩 다르다. 따라서 이들 도시가 형성되고 발전했던 각기 다른 시기의 각기 다른 특성이 그 각각의 도시에 새겨졌다. 본문의 각 장은 이들 도시 하나하나에 할애되어 하나의 도시, 혹은 인근 교외까지 포함하는 도시화 지역을 중심으로 서술된다. 그리고 이 장들은 각 장이 다루는 시기의 연대 순으로 배치되는데, 시기가 서로 조금씩 겹치기도 한다. 이 대표 도시들은 각 장이 다루는 시기의 가장 중요한 문제들을 상징적으로 보여주는 곳들로, 그 도시만의 특성을 나타내면서도 미국 국가사의 전개를 소화해낸다.

제1장은 19세기 말의 필라델피아를 다룬다. 미국의 초기 수도였던 필라델피아는 19세기 후반에 이르러 도시 정체성을 재확립해야 할 위기에 처했다. 제1의 산업 도시이자 항구로서의 자부심을 다른 도시에 빼앗겼고, 의학과 상업의 중심지라는 위상 역시 이미 쇠하고 있었기 때문이다. 재건기 미국의 경제 부흥에 편승해 다시 상업과 산업의 중심지라는 영화를 되찾을 것인가, 아니면 새로운 시대에 걸맞은 정체성을 새롭게 만들어볼 것인가? 필라델피아는 이러한 선택의 기로에 섰다. 이 장에서는 필라델피아가 미국 독립 100주년 기념 박람회의 개최를 계기로 어떤 답을 찾아가는지를 서술한다.

20세기에 들어서 미국의 개발과 부흥의 무게중심이 서쪽으로 점차 옮겨 감에 따라 제2장은 '서부' 정복의 중심인 시카고로 이동한다. 미국 역사에서 '서부'란 지리적으로 정해져 있는 특정 지역이 아니라 시대에 따라 달라지는 공간 개념이었는데, 시카고도 한때 '서부'에 속했었다. 시카고는 도시 수립의 역사는 짧지만 중부 지역의 중심 도시로 급성장했다. 아메리카 원주민을 몰아낸 광대한 중서부 영토에 백인이 이주하면서 농업과 목축업이 발전하게 되었고, 이 생산물들의 집산지로서 시카고가 발전하게 되었던 것이다. 따라서 '서부' 개발과 개척의 중심 도시로서의 시카고의 발전 과정을 살펴보는 것은 의미 있는 작업이다. 또한 시카고는 유럽 출신 이주 노동자들이 많이 정착하는 곳이기도 했고 노예 해방과 함께 처음으로 대이동을 하게 된 남부 흑인들의 주요 목적지이기도 했다. 이러한 인구의 유입과 이로 인한 도시 공간의 분리 및 인종 간 갈등은 20세기 초에 시카고의 명성에 손상을 입힌 중요한 문제였다. 따라서 이 장에서는 '서부' 중심 도시로서의 시카고의 위상과 그로 인한 도시 문제들을 살펴보고, 해결 방안이 무엇이었는지를 분석한다.

제3장은 더욱 서쪽으로 이동해 태평양 연안 도시인 로스앤젤레스를 다룬다. 캘리포니아 주는 미국에서 뒤늦게 개발이 시작된 곳이지만, 온난한 기후와 풍부한 자원 덕분에 미국 사회 내에서도 특별한 성공 신화를 이루었다. 그곳의 중심 도시인 로스앤젤레스는 광대한 대지를 구획화하며 들어선 도시이자, 때마침 등장한 자동차를 이동 수단으로 삼은 도시였다. 1920년대에 일반용 자동차가 보급되면서 본격화된 도심지 건설, 고속도로와 도시 확장, 그리고 이에 따른 자연 환경의 변화 등은 로스앤젤레스의 특수한 현상인 동시에 곧이어 미국 전역에 개발될 신도시들의 서곡이기도 했다. 또한 로스앤젤레스 발전의 역사에서 꼭 다루어야 하는 것은 미국의 어느 지역과 비교해도 두드러지는 아시아계 이민자라는 요소이다. 일찍이 로스앤젤레스의 농업 분야와 노동 시장에 등장한 아시아계 이민자들이 20세기 중반을 지나면서 어떤 일을 겪었는지도 이 장에서 알아본다.

남북전쟁 패전 이후 미국사의 주 무대에서 사라졌던 남부는 제2차 세계대전 이후 화려하게 복귀했다. 교통, 통신 수단, 냉방 장치 등의 기술 발전에 힘입어 남부의 효용성이 커진데다, 낙후된 덕분에 인건비나 부동산 가격 등이 저렴해서 후발 산업화의 중심이 될 수 있었기 때문이다. 그러나 이 같은 발전 과정 속에서 이면에 여전히 자리 잡고 있던 흑백 갈등과 분리의 문제가 다시금 대두될 수밖에 없었다.

제4장에서는 애틀랜타의 역사를 통해 이러한 상황을 적나라하게 노출시킨다. 교외화의 진전에 따라 도시의 중산층과 부는 외곽으로 빠져나갔고, 구도심에는 가난과 빈민이 남겨졌다. 이 장에서는 이와 같은 1950년대의 남부의 부흥과 애틀랜타의 변화가 현대의 전 미국 사회의 어떠한 특성과 연관되어 있는지 살펴본다.

흑백 갈등과 분리, 그리고 그로 인한 도시의 분열과 공동화는 애틀랜타에만 국한된 것이 아니라, 사실상 제2차 세계대전 후 미국의 거의 모든 대도시에서 벌어진 일이다. 그래서 1950년대 이후 미국에서는 도시 재생, 재개발이 화두로 등장했다. 미국 전역에서 벌어진 재개발은 각 도시의 선택에 따라 서로 다른 결과로 이어졌다. 제5장에서는 도시의 공동화를 해결하려던 재개발 사업이 난개발로 이어져 더 큰 악몽을 만들어낸 세인트루이스의 이야기를 다룬다. 세인트루이스의 재생 사업은 특히 진보적이고 혁신적인 이념에서 출발했으나 실현 과정에서의 왜곡과 빠른 쇠퇴로 인해 최악의 결과를 빚었다는 점에서 도시 재개발의 나쁜 예로 거론된다. 이 장에서는 어떠한 선택과 갈등이 이러한 결과를 낳았는지 분석한다.

제6장은 미국 원주민의 공간에 대해 살펴본다. 대륙 전역에 퍼져 다양한 생활방식으로 살아갔던 수많은 원주민들은 20세기에는 지정된 특정 구역에 수용되어 살아가는 소수민으로 전락했다. 미국이 백인들을 위한 땅으로 개발되어 변화를 겪는 동안 그들은 끊임없이 주거권을 빼앗기고 내몰렸다. 그랬던 원주민들이 1969년에 캘리포니아의 앨커트래즈 섬에 자신들만의 도시를 세우겠다며 이 섬을 18개월간 점거하는 일이 있었다. 원주민들이 자신들의 처지에 대한 반항

과 저항의 뜻을 적극적으로 표현한 사건이었다. 이 장에서는 이 사건의 원인과 유산을 살펴봄으로써 도시에서 밀려난 인구 집단의 의미를 생각해본다.

제7장에서는 워싱턴 DC의 도시 계획과 기념 공간 조성에 대해 분석하고 수도로서의 정체성의 형성에 대해 이야기한다. 18세기 말에 설계도에 의해 만들어진 계획도시라는 점에서 특수한 워싱턴은 그 후 끊임없이 진화해왔다. 남북전쟁 이후에는 국민적 영웅을 기리는 시설이나 국가적 사업, 특히 전쟁을 기념하는 시설들을 조성하면서 이 도시를 전 국민을 대표하는 기념과 기억의 공간으로 만들었다. 이 장에서는 워싱턴의 주요 구역에 배치된 이러한 기념 시설물들의 의미를 분석하고, 그로 인해 형성된 워싱턴의 도시 이미지를 살펴본다.

마지막 제8장에서는 1970년대부터 현재까지의 뉴욕의 변화를 중심으로 도시 공간 고급화의 명암을 짚어본다. 미국 도시의 역사를 쓰면서 뉴욕을 다루지 않는다면 부자연스러운 일일 것이다. 사실 뉴욕은 미국사에서 어느 시기에나 대표 도시로 간주될 수 있을 정도로 각 시대마다 중요한 변화의 추동력을 발휘했다. 과연 이 위대한 도시는 20세기 후반의 도심지 낙후와 재개발에 어떻게 대응해왔을까? 어떤 요소들이 서로 대립하고 부딪치면서 뉴욕의 현대사를 써왔을까? 이 장에서는 젠트리피케이션이라고 일컬어지는 공간 고급화 과정을 살펴보면서 현대 미국 사회가 처한 중요한 문제점을 반추한다.

사실 이 책이 다루는 모든 시대, 모든 도시에 공통되는 화두는 도시 정비, 재정비, 재개발이다. 도시는 완전했던 적이 없으며, 항상 새로워지고 더 나아지려는 노력을 기울였다. 그러나 무엇을 최우선 과제로 삼을지, 더 나아진다는 것의 의미가 무엇인지를 누가 결정했는지에 따라 결과와 결과에 대한 평가는 달라질 수밖에 없다. 바로 그 결정에 따른 사태의 추이를 살펴보는 것이 이 책의 주요 목적 가운데 하나이다. 도시의 역사는 미리 정해졌다거나 필연적인 길로 나아갔다기보다는, 바로 그 결정들이 모여서 만들어낸 과정이었음을 살펴보는 것이 중요하다고 생각하기 때문이다.

인종 문제, 특히 흑인의 차별적 지위와 백인의 독점적 권력이 만들어내는 긴장과 갈등이 거의 모든 장에서 부각되고 있다는 것은 의미심장하다. 인종 문제를 본격적으로 다루겠다는 결심으로 시작한 작업이 아닌데도 말이다. 도시의 공간을 차지하기 위한 싸움에서건, 정체성을 규정하려는 노력에서건, 또는 도시에서 발생한 다양한 문제를 해결하는 일에서건 흑인은 나름의 참여를 희망했지만 대부분의 경우 거부당했고, 이등 시민의 지위에서 벗어나지 못했다.

이러한 상태가 지금도 계속되고 있음은 최근에 벌어진 흑인에 대한 경찰의 폭력 사태들이 말해준다. 해결되지 않는 인종 간 갈등이 계속 좌절감과 분노를 고조시키다가 마침내 폭력으로 표출되는 것이다. 미국의 도시들은 왜 여전히 이러한 문제를 해결하지 못하는 것일까? 결국 이 책은 미국 주요 도시들의 역사를 이야기하는 가운데, 인구 이동 및 인구 팽창과 더불어 더욱 확대되었을 뿐 아니라 더욱 흉악해진 인종 문제의 역사를 노정한다. 그래서 이 책의 여러 부분에서 미국이라는 사회를 이해하는 데 핵심적인 요소로서의 인종의 중요성이 부각되고, 도시 내에서 공간이 인종적으로 분리되고 일종의 카스트화되는 과정이 관찰될 것이다.

제1장

필라델피아

—

독립 100주년과 새로운 세기

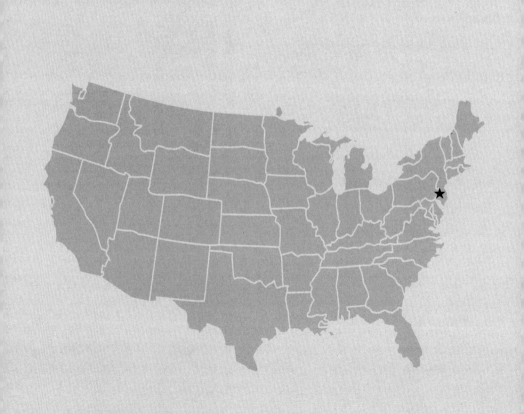

미국에서 가장 역사가 긴 도시, 북동부의 초기 식민지 지역 도시들 가운데 하나로부터 이야기를 시작하는 것이 자연스러울 것이다. 그러한 도시들 가운데 전형적이고도 특수한 곳으로 필라델피아를 들 수 있다. 필라델피아는 식민 도시로 건설되어 미국이 독립할 때까지 역사의 중심에 있었고, 미국이 만들어지고 성장하는 초기의 주요 현장으로 기능했다. 그리고 20세기로의 전환기에 이르러서는 남북전쟁을 마치고 미국이라는 국가에 닥친 재통합 및 정체성 확립이라는 과제와 더불어, 변화하는 시대에 부합하는 새로운 도시를 만드는 과제를 스스로 떠안았다. 이 장에서는 바로 그러한 이중의 과제를 필라델피아가 어떻게 해결하려 했는지 살펴볼 것이다.

1. 필라델피아는 무엇을 먹고 사는가

필라델피아는 미국 북동부에서 중요한 지역인 대서양 중부 연안 지역mid-atlantic의 중심에 위치한 도시로, 대서양으로 흘러드는 델라웨어 강과 스쿨킬 강 사이에 자리 잡고 있다. 한때 미국 독립운동의 중심지이자 미합중국의 임시 수도였고, 미국 최대의 생산 도시였다. 철과 석탄 광산이 위치한 동북 펜실베이니아 산간 지역을 배경으로 하고 있기에 산업이 발달할 물리적 바탕이 풍부했고, 지리적으로 요지인데다 개신교도 중에서도 실리적이고 합리적인 퀘이커 교도들에 의해 개척된 탓에 19세기 내내 이 도시는 상업적·산업적으로 발전했다. 1854년에 펜실베이니아 철도가 동부에 위치한 이 도시를 내륙과 연결시켰고, 중앙 라인 운하Main Line Canal가 개통되어 한창 성장 일로에 있던 미국 중부와 서부의 시장에 활로를 터주었다.

필라델피아는 어떤 도시였을까? 미국인들이 붙여준 세 개의 별명으로 이 도시의 이미지를 떠올려 보자. 가장 대표적인 별칭은 그리스어에서 온 '필라델피아'라는 이름을 문자 그대로 해석한 '우애의 도시City of Brotherly Love'이다. 이는 이 도시를 세운 퀘이커 교도 윌리엄 펜의 관용적인 정책에 따라 원주민과 우호적인 관계를 형성하며 도시를 건설한 전통에 부합하는 것으로, 그 후로 이 도시는 흑인이나 유대인도 다른 도시보다 빨리 수용했다.

그다음 별칭은 '주택 소유자의 도시City of Homeowners'인데, 정확한 기원은 알 수 없으나 다른 도시에 비해 주거 환경이 좋고 주택 소유자의 비율이 높았다는 세간의 믿음을 반영한 것이다. 윌리엄 펜은 구체적인 도시 계획을 세우고 실현했기 때문에 이 도시는 구도시로서는 드물게 격자형 도로 체계를 갖추고 있었다. 도로가 좁고 건물 밀집도도 높았지만, 계획도시답게 질서가 잡히고 단정해 보인 것도 이러한 별칭에 기여했을 것이다.

세 번째 별칭은 '세계의 작업장Workshop of the World'이다. 필라델피아는 애초부터 상업과 실용 학문을 중시하는 도시로 성장했다. 벤저민 프랭클린은 바로 이러한 도시 정체성을 대변하는 흥미로운 인물

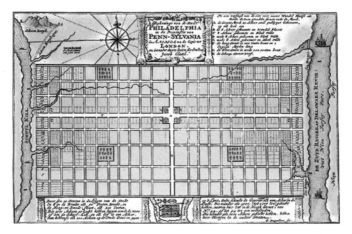

1682년 윌리엄 펜의 필라델피아 도시 계획도.

이다. 인쇄, 출판, 언론을 아우르는 식자층의 대표자인 그는 미국 최
초의 사설 종합병원인 펜실베이니아 병원의 공동 설립자들 가운데
한 명이었다. 이 병원은 현재 펜실베이니아 대학의 의과대학에 부속
되어 있으며, 가장 선망되는 MBA 스쿨 가운데 하나인 와튼 경영대
학 역시 이 대학에 속해 있다. 이 도시 최고의 대학에서 가장 두드러
진 전공 분야가 의학과 경영학이라는 사실은 매우 상징적이다. 또한
장인들의 도시이자 상인들의 도시인 필라델피아는 한동안 미국 생
산업의 중심으로서 명성을 유지했다.

　19세기 후반에 미국에서는 이 나라의 장래를 결정할 새로운 발
전 국면이 펼쳐지고 있었다. 1865년 남북전쟁이 종료되면서 미국은
하나의 국가로서 경제 발전에 다시금 박차를 가하게 되었을 뿐 아니
라, 1869년에는 첫 번째 대륙횡단철도의 완성으로 서부 정복의 마무
리 단계에 접어들었다. 이제 비로소 미국은 대서양 연안부터 태평양

연안까지 하나의 국가 체제 하에 통합해 이전과는 다른 차원의 진보를 기획할 수 있게 된 것이다. 여기에다가 19세기 전반에 이루어진 산업 발전과 도로·운하·철도 체계의 발달은 이후 세대에게 보다 본격적인 산업화의 기회를 마련해주었다. 이러한 요소를 바탕으로 미국은 드디어 서양 최강대국의 자리를 넘볼 수 있게 되었다.

그러나 미국이 최강대국으로 성장하기 위해서는 해결해야 할 문제들이 있었다. 19세기 내내 미국이 이룩한 빠른 성장과 발전은 그에 따른 부작용들을 축적했고, 그 결과 세기말에는 사회 갈등이 폭발 직전에 이르렀기 때문이다. 인구 집중과 산업 발달로 복잡해진 대도시들에서는 새로운 시대에 걸맞은 인프라를 구축하는 문제와 함께, 이질적인 주민 집단들 사이에 발생하는 이민 문제, 인종 문제, 환경 문제 등이 심각하게 대두하고 있었다. 필라델피아 역시 이런 문제들에서 자유롭지 못했다. 이러한 역사적 전환기에 성장의 정점을 지나 늙어가고 있던 도시 필라델피아는 어떻게 반응하고 적응했을까?

1870년부터 1920년까지 인구 조사에서 미국 전체 인구의 13~14퍼센트가 외국 출생자인 것으로 나타났다. 당시 미국 인구는 10년에 10~15퍼센트 이상씩 증가하고 있었는데, 그럼에도 외국인 비율이 줄지 않았다는 것은 그만큼 외국인의 유입이 지속적으로 많았다는 것을 의미한다. 그런데 주요 도시들에서는 외국 출생자가 차지하는 비율이 전국 평균을 훨씬 웃돌았다.[1] 각 도시는 이질적인 이민자들이 넘쳐나 홍역을 앓고 있었다.

대도시라면 어디나 비슷한 상황에 봉착해 있었고 필라델피아도 예외는 아니었다. 미국의 초기 수도였던 필라델피아는 미국 역사의

	도시	인구	외국 출생자 비율
1870	뉴욕	942,292	44.5%
	필라델피아	674,022	27.2%
	시카고	298,977	48.4%
1880	뉴욕	1,206,299	39.7%
	필라델피아	847,170	24.1%
	시카고	503,185	40.7%
1890	뉴욕	1,515,301	42.2%
	필라델피아	1,099,850	41.0%
	시카고	1,046,964	25.7%
1900	뉴욕	3,437,202	37.0%
	필라델피아	1,698,575	34.5%
	시카고	1,293,697	22.8%
1910	뉴욕	4,766,883	40.8%
	필라델피아	2,185,283	35.9%
	시카고	1,549,008	24.8%
1920	뉴욕	5,620,048	36.1%
	필라델피아	2,701,705	29.9%
	시카고	1,823,779	22.0%

초반에 보스턴, 뉴욕과 더불어 핵심 도시로서의 지위를 누렸으나, 이제 대중의 관심에서 점차 밀려나고 있었다. 한때 누렸던 미국 제1의 도시라는 지위는 인구와 경제력에서 필라델피아를 능가한 뉴욕에 빼앗긴 지 오래였고, 뉴욕과의 격차는 남북전쟁기에 더욱 심해졌다. 1890년 인구 조사부터는 제2의 도시 자리도 신흥 시카고에 내준 것으로 드러났다. 정치의 중심은 새로운 수도인 워싱턴 DC로 옮겨 갔고, 필라델피아가 가지고 있었던 '혁명의 발원지'라는 역사성은 미국

인들에게서 이미 희미해져가고 있었다.

'세계의 작업장'이라는 별명이 잘 말해주는 것처럼 한때 이 도시는 다양한 산업의 중심지로 기능했지만, 19세기 후반의 변화하는 세상과 보조를 맞추지 못했다. 다양한 산업 중에서 필라델피아를 대표하는 산업은 직물 및 의류 제조업이었다. 그러나 대개 가족 내 인력을 고용하고 전통적인 숙련공에 의존하는 방식으로 소규모 공장 생산을 고수했기 때문에 폭발적 발전을 이루기에는 한계가 있었다. 그결과, 섬유 산업의 중심지로서 19세기 중반까지 미국의 산업을 이끌었던 지위 역시 신흥 산업 도시들에 밀려 흔들리게 되었다. 필라델피아는 이리 운하보다 총 연장이 더 긴 운하를 건설하는 등 옛 지위를 되찾기 위해 부심했지만 미국 산업과 경제의 축이 뉴욕-시카고로 넘어가고 있음을 부인할 수 없었다.

게다가 이민자의 증가로 인해 도시의 풍경이 달라지고 있다는 것도 큰 근심거리였다. 기존의 이민자 대다수가 서유럽 지역 출신이었다면 이제는 이탈리아, 러시아, 폴란드 등지로부터 새로운 이민자가 쇄도했다. 그 전에는 소수에 불과했던 이러한 인구가 증가하면서 도시의 풍경은 이국적으로 변해갔다. 외국에서 출생해 필라델피아로 이주한 사람들 가운데 서유럽 이외 지역 출신자들이 차지하는 비율은 1900~1910년에 16퍼센트에서 33퍼센트로 증가했다. 그렇다보니 원래 주민인 독립 혁명 세대가 오히려 필라델피아 시내를 낯설어할 지경이었다.

이 새로운 이민자 집단 중 필라델피아에서 가장 두드러진 존재감을 보인 집단은 도시의 남쪽 구역에 자리 잡은 이탈리아계였다. 9

번가와 크리스천 로 주변에 형성된 커다란 시장인 일명 '작은 이탈리아Little Italy'에서는 이탈리아 말이 공용어였고, 치즈·생선·야채·빵을 파는 이탈리아계 이민자들의 가게가 즐비했다. 특히 시칠리아와 남부 이탈리아에서 건너온 사람들은 건설 붐이 일고 있던 필라델피아에 중요한 노동력을 제공했다.[2] 이탈리아계와 더불어 필라델피아의 얼굴에 변화를 가져온 이민자들이 있다면, 러시아와 폴란드에서 온 이민자의 대다수를 차지하는 유대인들이었다. 이들 역시 1905~1918년에 10만 명에서 20만 명으로 두 배 증가했고, 시내 상업 지구에서 다양한 직업을 갖고 살아갔다. 유대인들은 이탈리아에서 온 사람들처럼 시끌벅적하지는 않았지만, 종교 공동체를 고수하며 존재감을 키워갔다.[3]

이민자라는 새로운 인구는 필요한 노동력을 제공하고 도시에 다양한 활력을 불어넣는 것으로 도시에 기여하기도 했지만, 다른 한편으로는 도시에 부담으로 작용했다. 이질적인 외모와 종교를 가진 사람들이 갑자기 증가하는 것은 먼저 거주하고 있던 주민들에게는 위협적으로 느껴지기도 했다. 또한 그 이질적인 사람들 대부분이 가난한 노동자라는 사실 역시 불편한 감정을 불러일으켰다. 무엇보다, 갑자기 많은 인구가 도시의 제한된 공간에 밀집하게 된 데 따른 여러 가지 환경 문제는 즉각적인 골칫거리가 되었다. 1890년에 일어난 뉴욕의 공동 주택 개선 운동이나 시카고의 헐 하우스Hull House 운동 등이 바로 이러한 문제를 해결하려는 노력이었던 것처럼, 필라델피아에서도 이와 유사하게 이민 노동자를 대상으로 하는 세틀먼트 하우스 운동이 전개되었다.

필라델피아의 세틀먼트 하우스 운동은 부유한 퀘이커 교도인 수전 와튼Susan Wharton과 그녀의 사촌 한나 폭스Hannah Fox, 그리고 친구인 헬렌 패리시Helen Parrish가 결성한 옥타비아 힐 연합Octavia Hill Association에 의해 1896년에 본격적으로 시작되었다. 이들이 한 일은 허물어져가는 주택을 구입해 개보수를 거친 뒤 빈민 노동자 가정에 임대하는 것이었다. 이러한 사업은 수전 와튼이 런던에서 보고 온 옥타비아 힐의 사업을 벤치마킹한 것이었다. 그들은 빈민에게 시장가보다 낮은 임대료로 양질의 주거 환경을 제공하면서도 소규모의 이윤을 얻을 수 있는 이 사업 모델을 제시했고, 자신들과 같은 뜻있는 시민들의 참여를 독려했다.[4]

아직 시민의 복지를 정부 차원에서 책임져야 한다는 의식이 자리 잡지 않은 시대였다. 먹고사는 문제는 개인이 알아서 해결할 일이었고, 주거 문제도 개인 간의 거래로 이루어지는 사적인 영역의 일로 간주되었기 때문에 시정부는 이러한 문제에 관여하지 않았다. 그래서 옥타비아류의 시민 단체가 아무리 도시 빈민의 주거 환경 문제에 관심을 가지고 해결책을 찾으려 애써도 현실적 변화를 가져오기에는 역부족이었다. 1905년 옥타비아 힐 연합이 조사한 바에 따르면, 이탈리아 이민자 밀집 지역의 가옥 상태는 열악함 그 자체로, 부엌과 거실과 방이 하나로 트여 있는 원룸형 공간에 평균 서너 가정, 10~20인이 거주했다. 대부분의 원룸에는 별도의 화장실이 없어 건물 내의 공동 화장실을 이용해야 했고, 환기구·하수구·비상구 등이 결여되어 있었다.[5]

옥타비아 힐 등의 시민 단체와 달리 시정부는 아직 이러한 문제에 대해 책임감을 느끼지 못했다. 이러한 면에서는 필라델피아는 '우애의 도시'나 '주택 소유자의 도시'라는 별칭을 무색하게 하는 곳이었다. 필라델피아는 바다 건너 일자리를 찾아온 빈민에게 주택을 제공하지도 못했고, 특별한 관심을 가지고 그들의 정착을 도와주지도 못했던 것이다.

이제 이러한 별칭보다 더 설득력 있는 것은, 유명한 폭로 언론인 링컨 스테펀스Lincoln Steffens의 "가장 부패하고 자족적인 도시"라는 표현이었다. 스테펀스에 따르면, 공화당이 집권한 시정부가 도시의 주요 사업체들과 결탁해 모든 수익을 나눠 가지는 전횡을 저지르는 가장 흉악한 도시가 필라델피아였다. 그가 1903년에 출간한《도시의 수치The Shame of the Cities》에서 필라델피아를 이렇게 표현하기까지 이 도시는 무엇을 했던 것일까? 그리고 그런 모욕적인 평가를 받은 뒤에 이 도시는 무엇을 했을까? 경제 발전의 둔화와 이질적 인구의 유입, 그리고 빈민의 증가와 도시 환경의 악화라는 상황 속에서 필라델피아는 어떠한 미래를 준비했을까?

2. 100주년 박람회

필라델피아가 먼저 한 일은 대대적인 빈민 구호 정책이나 생산력 증강 운동에 나선 것이 아니라, 1876년의 만국박람회를 유치한 것이었다. 필라델피아는 왜 이 위기와 전환의 시기에 박람회라는 행사에 열성을 보였을까? 박람회는 상업적 목적에서 개최하는 것인 만큼, 경제적인 이득을 기대했을 수도 있다. 박람회 참석차 기업들이 필라델피아를 방문하고, 박람회장을 새로 짓는 등 도시 건설 사업이 촉진되고, 관광객과 방문객이 늘어나고, 결과적으로 일자리 창출과 경제 활성화에 도움이 되리라고 기대했을 수 있다. 그러나 1876년이라는 시점은 경제적 고려 외에 문화적·정치적 고려도 있었으리라 짐작게 한다.

무엇보다 1876년에 만국박람회를 개최한다는 것은 역사적으로 특별한 의미가 있는 일이었다. 이 박람회는 미국 최초의 공식적 국제박람회였을 뿐 아니라, '100주년 박람회Centennial Exposition'라는 공식 명칭에서 드러나듯 무엇보다도 미국의 독립 100주년을 기념하는 행사였던 것이다. 첫 박람회이자 독립 100주년 기념행사를 필라델피아에서 개최한다는 것은 명실상부하게 미국의 대표 도시임을 입증하는 일일 테니 정체성을 재정립하려는 필라델피아에 이보다 알맞은 행사는 없었을 것이다.

필라델피아의 입장에서 다행스러운 점은, 다른 도시들이 박람회에 큰 관심을 보이지 않는 가운데, 독립 100주년을 기념하는 행사는 필라델피아에서 개최돼야 한다는 제안이 일찌감치 있었다는 것이었다. 최초의 제안자는 인디애나 주의 대학교수인 존 캠벨John L. Campbell로, 그는 이미 1866년에 필라델피아 시장에게 서신을 띄워 독립 100주년 기념행사의 필요성을 역설했다. 한편 1867년 파리 박람회에 미국 대표단의 일원으로 참석했던 찰스 노턴Charles Norton 장군은 미국의 국격과 국제 사회에서의 인지도를 높일 행사로 박람회 개최를 주장했다. 이 두 요구가 결합해 독립 100주년 기념 만국박람회

의 개최가 가시화되기 시작했다.[6]

물론 이 행사를 유치하려고 가장 열성적으로 노력한 것은 필라델피아 사람들이었다. 1871년 펜실베이니아 하원의원인 대니얼 모렐Daniel J. Morrell의 발의로 필라델피아에 만국박람회를 유치하자는 의견서가 의회에 제출되었다. 그리고 필라델피아 지역 상공 박람회를 개최한 경험이 있는 프랭클린 인스티튜트Franklin Institute, 예술가와 기업인으로 구성된 파인 아트 아카데미Academy of Fine Arts 등의 강력한 지지 하에 박람회 개최에 대한 결의안이 시의회를 통과했다. 이에 필라델피아 시와 펜실베이니아 주 공동위원회가 하원에 만국박람회 개최를 청원했고, 결국 전국적 지지 속에서 개최를 위한 법이 하원을 통과했다.[7]

필라델피아 사람들에게는 필라델피아가 개최지가 되는 게 당연하다고 여겨졌다. 미국의 독립을 기념함에 있어 미국의 초기 수도이자 건국의 아버지들이 모여 '반역'을 모의하고 새로운 국가의 기틀을 세운 장소인 필라델피아만큼 적격인 곳은 없었다. 여기서 독립전쟁을 알리는 '자유의 종Liberty Bell'이 주조되었고 혁명을 알리는 종소리가 울렸다. 성조기가 처음 바느질되어 만들어진 것도 바로 필라델피아의 골목길에 자리한 벳시 로스Betsy Ross의 집에서였다. 혁명의 정당성을 세계만방에 알린 독립선언서가 채택되고 낭독된 곳이 바로 이 도시였으며, 헌법이 작성되고 서명된 곳도 바로 이 도시였다. 독립 후에는 첫 의회가 이 도시에서 열렸으며, 제1대 대통령과 제2대 대통령의 평화로운 정권 교체가 이루어진 곳도 이 도시였다.[8]

1870년 3월 9일에 박람회 개최를 결정하는 법안 'House Rule

No. 1478'이 제41기 하원을 통과하면서 필라델피아는 박람회 준비에 박차를 가하게 되었다. 이 법안에 따르면 "우리나라가 존재한 첫한 세기의 완결을 국가의 천연자원들과 그것들의 개발, 그리고 인류를 이롭게 할 기술의 발전 모습을 다른 나라와의 비교 하에 전시하는 것으로 기념하는 것은 적합한 일"이었다. 법안 통과에 이어 의회에서는 백주년위원회Centennial Commission를 설치했고, 대통령은 각 주와 준주의 주지사 후보들을 이 위원회의 위원으로 임명해 박람회 준비를 본격화했다.[9]

하지만 독립 100주년 기념 박람회에 대한 연방정부의 역할은 거기까지였다. 연방의회는 박람회 준비의 핵심인 자금 문제에서 미온적이었을 뿐 아니라, 심지어 백주년위원회의 운영 자금조차 조달해주지 않았다. 이에 경제적 부담은 모두 개최지인 필라델피아 시가 떠안게 되었다. 시는 5만 달러에 달하는 위원회 운영비를 부담했지만위원회는 부지 선정 과정에서 이를 모두 소모해버렸다. 그러자 시정부가 연방의회에 압력을 넣어 시에서 채권을 팔아 1,000만 달러까지모금할 수 있도록 허락받았지만, 시정부가 판매한 채권은 150만 달러를 조달하는 데 그쳤다. 그 외에 시정부의 기금에서 150만 달러, 그리고 펜실베이니아 주에서 100만 달러가 지원되었다. 결과적으로 연방정부는 박람회 개최 한 해 전인 1875년에야 미진한 준비 상태를해결하기 위해 150만 달러 정도를 보조했는데, 그것도 지원이 아니라 차용의 형태였다.[10]

그렇다면 이와 같은 엄청난 부담을 안게 된 필라델피아의 입장은 무엇이었을까? 과연 만국박람회가 그 정도로 의미를 부여할 만한 행사였을까? 재정적으로 큰 부담을 안게 된 것은 난감한 일이었지만, 그럼에도 불구하고 이 도시의 기업인, 예술가, 정치인은 모두 적극적으로 유치를 주장했다. 이것이 필라델피아에 중요한 기회라는 것이 이들의 공통된 의견이었다. 오히려 연방정부의 무관심 속에 필라델피아가 전적으로 이 행사를 떠안게 되었기 때문에 성공적 개최에 대한 책임감이 고조되었다.

책임감 고조와 더불어, 애국적 행사로서의 박람회의 의미가 특별히 강조되었다. 필라델피아의 박람회를 기획하고 운영한 담당자들은 이 도시와 이 행사의 역사성을 강조하는 전시를 기획했다. 독립운동의 중심지였던 필라델피아의 입장에서 보자면 이 도시의 무시할 수 없는 풍부한 역사성은 분명 독립 100주년을 맞이하여 다시금 상기되고 기념되어야 할 중대한 사안이었다. 더구나 남북전쟁으로 분열되었던 나라가 다시 하나의 국가로 단결했음을 독립 100주년을 계기로 다시 부각할 수 있으리라는 희망도 있었다.

다시 국가와 국민의 단결을 가져올 애국적 행사로서 박람회의 방향이 정해지자, 무엇보다 그때까지 방치되다시피 했던 독립선언서 원본을 찾는 대대적인 운동이 벌어졌다. 독립의 상징과도 같은 그 문서를 필라델피아 박람회에 전시하는 것이 더없이 중요한 일로 여겨졌기 때문이었다. 결국, 그동안 별 주목을 받지 못한 채 국회 창고에 처박혀 있던 독립선언서 원본이 발견되었고, 곧 필라델피아로 운반되었다. 박람회 측은 이 원본을 전시하기로, 그리고 박람회 기간 중에 맞이할 독립기념일에는 낭독 행사를 열기로 결정했다.

또한 독립운동기에 만들어져 초창기 정부 청사에 걸려 있었던

'자유의 종'을 보수하는 일도 1876년 박람회 준비 작업의 일환이었다. 자유의 종은 하단이 파손되었는데, 파손 부위로부터 위쪽으로 균열이 더욱 심각하게 번져가는 중이었다. 균열이 더 이상 진행되지 않도록 손상 부위를 처리하는 작업이 지시되었다.[11] 보수된 이 자유의 종 역시 박람회에 중요한 전시물로 등장할 예정이었다.

필라델피아는 박람회를 위해 몇 가지 유적을 복원하고 전시하는 데 그치지 않고, 아예 독립과 관계있는 옛 정부 청사 건물과 주변 지역을 역사 유적 지구로 조성하는 사업을 구상했다. 이에 따라 필라델피아 옛 시가지의 3개 블록을 포함하는 구역이 새로 단장되어 박람회 관람객을 맞이했다. 이 역사적 구역은 중요성을 인정받아 1916년에 마침내 '국립 독립역사공원Independence National Historical Park'으로 지

독립전쟁의 상징인 '자유의 종'.

국립 독립역사공원의 전경.

정되었으며, 오늘날까지도 미국의 주요 관광지로서 연중 관람객을 맞고 있다.

이와 같이 필라델피아는 역사 복원을 통해 초기 수도로서의 정체성과 자부심을 강화하려 노력했고, 그 계기를 1876년 박람회에서 찾았다. 필라델피아는 산업이나 금융 면에서는 다른 도시들에 밀려나고 있을지 몰라도 누구도 절대로 빼앗아 갈 수 없는 것을 갖고 있었으니, 그것은 바로 역사였다. 그 역사를 활용해 필라델피아가 '역사 도시'로서의 새로운 정체성을 구축하는 데 성공할 수 있을지 여부는 100주년 기념 박람회에 달려 있었다.

이 같은 중요성 때문인지 필라델피아가 준비하는 박람회는 규모가 엄청났다. 우선, 부지가 무려 총 285에이커에 달했다. 그래서 이전에 만국박람회를 개최했던 런던, 파리, 빈 같은 도시들이 이 행사의 사업적 성공에 대해 의구심을 표시할 정도였다. 필라델피아 사람들은 이 행사가 그때까지의 세계 박람회 가운데 가장 대규모임을 자랑했다. 박람회를 구석구석 다 살펴보려면 수일에서 수주가 소요될 정도였다.[12]

박람회장의 위치와 규모는 미국의 국력과 필라델피아라는 도시의 힘을 과시하려는 차원에서 결정되었다고 봐야 한다. 박람회 건물들이 위치한 곳은 당시 세계 최대의 공원이었던 페어마운트 공원 Fairmount Park 속의 둔덕 지대였다. 페어마운트 공원은 주요 공업 지역인 델라웨어밸리의 주요 수로인 스쿨킬 강을 끼고 펼쳐진 세계 최대 규모의 공원으로, 부유한 필라델피아인들의 여가 생활의 중심지였다. 공원에서 내려다보면 스쿨킬 강가를 따라 자리한 아름다운 별장과 보트하우스들의 풍요로운 풍경이 펼쳐지고 필라델피아 시내까지 조망되는 등, 이 공원은 뛰어난 입지를 갖추고 있었다.

다른 도시의 성장에 뒤로 밀려나고 있던 필라델피아로서는 무리가 되더라도 박람회를 큰 행사로 만들어야만 한다고 생각했을 것이다. 필라델피아의 당시 능력을 고려할 때 '버겁다' 할 만한 규모였던 이 행사는 다행스럽게도 꽤 많은 관심을 받았다. 정확한 통계는 없지만 5월 10일에서 11월 10일까지 6개월에 걸친 개최 기간 동안 이 박람회를 찾은 관람객은 약 980만 명으로 추산된다. 당시 미국 인구가 불과 4,800만이었음을 감안하면 필라델피아 박람회에 대한 반응은 꽤 뜨거웠다고 평가할 수 있을 것이다.[13]

이는 성공적 개최를 위해 준비위원회가 엄청난 노력을 기울인

VOGELPERSPECTIVE.   VUE À VOL D'OISEAU.   BIRDS EYE VIEW.

1876년의 필라델피아 만국박람회 전경.

결과였다. 국가의 지원을 충분히 받지 못한 상황에서 박람회가 성공적이라는 평가를 받으려면 관람객을 많이 끌어들여 흥행에 성공하는 수밖에 없었다. 첫째로는 입장료 수입이 박람회 재정에서 중요한 부분을 차지하는 만큼 관람객이 많이 들어야만 적자를 면할 수 있었기 때문이고, 둘째로는 대중적 지지와 인정을 얻어야 정당성 확보와 긍정적 사후 평가가 가능했기 때문이다. 그래서 준비위원회는 신문 광고와 기고, 관공서의 지침과 회람 등 여러 방법을 통해 박람회 관람을 독려했다.[14]

　　박람회장의 위치와 규모뿐 아니라 전시장의 배치와 전시물 선택에 있어서도 필라델피아 박람회는 전무후무했다. 직물 산업을 비롯한 제조업의 전통이 강한 필라델피아는 기술의 진보를 과시하기에 적합한 도시였다. 목재 재단용 기구, 타이프라이터, 재봉틀, 총기류, 인쇄기 등 뛰어난 기계 발명과 기술 발전을 자랑하는 지역 기업들이 전시에 참여해 박람회를 빛내주었다. 이들이 관여한 곳은 박람회 본관 바로 옆에 자리 잡은 엄청난 규모의 기계관Machinery Hall이었다. 본관과 농업관을 제외하면 200여 채에 육박하는 박람회 건물들 가운데 기계관만큼 큰 것이 없었다. 이로 미루어 이 박람회에서 기계 기술의 비중이 어느 정도였는지를 짐작할 수 있다.[15]

기계관을 장식한 여러 가지 신기한 물건들도 중요했지만, 박람회에는 보통 사람들의 상상을 뛰어넘는 새롭고 놀라운 어떤 것, 후세에까지 그 박람회를 상징할 특별한 무언가가 필요했다. 최초의 성공적인 만국박람회로 꼽히는 1851년의 런던 박람회가 '수정궁 박람회'라고 불리는 것은 본관 건물을 철골과 유리만 사용해 지음으로써 당시까지의 대형 건물에 대한 고정관념에 도전했기 때문이었다. 런던 박람회의 주요 전시관으로 기능한 이 특이한 건물은 이후 이 박람회를 대표하는 상징물로 사람들의 기억 속에 남게 되었다. 필라델피아 박람회 역시 길이 기억되기 위해서는 그와 같은 상징적 조형물이 반드시 필요했다.

1876년 필라델피아 박람회의 상징은 기계관에 자리한 콜리스 엔진Corliss engine이었다. 콜리스 엔진은 연면적 13에이커에 달하는 기계관의 모든 전시물에 동력을 보급하는 거대한 증기 엔진으로 높이가 45피트에 달했고, 지름 56피트의 원판 플랫폼 위에 놓여 있었다. 두 개의 실린더는 각각 지름 30피트에 무게 56톤으로 총 1,400마력의 동력을 생산했다. 모든 관람객이 이 거대한 기계를 구경하기 위해 박람회장을 찾았다. 기계관을 방문한 시인 월트 휘트먼Walt Whitman도 "이 위대하고 위대한 엔진 앞에 의자를 놓게 한 뒤……거기에 앉아 거대하고 막강한 기계를 반시간 동안 침묵 속에 지켜보면서 인간이 이룩한 가장 위대한 기계의 육중한 움직임을 감상했다"고 전한다.[16]

보는 사람들을 압도하는 거대한 기계, 거기에서 생산되는 거대한 힘, 그것을 바라보며 감탄해 마지않는 사람들. 이런 광경을 만들어내는 콜리스 엔진은 바로 미국의 국력과 미국 행정부의 능력을 상징하는 것이었다. 한 치의 어긋남도 없이 일사불란하게 수백 가지의 기계를 움직이는 콜리스 엔진은, 멀지 않은 과거에 전쟁과 재건을 마치고 이제 미국의 새 세기를 강력하게 이끌어나갈 미국 정부를, 그리고 강인한 미국의 힘을 상징했다. 이것을 보는 미국인들은 국가의 희망찬 미래를 기대하며 화합과 치유의 효과를 얻게 될 것이고, 유럽인들은 무시할 수 없는 미국의 힘에 경의를 표하게 될 것이라고 여겨졌다.[17] 그 밖에도 알렉산더 그레이엄 벨의 전화기, 레밍턴의 최신식 타자기 등이 기술의 진보를 대표하는 기계로 전시되었다.

전시관을 짓는 일은 계획건축위원회 담당이었는데, 이 위원회는 두 차례의 공모를 통해 주요 전시관의 설계를 결정했다. 본관, 기념관, 기계관이 가장 중요한 건물들로, 수많은 건물들 가운데서 가장 두드러져 보이는 거대한 석조 건물들이었다.[18] 전시물의 선택과 분류는 분류위원회를 따로 두어 결정했다. 주요 전시관 내의 전시물 배치는 1867년 파리 박람회를 기점으로 공식화된 이중 배치 구조를 기본으로 했고, 이런 배치 방식을 여러 건물로 확대했다. 이중 배치 구조란 타원형 건물 내부에서 원의 궤도에 따라 주제별 전시를, 그리고 방사상으로는 국가별 전시를 배치하는 것이었다. 이렇게 하면 하나의 주제를 중심으로 관람할 때는 타원형 궤도를 돌면 되고, 어떤 국가의 여러 주제 전시를 섭렵하고자 할 때는 중심에서 바깥쪽으로 방사상 길을 따라가면 되었다.[19] 이 같은 체계가 표현하려고 한 것은 서양 제국이 전 세계의 정복지에서 수집한 물적 자원들을 나름의 방식으로 서열화하고 체계화해 배치해 일종의 소우주, 하나의 세계를 재창조했다는 것이었다.

이러한 국가적 행사를 미국 최초로 유치한 도시가 초기 수도였던 필라델피아라는 것은 큰 의미가 있었다. 필라델피아 박람회는 그때까지의 미국 최고의 상품들을 한데 모아 국가적 성과로서 자랑하는 동시에, 필라델피아를 국가의 영광을 투영한 역사 도시로 만드는 것이었다.

3. 박람회의 그림자

그런데 결과를 놓고 보자면 사실 필라델피아 만국박람회는 크게 성공한 것은 아니었다. 관람객이 상당히 많긴 했지만, 1867년 파리 박람회 때의 입장 인원인 1,100만 명에 못 미쳤다. '혁명'을 기념한다는 사실에 왕국의 전통이 깊은 유럽 강대국들은 필라델피아 박람회 개최에 미온적인 태도를 보였다. 그래서 유럽에서는 공식 참여국이 적었고, 대국민 홍보도 활발하지 않아서 일반 방문객이 대규모로 대서양을 건너오지도 않았다. 유럽 대륙에서는 국가 간 이동이 쉽고 자유로운 것과 달리 드넓은 바다에 의해 유럽 대륙으로부터 분리되어 있는 미국의 지리적 조건 역시 장애로 작용했다. 필라델피아 박람회는 최종적으로 450만 달러의 손해를 보았다.[20]

하지만 재정적 실패는 박람회가 추구한 발전과 통합이라는 이상의 실현에 실패한 것에 비하면 대수롭지 않은 오점이었다. 이 박람회의 더 근본적인 오점은 박람회 기간 중에 사회 갈등과 분열을 노정한 것이라고 볼 수 있다. 발전과 통합의 중심으로 자처하는 필라델피아가 실제로는 그러한 가치에 부합되게 살고 있지 않다면, 혹은 이 박람회가 그러한 가치의 균열을 보여주었다면 이는 무엇을 의미하는가? 불행히도 국가적으로도 세계적으로도 중요한 의미를 지닌 필라델피아 박람회 중에 '우애의 도시'라는 이 도시의 이름을 비웃는 듯한 사건들이 발생했다.

박람회에 대한 불만 세력 가운데 하나는 바로 여성이었다. 필라델피아 박람회는 여성관을 별도로 설치한 최초의 만국박람회였으며, 그 여성관을 여성 단체가 주관했다는 점에서 여권의 신장을 보여주었다는 평가를 받았다. 필라델피아의 여성 인사들은 독립 100주년 기념행사를 필라델피아에서 개최하기 위해 서명을 받고 모금을 하는 데에도 적극적으로 동참했으며, 여성관의 성공적 전시를 위해 애썼다. 그러나 박람회 참가 신청이 쇄도하고 전시장이 부족해지자 준비위원회는 여성관으로 계획되었던 곳을 외국 전시관 확장을 위해 내어줄 것을 요구했다. 그러자 여성들은 스스로 자금을 모아 여성관 건립을 추진했다. 하지만 전원 남성으로 구성된 박람회 준비위원회는 어떠한 원조도 하지 않았으며, 여성관 자리를 달리 활용할 구실만 찾았다.[21]

박람회 준비위원회의 이 같은 태도는 여성 참가자들을 분노케 했다. 미국이 100번째 독립기념일을 맞이한 7월 4일에 마침내 흥미로운 사건이 발생하고 말았다. 독립선언서 서명인의 자손이 독립선

언서를 낭독하는 행사가 열리고 있던 바로 그때, 독립역사공원 내 독
립기념관 앞에 마련된 바로 그 연단에 수전 앤서니Susan Anthony를 비
롯한 여성 참정권 운동가 5인이 들이닥쳤다. 그들은 준비해온 〈여성
독립선언서〉를 뿌리며 연단으로 전진했고, 대표자인 앤서니가 그것
의 전문을 낭독했다. 〈여성 독립선언서〉의 내용은 1776년의 독립선
언서의 주장을 다시 한 번 환기하는 것이었다. 이는 결국, 인간의 기
본적 권리, 즉 자연권으로서의 투표권, 행복추구권 등을 아직 여성은
누리지 못하고 있다는 뜻이었다. 여성들은 거사일을 바로 독립기념
일로 정해 이 박람회가 기념하려고 하는 독립의 이상이 아직도 실현
되지 않고 있음을 세계만방에 알리려 했던 것이다.[22]

　독립 100주년 기념 박람회에서 여성보다 더 심한 냉대를 받은
사람은 흑인들이었다. 남북전쟁을 통해 시민권을 획득하는 역사적
인 일을 겪은 흑인들은 노예로서의 과거를 정리하고 미국인으로서
의 정체성을 확립하는 기회로 삼기 위해 박람회 참가를 희망했다. 특
히 미국의 독립을 기념하는 동시에 미국 재건의 완료를 알리는 시점
에 개최된 이 박람회가 국가, 국민의 단합을 도모하고 미국의 발전
된 모습을 보여주는 것을 목표로 했기에 흑인들은 박람회 참여를 중
요한 일로 여겼다. 흑인 단체들은 구체적으로 흑인감리성공회African
Methodist Episcopal의 설립자이자 필라델피아의 교육자였던 리처드 앨
런Richard Allen 주교의 동상을 박람회장에 건립함으로써 현대 미국의
건설에 흑인도 기여했음을 드러내고 싶어 했다.

　또한 흑인들은 박람회장의 흑인 관련 전시물들이 흑인의 독립적
이고 자립적인 모습을 표현해 다른 미국인들과 세계인들에게 흑인

의 긍정적이고 발전적인 이미지를 심어주기를 기대했다. 그러나 앨런 주교의 동상은 백인 준비위원회에게 철저히 무시되었으며, 전시물에서 흑인은 거의 예외 없이 노예로 표현될 뿐이었다. 이는 '미국의 과거'인 노예의 모습을 적나라하게 재연함으로써, 이제 이들에게 해방을 선물한 미국의 선진성과 발전상을 부각하려는 의도였다. 또한 필라델피아 현지의 흑인들은 박람회장에 자신들을 위한 일자리가 많이 창출되기를 기대했으나 이것도 실현되지 않았다.[23]

필라델피아 박람회는 남북 분단의 갈등을 넘어 혁명의 이념으로 다시 애국심과 자부심을 고취하려 했지만, 이 박람회에서 여성과 흑인은 여전히 이등 시민의 자리에 머물러 있었다. 박람회 준비위원회는 인류의 발전과 미국의 정체성에 대한 생각에서 뚜렷하게 인종 차별적인 시각을 가지고 있었던 것으로 보인다. 당시에 준비위원회가 박람회 개최 자금을 마련하기 위해 발행하고 판매한 10달러짜리 채권을 보면 상단 정중앙에 문명의 상징과도 같은 여신들이 있다. 그리고 그 여신들을 향해 특산물과 각종 상품을 바치는 여러 종류의 사람들이 아래쪽 양편에 배치되어 있는데, 그중에는 흑인과 아메리카 원주민도 있다. 그런가 하면 하단에는 쫓겨 가는 원주민이 등을 돌리고 앉아 있는 모습, 군인들이 서로 다른 무기를 견주어보고 있는 모습이 그려져 있다. 이러한 그림이 표현한 것은 "사라져가는 원시적 문화와 전진하는 문명의 증거들"이라는 주제이다.[24] 이처럼 박람회가 보여주려 한 문명 세계의 발전상은 백인, 특히 미국을 건국한 백인들과 관련된 것이고 이민족과 타 인종은 그러한 발전의 중심에서 밀려나 있다는 것이 주최 측의 인식이자 일반적인 인식이었다.

한편 일러스트레이터로 유명한 언론인이자 기업인이었던 프랭
크 레슬리Frank Leslie가 발행한 박람회 안내서[25] 역시 이러한 인식을 재
확인시켜준다. 이 안내서의 표지를 보면 세 명의 서양 여인이 중심에
서 있다. 그중 성조기처럼 생긴 옷을 입은 여인이 한 팔을 뻗어 그리
스로마 풍의 옷을 입은 다른 두 여인에게 발아래 펼쳐진 세계를 가리
켜 보이고 있다. 그들이 서 있는 절벽 아래의 마을에는 강이 흐르고,
그 강에서 화물선과 범선이 활발히 운항하고 있다. 강 앞쪽에서는 기
차가 검은 연기를 뿜으며 달려가고, 그 뒤로는 박람회 건물들이 즐비
하다.

　　언덕 위에서 이 풍경을 바라보는 여인들의 표정에는 자부심과
경외감이 뒤섞여 있다. 한편 그들 양옆에서는 유색인 남성이 각각 무

박람회 기금 마련을 위해 발행된 10달러짜리 채권.

프랭크 레슬리의 박람회 안내서.

름을 꿇고 있다. 이 중 미국 원주민으로 보이는 남성은 이 여성들을
우러러보고 있고, 흑인으로 보이는 또 다른 남성은 눈앞의 세상을 두
려운 표정으로 바라보고 있다. 아이러니하게도, 실제로는 박람회에
서 제대로 대접받지 못한 여성들이 문명 세계를 상징하는 백인의 대
표로 표현되어 있는 셈이다. 현실 사회에서는 차등 시민인 여성이 이
표지 그림에서는 여신의 모습으로 나타나 야만과 대비되는 문명을
상징하고 있는 것이다.

4. 박람회로부터 계획도시로

박람회를 통해 다시금 미국인의 시선을 사로잡은 필라델피아는 19세기 말, 20세기 초에 이르러 전국적인 도시로 재조명되었다. 그리고 박람회의 정신을 이어 도시의 발전과 환경 개선을 이끄는 건설 사업을 계속해나갔다. 이 시기에 필라델피아에 건설된 주요 건물들을 살펴보자. 1870년부터 1910년까지에 걸쳐 건설된 주요 건물로는 펜실베이니아 기차 차고지, 레딩 기차역, 연방 우체국, 조폐국, 시민 도서관 등이 있었고, 또한 미국 최초의 백화점인 워너메이커Wanamaker 백화점과 김벨 브러더스Gimbel Brothers 백화점, 릿 브러더스Lit Brothers 백화점 등도 위용을 드러냈다.

이 건물들 모두가 기억할 만한 것이지만, 특히 더 중요한 건축물

1889년, 필라델피아 상업 중심지였던 마켓 스트리트market street의 모습. 여기에 '빅 식스Big Six'로 불리는 백화점들이 들어서 있었다.

은 바로 필라델피아 시청이었다. 1901년 완공된 이 건물은 당시에는 인간의 거주가 가능한 건물 가운데 세계에서 가장 높은 건물이었다. 시내 한복판, 가장 큰 두 도로가 교차하는 광장에 자리 잡은 그 건물에서는 사방을 내려다볼 수 있었다. 또한 시내로 통하는 동서남북의 모든 길에서 시청이 보였다. 그리고 시청 꼭대기에는 이 도시의 설립자이자 최고의 존경을 받는 인물인 윌리엄 펜의 동상이 우뚝 서서 모든 마차와 인파를 내려다보고 있었다.

시청의 완공은 대대적인 도시 정비·미화 사업의 시발점이었다. 대표적으로 1907년에는 벤저민프랭클린 공원도로Benjamin Franklin Park-way의 건설이 시작되었다. 이 공원도로는 남쪽의 시청에서 시작해 북쪽의 페어마운트 공원 남단으로 향하는 넓은 도로로, 그 북쪽 끝에는 바로 박람회 때 지은 미술관이 자리했다. 이 공원도로는 왕복 6차선 도로가 가운데 있고 그 양측에 도로를 따라 가로수가 심어져 있으며, 그 양쪽 가로수길 바깥쪽에 다시 간선도로와의 연결을 위한 각 3차선의 도로가 위치한 광대한 규모였다.

1876년 박람회를 치른 후 1891년에 시의회에는 필라델피아의 행정 중심과 여가 문화의 중심을 연결할 큰 도로를 만들자는 제안서가 제출되었다. 제안서를 주도한 것은 공원도로위원회Parkway Associ-ation로, 이 위원회는 파리의 '샹젤리제'를 능가할 대로를 건설하고자 했다. 이들은 현 시장과 전 시장, 그리고 가장 성공한 기업인들로 구성된, 필라델피아의 명실상부한 정치·경제 유력 세력이었다. 이들은 필라델피아의 가장 멋진 두 랜드마크인 시청과 페어마운트 공원을 연결함으로써 양쪽 모두의 활용도를 배가할 수 있으며, 그 자체로 새로운 랜드마크를 형성할 수 있다고 믿었다.

　공원도로위원회는 프랑스 스타일을 추구하는 것에 대해서 주저
함이나 부끄러움이 없어 보였다. 대로와 이어질 스쿨킬 강변도로의
다리와 강변 위락 시설의 디자인에서도, 심지어 공원도로의 가로등
과 도로변 조각물에서도 파리의 것을 본뜨고자 했다. 또한 공원도로
양측에는 신고전주의 양식의 석조 건물들을 지어 파리의 대로와 같
은 모습을 만든다는 청사진을 가지고 있었다. 이에 설계 및 건축의
전반적인 계획을 세우는 일이 프랑스 건축가인 폴 필리프 크레에게

필라델피아 시청 건물(1909). 교차로 한가운데 위치해 어디에서나 시청이 보이게 했다. 건물 꼭대
기에는 시민들의 존경을 받는 이 도시의 설립자 윌리엄 펜의 동상이 우뚝 서 있다.

공원도로 건설 모형. 시청에서 미술관까지 넓은 도로를 내고 도로변에는 샹젤리제 같은 아름다운 건축물들을 세울 계획이었으나 자금 부족으로 결국 도로만 완성되었다.

위촉되었다.[26]

공원도로위원회는 이 계획을 추진하기 위해 활발한 저술 및 홍보 활동에 돌입했다. 그리하여 이 도로는 "도시를 지루하게 만드는 규칙성을 깸으로써 아름다움을 더할 것"이고, 제대로 완성되면 "세상의 그 어느 공원보다도 더 많은 방문객을 끌어들일 수 있을 것"이라고, 이는 시민들에게도 보탬이 되고 특히 도시의 경제를 활성화할 것으로 예측된다고 선전했다. 위원회 측 사람이 쓴 다음과 같은 구절이 말해주듯이, 도시를 아름답게 하는 것은 결국 도시에 대한 필수적인 투자라는 것이 위원회 측의 입장이었다. "아름다움은 사치가 아니다. 도시는 상업적 관점에서 보자면 상점의 집합이므로……감각적으로 정돈되고 치장되어야 한다. 상가의 편리함과 매력적인 외양은

시청에서 바라본 공원도로와 미술관. 미술관 너머의 숲이 바로 1876년 박람회 장소였던 페어마운트 공원이다.

사치가 아니다. 그것은 필수적 요건들이다."[27]

그러나 공원도로위원회를 위시한 이 도로의 추진 세력에 정면으로 반대하는 사람들이 있었다. "값비싼 대로와 공원도로, 궁전 같은 공공건물과 미술관, 화려하게 치장한 법원과 회의장, 그 밖의 건물들은 이 거대 도시에 예술적인 외모를 더해줄지는 모르지만 결국 방치된 슬럼의 악명 높은 오물과 오염을 더욱 도드라져 보이게 한다는 것을 이 도시는 알고 있다. 이는 때 낀 얼굴 위에 덧바른 파우더와 루즈 같은 것이다."[28] 필라델피아주거연합은 이와 같은 성명을 통해 도시 미화 사업을 통렬히 비판했다. 이들은 왜 이렇게 반대했을까?

파리를 본보기로 하여 아름다운 도시를 만드는 것이 죄가 될 수는 없다. 문제는 시민의 주거권과 관련된 사업들이 그보다 더 시급하다는 것이었다. 필라델피아주거연합은 19세기 중반부터 빈민과 저소득층을 위한 임대 주택의 부족과 그들의 열악한 주거 환경에 대해 꾸준히 개혁을 요구해온 전문가들의 모임이었다. 비좁은 셋방에 서너 가정, 10~20명의 사람이 함께 거주하는 등 위생과 안전에서 문제가 심각한 저소득층의 주택 현실을 고려하면, 막대한 시 예산을 들여 가장 먼저 추진할 일이 공원도로 조성과 미술관 건설은 아니라는 것이 주거연합 개혁가들의 주장이었다.[29]

개혁가들의 반대가 일시적이나마 거대 건설 프로젝트들을 저지하는 경우도 있었지만, 공원도로 계획은 결국 점진적으로 실현되었다. 주요 결정권을 가진 시의회와 시장이 공화당이라는 조직과 긴밀히 연결되어 있었고, 공화당은 도시의 건설업 대부들과 정경유착 관계에 있었기 때문이다. 유력 정치인 자신이 건설업체를 가지고 있어서 시정부의 건설 사업에서 사리사욕을 채우는 일도 비일비재했다. 당시 필라델피아는 '가장 타락한 도시'라는 오명을 들을 정도로 정경유착이 심했다.[30]

일례로 필라델피아주거연합 주도로 1913년과 1915년에 안전한 주거 환경 조성을 위한 '주거법'을 제정하려 했을 때 수많은 시의회 의원들이 맹렬하게 반대 운동을 벌였다. 이 법으로 불리해질 주택 소유자들이 자신의 재산권을 행사하기 위해 시의회 의원들을 움직였고, 재산가인 시의회 의원들 스스로의 개인적 이유도 작용했기 때문이었다. 그뿐 아니라 시의회를 주도하는 공화당의 정치 보스인 '서니 짐' 맥니콜'Sunny Jim' McNichol, '이즈' 더럼'Iz' Durham, 배어Vare 형제 등이 대규모 부동산업자들이었다. 주거법이 제정되면 집주인이 부담해야 하는 유지 관리비가 증가할 것이기 때문에 주택 소유자들이 그 법을 반대하는 것이었다. 세입자에게 좋은 환경을 보장해줄 주거법은 집 소유자의 재산권에 밀려나 버리고 말았다.[31]

필라델피아 공화당의 지지층이 이민자였다는 사실은 참으로 역설적이다. 20세기 초에 기존의 아일랜드계 이민자에 더하여 유대계, 이탈리아계, 폴란드계 이민자가 다수 유입되었고, 그 결과 필라델피아 전체 인구의 4분의 1 정도가 유럽 태생이었다. 이들은 이민자들이 출신지별로 나뉘어 모여 사는 곳에서 정경유착에 의해 권력을 쥐고 있는 공화당 보스들의 알선으로 직장과 셋집을 마련했다. 그 대가로 정치 보스들은 자기 표밭을 일궜고, 이를 바탕으로 정치력을 키웠다. 또한 그러한 정치력으로 자신의 기업과 재산을 성장시켜 다시 이민자에게 필요한 일자리를 공급함으로써 계속 세를 불리고 권력을 유지했다.[32]

그러나 공화당의 유력 정치가들은 대부분 빈민이자 세입자인 이민자의 표를 이용했을 뿐, 그들의 주거 문제에 대한 관심은 부족했다. 필라델피아주거연합의 개혁가들이 꾸준히 이민자의 주거 대책을 마련해 시정부에 제안했지만, 이것은 정책 결정자들의 관심을 받지 못했다. 앞에서 언급한 것처럼 정치인들은 대체로 세입자보다는 주택 소유자, 임대업자와 이해관계를 같이했기 때문이다.

1907년에 공원도로 조성에 관한 구체적인 계획이 자크 그레베 Jacques Gréber 등 프랑스 태생의 전문가들에게 맡겨졌고, 같은 해에 도로 건설을 위한 토지 수용 및 철거가 시작되었다. 벤저민프랭클린 공원도로가 건설될 곳에는 이미 도로가 나 있었지만 폭이 매우 좁았다.

그래서 도로 확장을 위해 먼저 도로 양측에 들어서 있는 건물들을 철거해야 했던 것이다. 그 건물들은 다양한 규모의 공장들과 주택들이었다. 하지만 철거민에 대한 대책은 공원도로 건설 사업에서 논의조차 되지 않았다.

필라델피아주거연합은 기존 도로변의 건물들을 철거하고 공원도로를 건설하는 것의 정당성에 대해 지속적으로 의문을 제기했다. 어마어마한 비용을 들여 공원도로를 건설하는 것이 과연 적절하냐는 것이었다. 1908년 100만 달러였던 공원도로 예산은 꾸준히 증가해 1916년에는 900만 달러에 달했는데, 이는 한 해 시 예산의 5분의 1을 넘는 엄청난 금액이었다. 철거 계약을 따낸 회사는 공화당 상원의원 맥니콜 소유의 건설사였다. 필라델피아는 1917~1928년에 총 3,500만 달러를 들여 1,300채의 건물을 철거하고 공원도로를 만들었다.[33]

벤저민프랭클린 공원도로는 결국 완성되었지만, 애초의 계획과 달리 건물들이 즐비하게 들어서지는 못했다. 미술관을 비롯한 두세 개의 건물을 지은 뒤 예산 부족과 경제 상황 악화 때문에 시정부가 더 이상의 계획을 추진하지 못하게 되었기 때문이다. 결국 오늘날까지 공원도로는 가로수가 심어진 넓디넓은 도로가 있고 그 도로의 양 끝에 시청과 미술관이 자리한 모습으로 남아 있다. 원래 계획의 일부만 실현되었기 때문에 이것이 애초에 파리의 샹젤리제를 본뜨려 했다는 것을 믿기 어려울 정도이다. 하지만 그 정도의 미화 사업이 진행되는 동안 필라델피아의 특정 건설 회사들 및 이들과 유착된 정치 세력은 큰 이익을 챙길 수 있었다.

1876년 독립 100주년 기념 박람회의 유치로 시작된 필라델피아의 도시 재정비는 벤저민프랭클린 공원도로의 완성으로 일단락되었다. 필라델피아는 이러한 일련의 사업을 통해서, 주변 도시의 급성장으로 인해 서서히 잃어가던 전국적 관심을 되찾고 역사 도시로서의 정체성을 새로이 정립하고자 했다. 하지만 필라델피아의 사례에 대해서는, 19세기 말, 20세기 초에 이민자의 증가와 급속한 도시화로 인해 생겨난 많은 문제들을 근본적으로 해결하기보다는 위용과 치장으로 덮어버리려 했다고 평가하는 것이 옳을 것이다. 필라델피아는 큰 사업을 벌여 거기에 시선을 집중시키고 겉모습을 바꾸는 데에는 성공했으나, 작은 삶들에 대한 관심은 부족했기 때문이다. 이것은 바로 이 대도시의 우울한 미래를 예고하는 것이었다.

시카고
—
흑인 대이동과 갈등[1]

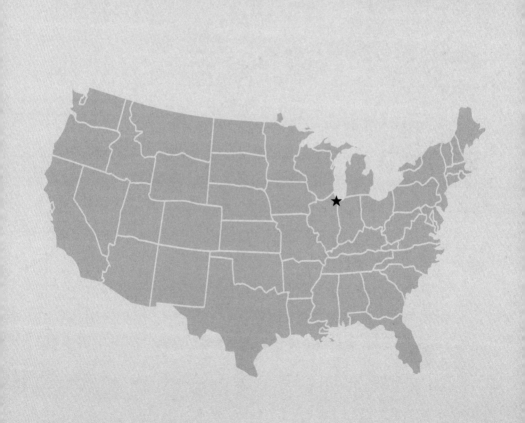

이제 이 책의 시선은 미국 영토의 확장과 발전의 중심이 이동한 것을 따라 서부로 이동한다. 미국에서 '서부'란 지리적으로 명확하게 결정되어 있는 공간이라기보다는 시대에 따라 변화하는 유동적인 공간 개념이었다. 식민지 시대에는 애팔래치아 산맥 너머, 백인의 거주가 드문 그곳이 바로 서부였다. 그러나 그 최초의 서부에 상당한 수의 백인이 거주하게 된 후로는 미시시피 강까지가 서부로 여겨졌다. 미국인에게 서부란 아직 백인이 영토화하지 못한 미개척 접경 지역, 변경 지역, 즉 '프런티어frontier'를 의미했던 것이다. 19세기 중에는 '그다음 서부'였던 미시시피 강을 너머 지리적으로는 중서부에 해당하는 대평원 지역이 백인 개척민을 수용했고, 그러자 시카고가 이 지역의 대표 도시로서 전국적 명성을 얻게 되었다.

1. 시카고 발전사

유서 깊은 도시 필라델피아가 중심 도시로서의 지위를 회복하고 변화하는 시대에 발맞추어 탈바꿈하기 위해 고심할 때 중서부의 중심 도시 시카고는 엄청난 속도로 성장하고 있었다. 시카고의 역사는 그야말로 무에서 유를 창조한 역사라 해도 과언이 아니다. 인구 증가의 속도에서 시카고와 같은 예는 세계 역사상 보기 드물 것이다. 시카고는 1830년 미국 센서스에 처음 등장했을 때 인구 면에서 미국의 100대 도시에도 끼지 못했다. 그때까지만 해도 시카고는 호수 옆 늪지대의 거의 황무지나 다름없는 땅에 군대 초소만이 외로이 서 있는 변방의 마을에 불과했다. 1840년 비로소 인구 90위의 도시가 되었을 때 시카고의 인구는 겨우 4,470명이었다. 시카고에 시정부가 승인된 것이 1837년임을 생각하면, 시카고와 시카고가 대표하는 중서부 지역의 역사가 특히 동부 대도시들에 비해 얼마나 짧은지 알 수 있다.

하지만 광대한 중서부Middle West라는 배경은 시카고의 놀라운 성장을 예고하는 것이었다. 시카고는 바로 그 중서부의 주요 산업인 목축업, 산림업, 곡물 산업의 집산지, 중개지, 거래 중심지로 성장하게 된다. '관문 도시Gateway City'라는 시카고의 별칭은 서부로 가는 길목, 그 관문이 된다는 의미에서 붙여진 것이다. 1803년에 미국이 프랑스로부터 사들임으로써 새로이 미국의 영토가 된 이른바 '루이지애나 영토Louisiana Territory'(테리토리territory는 미국 것이 되었으나 아직 '주'로 조직되기 이전 단계의 영토를 의미)의 중심에 위치했다는 지리적 조건과 주변에 있는 5대호와 주요 강줄기들이 제공하는 풍부한 수로는 시카고의 무역 거점지로서의 성장을 가능케 했다.[2]

또한 19세기에 활발하게 건설된 다양한 교통로들도 시카고의 잠재력을 높여주었다. 우선 1820년대에 이리 운하가 완공되어 5대호와 뉴욕의 허드슨 강을 연결하자, 시카고는 뉴욕과 함께 동반 성장을 이루게 되었다. 이에 더하여, 1850년대 이후 북동부와 중서부를 연결하는 중요한 통로인 철도의 건설이 본격화되면서 시카고는 북동부 산

1803년, 중부의 광대한 땅(짙은 부분)이 프랑스와의 거래에 의해 피 한 방울 흘리는 일 없이 미국 영토로 편입되었다.

업의 주요 거점지로서의 역량을 최대화할 수 있었다.

이와 같은 교통망의 발달로 인해 1840년 이후 시카고의 인구는 그야말로 하늘을 찌를 듯이 급상승했다. 1850년에 2만 9,963명으로 늘어 전국 24위로 껑충 뛰어오르더니, 1860년에는 9위(112,172), 1870년에는 5위(298,977), 1880년에는 4위(503,185)로 순위 상승을 거듭했다. 그리고 1890년에 이르러서는 100만을 넘어(1,099,850) 드디어 전국 2위라는 고지에 올랐다. 1871년의 대화재로 당시의 시가지가 거의 전소되었으나 시카고는 이러한 불행을 오히려 더욱 아름다운 최신 고층 건물들을 짓는 기회로 변모시켜 발전을 지속했다. 그리하여 이른바 '시카고학파' 건축 양식으로 유명한 랜드마크들이 만들어지면서 시카고의 특별한 스카이라인을 이루게 되었다.

19세기 중반의 이러한 놀라운 변화는 시카고를 새로운 '약속의 땅'으로 만들기에 충분했다. 미국은 영토가 계속 팽창하고 있는 국

남북전쟁 직전인 1860년의 미국 철도 지도. 철로들이 북동부에 집중되어 있으며, 시카고는 중부와 남부로 연결되는 철도망의 시발점이다.

가였고, 시대에 따라 점점 더 서쪽에 새로운 프런티어를 점령해갔다. 19세기 중후반에는 시카고가 그 프런티어의 중심으로서 새로운 거주자들을 흡수하고 국가에 활력을 제공했다. 게다가 계속 증가하는 철로들이 더욱 많은 화물과 인력의 운송을 가능케 함으로써 중서부의 발전에 크게 기여했다. 시카고는 그 철로들의 중심지였다.[3]

   시카고의 급성장 때문인지 아니면 북동부와는 다른 배경 때문인지, 19세기 후반과 20세기 초반에 시카고를 방문한 사람들은 무언가 특이한 이 도시의 모습과 분위기를 지적했다. 우선 그들의 탄성을 자아낸 것은 시카고의 남다른 활력과 특성이었다. 뉴욕 출신의 한 언론인도 상업 중심지로서의 시카고의 성장을 이야기했고, 또한 뉴욕과는 다른 시카고의 매력에 압도되었다고 고백했다. "시카고는 오래된 도시들이 가진 특성들을 결여하고 있다. 하지만 결여된 각각을 충분히 매력적인 다른 특성들로 채워준다……뉴욕 태생인 나도 그 에너지, 들끓음, 북적거림에 처음엔 경악할 수밖에 없었고, 나중엔 지쳐버렸다. 나는……(시카고의) 인구와 상업적 영향력의 성장이 계속될 것이라는 증거를 찾았다……나는 뉴욕에 대한 자부심과 믿음을 잃지 않으면서도 시카고에 대한 존경심을 품게 되었다."[4]

뉴욕과는 다른, 나아가 어떤 면에서는 뉴욕보다 경쟁력 있는 시카고의 특성은 1893년 시카고 박람회를 통해 단적으로 드러났다. 1876년 필라델피아가 박람회를 유치한 이후 미국의 다른 대도시들은 저마다 그와 같은 국제적 행사를 개최하기 위해 애썼다. 미국은 국내 정복과 내전을 무사히 마무리하고 제국주의 국가로 전환하던 결정적인 시기에 전 세계를 향해 미국의 경제력과 신기술을 자랑하고 미국 백인의 인종적 우수성을 부각하기 위해 1893년에 박람회를 개최하기로 했는데, 시카고가 이 박람회의 개최지로 선정되었다는 것은 의미심장하다. 이는 '개척자'로서의 미국의 이미지를 고양하는 장소로서 관문 도시인 시카고가 적합하다고 생각되어 내려진 결정이었다. 많은 이목을 집중시킨 이 행사를 통해 시카고의 위상은 더욱 높아졌다.[5]

1893년 박람회장의 이름은 '백색 도시White City'였다. 흰 대리석으로 지은 웅장한 신고전주의 양식의 건물들이 인공 호수를 둘러싸고 서 있는 장관이 펼쳐졌기 때문이다. 그 건물들에 최신의 상품들과 최고의 특산물들이 전시되어 문명의 성취를 자랑했다. 이처럼 인류 문명을 집약한 '백색 도시'는 새로운 도시의 청사진을 제시하고자 했다. 구도시의 비위생적이고 불안전한 요소들을 모두 제거한, 백색 도시와 같은 계획도시를 만들 수 있으리라는 자신감을 보여준 것이다.

시카고 박람회의 '백색 도시'는 문명 세계의 발전을 대표하는 상징 공간으로 제시되었다.

시카고 박람회는 수많은 방문객들에게 미래 도시의 모습을 제안해 주었고, 여기서 아이디어를 얻어 미국 도시계획 분야가 시작되는 계기가 되었다.[6]

　시카고는 이처럼 매력적인 신흥 대도시였고, 이러한 이미지 덕분에 수많은 이주 노동자들의 1순위 목적지가 되었다. 1900년 당시 시카고는 미국에서 폴란드인, 스웨덴인, 보헤미안, 노르웨이인, 네덜란드인, 덴마크인, 크로아티아인, 슬로바키아인, 리투아니아인, 그리스인이 가장 많이 거주하는 도시였고, 전 세계적으로도 보헤미안이 두 번째로 많은 도시, 노르웨이인과 스웨덴인이 세 번째로 많은 도

시, 폴란드인이 네 번째로 많은 도시였다.[7]

필라델피아에 이민자들을 위한 옥타비아 힐 하우스가 있었다면 시카고에는 헐 하우스가 있었다. 이민자 거주지 한복판에 제인 애덤스Jane Addams와 엘런 게이츠Ellen Gates가 헐 하우스를 설립한 것은 1889년이었는데, 이들은 이민자 가정을 위한 주택 임대 사업을 주로 했던 옥타비아 힐과는 조금 다른 목표와 프로그램을 가지고 있었다. 헐 하우스의 설립자들은 런던의 토인비 홀에서 아이디어를 얻었다. 따라서 그들은 우선, 고등 교육을 받았으나 마땅한 직업을 가질 수 없었던 여성들이 모여 지역 사회에 기여할 방법을 모색하는 공간을 만들었다.[8]

설립자들의 의도대로, 대학을 졸업했으나 특별한 사회 진출 기회를 갖지 못했던 뜻있는 여성들의 커뮤니티가 헐 하우스를 중심으로 만들어졌다. 이들은 일차적으로 헐 하우스가 위치한 시카고 남서 지역을 대상으로 이웃들에게 필요한 자원이 무엇인지를 조사했다. 그리고 이 조사 결과를 바탕으로 지역 사업을 벌였고, 나아가 시정부를 상대로 도시의 환경을 개선할 법안을 마련하는 활동을 조직했으며, 후일에는 연방정부의 사회복지 행정과 사회복지학의 발달에 결정적인 기여를 했다.[9]

시카고가 훗날 사회복지학의 중심이 된 것, 그리고 도시학의 선구자인 로버트 파크Robert E. Park를 배출한 것은 이 도시에 그만큼 그 분야의 관심과 활동을 필요로 하는 문제들이 많았음을 의미하는 것이 아닐까? 시카고로 몰려든 이민자 가운데 빈민의 비율이 높고 그들을 위한 사회 인프라가 충분치 않았다는 것이 그들에 대한 연구와 사회적 실천을 부추겼을 것이다. 또한 이 시기에 시카고는 노동 운동의 메카였는데, 이러한 사실은 기회의 땅으로 여겨졌던 이 도시의 이면을 엿보게 해준다.

2. 흑인 대이동 — 희망과 절망

시카고가 실제로 이민자들에게 어떤 꿈을 실현해주었는지를 살펴보기 전에, 유럽계 이민자들 외에도 이 도시에 새로운 희망을 가지고 도착한 집단이 있었음을 인식할 필요가 있다. 바로 남부 흑인들이었다. 그들은 해방 후에도 계속된 차별과 폭력 때문에 남부를 떠났고, 제1차 세계대전의 전시 경제 체제로 인해 호황이 시작된 북부의 도시들은 풍부한 일자리로 그들을 끌어당겼다. 이처럼 밀어내고 끌어당기는 요소들이 함께 작동하면서 바야흐로 '흑인 대이동Great Migration'의 시대가 찾아온 것이다.

대표적 흑인 작가인 랭스턴 휴스Langston Hughes가 쓴 〈편도 열차표One Way Ticket〉라는 시를 보자.

나는 지쳤네
짐 크로 법과
잔인한 사람들에게.
그리고 두렵네.
린치를 가하고 도망치는 사람들.

나를 무서워하는 사람들.

그리고 내가 무서워하는 사람들.

나는 내 삶을 집어 올려

들고 떠나네

편도 열차표를 가지고.

북쪽으로 떠나네.

서쪽으로 떠나네.

떠났네!

남부 흑인들이 고향을 떠나며 산 것은 편도 열차표였다. 다시는 고향으로 돌아오지 않을 것이기 때문에!

풍부한 일자리 이외에도 두 가지 이유에서 시카고는 흑인 대이동의 가장 중요한 목적지였다. 첫 번째 이유는 교통로였다. 시카고는 중서부 철도의 종착지로서, 특히 미시시피에서 시카고까지의 직행 열차편을 이용해 이주하는 수많은 흑인들이 새로운 고향으로 삼기에 편리한 곳이었다. 또한 시카고는 철도뿐만이 아니라 전부터 가축의 이동 경로로 이용돼온 여러 도로와 호수와 강줄기를 이용한 수로에 의해서도 연결된다는 장점이 있었다.

두 번째 이유는, 시카고에는 흑인이 흑인을 겨냥해 만드는 신문인 《시카고 지킴이Chicago Defender》가 있었는데 이 신문이 남부 흑인의 이주를 적극적으로 돕고 있었다는 것이다. 이 신문은 남부 흑인을 상대로 조직적인 선전에 나서 이들의 시카고 이주를 부추겼다. 남부 전역에 널리 보급되던 이 신문은 흑인의 삶이 북부에서 더 큰 기회를 가질 수 있다고 선전했고, 때로는 북부에서 이미 자리를 잡은 흑인들과 신참 흑인 이주자들을 연결해주는 역할도 했다. 그 결과, 1916~1920년에 시카고에는 7만 5,000명의 남부 출신 흑인이 도착했다. 그 전에는 겨우 4만 명을 헤아렸던 시카고의 흑인 인구가 이로써 11만 이상으로 치솟았고, 이 수치는 1920~1930년에 다시 두 배로 증가했다.[10]

북부 도시에 도착한 흑인들은 '신인종'이었다. 이들은 스스로를 '신흑인new negro'[11]이라 부르며 특별한 자부심을 느꼈다. 이들이 새로운 흑인인 것은 첫째로는 남부의 관행으로부터 풀려난 흑인들이기 때문이었고, 둘째로는 노예제를 경험하지 않은 신세대 흑인이 많이 포함돼 있기 때문이었고, 셋째로는 이들 가운데는 미국을 위해 제1차 세계대전에 참전했다가 돌아온 흑인들이 다수 포함돼 있기 때문이었다. 당시의 대표적인 흑인 작가 얼레인 로크Alain Locke는 "이전의 흑인은 이미 실재하는 인간이 아니라 신화이다"라고 과감하게 주장했다. 로크에 따르면 이제 북부 도시의 흑인들은 구세계의 억압과 괴롭힘과 부담으로부터 해방되어, "재생된 자아 존중감과 자립심을 바탕으로 흑인 공동체의 삶을 새로운 국면으로 이끌고" 있었다.[12]

이들이 고향을 떠나 시카고로 향할 때 어떤 기대와 희망을 품고 있었을지는 짐작할 만하다. 실제로 이들은 시카고 도착과 동시에 일자리를 얻었고, 또 작업장에서 백인들과 함께 같은 일감을 할당받으며 대단히 놀라워했다. 그리고 자신과 직접적인 관계가 없는 백인에게 쓸데없이 예를 갖추고 굽실거리지 않아도 된다는 사실에 놀라움을 감추지 못했다. 1917년, 미시시피를 떠나 시카고에서 새 삶을 만나게 된 한 흑인은 고향에 남아 있는 친지들에게 그에 대한 기쁨을 표현하는 다음과 같은 편지를 써 보냈다.

아, 세상에. 나는 첫 달에 승진했어. 목수장의 제1목수보가 되었지. 목수장이 없을 때는 내가 책임자이고 한 달에 95달러를 벌어. 내가 일을 잘 안다는 건 너도 알 거야……이 일을 20년간 해왔는데 처음으로 내가 인간처럼 느껴져. 뭔가 특권이 있다고 느끼는 건 정말 기쁜 일이군.[13]

분명 시카고는 이들 신흑인에게 새로운 기회를 제공했으며, 이전에는 기대할 수 없었던 계급적 상승을 꿈꾸게 해주었다. 이렇듯 흑인들은 새로운 희망을 품고 약속의 땅 시카고를 향해 이동하는 대열에 동참했다. 이러한 배경을 고려한다면, 1919년 최악의 인종 폭동이 일어난 곳이 시카고였다는 것을 납득하기 어려울 수도 있다. 대체 대이동의 희망과 인종 폭동의 절망 사이에 어떤 일이 있었던 것일까?

불행하게도, 시카고에 도착한 흑인들은 자신들이 꿈에 부풀어 찾아온 곳이 흑백 평등의 세상은 아님을 이내 깨달았다. 비록 남부처럼 공식적인 흑백분리법(짐 크로 법Jim Crow Law)이 존재하는 것은 아니었지만, 흑인에 대한 공개적인 처형(린치lynch)은 없었지만, 그리고 공공장소에서의 흑인에 대한 모욕이나 폭력적인 위협은 드물었지만 시카고 역시 '(인종적으로) 분리된 사회segregated society'였던 것이다. 흑인에 대한 편견과 차별이 여전히 존재했고, 암묵적으로 지켜지는 인종 분리의 경계선이 존재했다. 이른바 '예의바른 인종주의polite racism'가 흑인과 백인을 갈라놓고 있었다. 아니, 더 정확히는 백인의 세계에서 흑인을 소외시키고 있었다.

흑인의 분리는 주거지에서 가장 두드러지게 나타났다. 흑인 인구가 증가하면서 흑인 밀집 지역이 생겨났다. 1910년경 시카고 흑인 인구의 78퍼센트가 사우스사이드의 한 거리에 집중적으로 거주했는데, 백인들은 이를 '검은 벨트black belt'라고 불렀다. 1920년의 센서스는 늘어난 흑인 인구 대부분이 바로 이 검은 벨트에 집중적으로 몰려 있었음을 알려준다. 이 벨트를 따라 흑인들의 교회와 재즈 바, YMCA, 어번 리그Urban League 사무실, 《시카고 지킴이》 사무실 등이 자리를 잡았다. 흑인의 생활은 이 벨트를 벗어나지 않는 협소한 것이었다.[14] 이는 흑인 생활의 편의를 위한 것일 수도 있었겠지만, 그보다는 다른 곳에 진입할 수 없었던 흑인들이 어쩔 수 없이 따로 모여 살게 되었음을 의미한다.

주거지의 분리는 정치에서 중요한 의미를 띤다. 왜냐하면 인종 혹은 민족 공동체의 성격을 띤 지역 단위가 결국 선거구와 겹치기 때문이다. 미국 도시는 새로 온 이민자들이 먼저 온 같은 지역 출신 이민자들이 모여 살고 있는 지역에 계속 집중되면서 형성돼온 만큼, 시카고의 흑인들이 사우스사이드에 집중된 것도 이상할 게 없다. 다만 그것의 정치적 의미를 두 가지로 생각해볼 수 있다. 첫째, 도시민의 정치적 요구는 작업장 단위로 형성되기보다 거주지/선거구별로 형성되었기 때문에 인종적·민족적 협상이 계급적 협상보다 우선되었다.[15] '미국에는 왜 사회주의가 없는가?'라는 질문에 답할 때 반드시 거론되는 것이 바로 이 부분이다. 미국에도 노동 운동이 존재하기는 했지만, 선거권을 무기 삼아 정치적 협상에 임하는 것은 계급 단위가

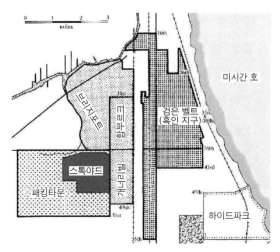

1919년 시카고 시내의 주요 산업 지역과 흑인 주거지. 패킹타운 인근에는 유럽계 이민자들이 자리를 잡았고, 그곳의 동쪽에 흑인이 주로 거주하는 '검은 벨트'가 있었다.[16]

아니라 주로 주거지 단위의 집단이었던 것이다.

둘째, 그렇기 때문에 흑인은 흑인이 몰려 사는 선거구에서는 정치적 요구를 관철시킬 응집력을 가질 수 있었지만, 그것은 계급으로서의 요구가 아니라 인종으로서의 요구라는 특성을 띠었다. 그런 정치적 요구의 단기적·장기적 효과에 대해서는 숙고해볼 필요가 있다. 근시안적으로 보자면 흑인이 영향력을 행사할 수 있는 선거구들이 있다는 데에서 의의를 찾을 수 있겠지만, 멀리 보자면 그것은 흑인 몇 명 정치에 참여시키고 흑인이 원하는 것 몇 가지 들어주는 정도 이상으로 나아가기 어려운 구도를 고착화하기 때문이다.

한편 시카고의 흑인들은 주거 공간뿐만 아니라 직업에서도 제한된 자유를 누리고 있었다. 대부분이 비숙련 노동자였던 흑인들은 직업 사다리에서 가장 낮은 단계에 위치할 수밖에 없었고, 그 사다리를 올라가기란 쉽지 않았다. 대이동 기간 이전에 이미 북부에 거주하고 있던 자유민 출신 흑인 가운데는 중산층으로 신분 상승한 이들이 있었으나 중산층 흑인은 여전히 전체 인구에서 소수를 차지했다. 1920년의 인구 조사에 따르면 직업을 가진 흑인 남성 인구의 40퍼센트가량이 제조업 이외의 분야에서 비숙련 노동자(짐꾼, 하인, 수위, 마부 등)로 일했다. 그러므로 시카고 사회 내에서 흑인과 최하층 노동 빈민은 동일시되었다.[17] 결과적으로 흑인 여성에게는 집안일을 하는 하인 말고는 일자리가 없었으며, 남성 노동력이 가장 쉽게 자리를 잡은 곳은 도살장이었다.

3. 분리된 도시의 비애—'정글' 속 흑인

도살장은 시카고의 지리 조건과 발전 유형의 특징을 가장 단적으로 보여주는 곳이다. 중서부 평원에서 운송되어 온 소와 돼지를 도축, 포장해 상품으로 만드는 산업은 시카고의 주요 산업들 가운데 하나다. 즉, '서부'라는 자연에 대한 정복을 기반으로 하여 중서부 중심지로 자리매김하고 있는 시카고의 성격을 상징하는 산업이다. 도축장들이 모여 있는 장소인 시내 남쪽의 이른바 '패킹타운packingtown'은 피비린내 진동하는 잔혹한 풍경의 대명사였다. 수많은 참관자와 특히 외지에서 온 방문객들은 도축장의 끔찍한 풍경에 숨 막혀 했다.[18]

방문객들은 살코기를 만들고 남은 쓰레기들을 처리하는 다음 층으

시카고 패킹타운 도살장 내부의 모습. 도살장의 비위생적이고 열악한 노동 환경을
폭로한 소설《정글》로 인해 이곳의 개혁이 추진되었다.

로 내려갔다. 내장을 닦아서 소시지용 재료를 만들고 있는 방에 들
어가자 코를 찌르는 듯한 악취가 몰려왔다. 그들은 코를 감싸 쥐고
얼른 다음 방으로 옮겨 갔다. 다음 방에서는 비누와 고형 유지를 만
들기 위해 모든 찌꺼기들을 모아 끓이고 있었다. 거기도 역시 방문
객들이 오래 머무를 곳이 못 됐다……그것은 고도로 분업화된 노동
이었다. 먼저 '도살꾼'이 기다리고 있다가 단칼에 소의 목을 요절냈
다. 그의 움직임은 너무 빨라서 한번 칼날이 번뜩였다고 느끼는 순
간 이미 소는 다음 칸으로 옮겨져 있었고, 그 자리엔 진홍빛 피만 낭
자하게 남았다. 아무리 여러 사람이 달려들어 삽질을 해도 그 마룻
바닥엔 언제나 2cm 정도 핏물이 흥건히 고여 있었다.[19]

그 열악한 패킹타운에서라도 일자리를 얻고자 한 두 집단은 다른
직업군에 진출하기 어려운 새로운 도착자들, 즉 이민자와 흑인이었

다. 앞의 인용문은 19세기 말~20세기 초 시카고의 화려한 발전 이면에 자리한 도살장 노동자들의 끔찍한 상황을 잘 묘사한 업턴 싱클레어Upton Sinclair의 소설 《정글》의 일부이다. 이 소설에서 주인공 유르기스는 리투아니아인으로 꿈에 부풀어 미국으로 이민 왔지만, 아이와 아내가 죽고 자신은 사기를 당하고 불구가 되고 직업을 잃는 등 상상을 초월하는 온갖 시련을 겪는다. 그렇게 깊은 나락으로 떨어졌던 그는 마침내 사회주의에 눈뜨고 노동 운동에 투신하게 되며, 이로써 소설은 평등 사회에 대한 노동자들의 희망과 열망을 외치며 끝난다.

이미 당시에 시카고는 미국에서 노동 운동의 메카와도 같은 곳이었다. 1886년 경찰의 탄압으로 노동자가 사망하면서 벌어진 시위 중에 폭탄 투척 사건이 발생해 무정부주의자 8명이 체포되고 그중 4명이 사형에 처해진 이른바 '헤이마켓 사건'이 일어난 곳도 시카고였고, 1894년에 침대차 회사인 풀맨사 노동자들이 전국적 철도 노조 파업을 이끈 곳도 바로 여기 시카고였다. 동유럽을 위시한 유럽 여러 지역의 이민자들이 이미 유럽에서 경험한 사회주의 노동 운동을 전수한 덕분이었다.

그렇다면 이와 같은 상황에서 흑인 노동자들은 어떻게 시카고 노동 운동에 흡수되었을까? 결과부터 말하자면, 사실 그들은 노동 운동에 흡수되지 않았다. 그와 반대로, 동유럽과 북유럽 출신 이민자들이 대부분을 차지하던 패킹타운을 흑인들이 급속도로 잠식하면서 이들 사이에 갈등이 싹텄다. 일례로, 한 거대 정육 공장의 경우 1916년 1월에 3.7퍼센트였던 흑인 노동자 비율이 1918년 12월에는 20.8퍼센트로 크게 증가했다.[20] 여전히 백인이 다수를 차지하긴 했지만,

'헤이마켓 사건'(1866)을 다룬 잡지 삽화.

이전에 비해, 그리고 다른 지역에 비해 흑인 노동자의 증가가 급격하고 엄청났다고 평가할 수 있다. 이 흑인들은 유럽계 이민 노동자들과 한데 어우러져 노동 운동에 참여하지 못했다. 유럽계 이민 노동자와 흑인 노동자 사이의 갈등의 원인은 흑인의 비노조화에 있었다.

《정글》을 보면 유르기스는 영어를 배우면서 곧 노조에 가입하는데, 왜 남부에서 올라온 흑인들은 끝끝내 노조화에 실패한 것일까?[21] 그것은 흑인의 잘못도 백인의 잘못도 아닌 동시에 흑인과 백인 모두의 잘못이었다. 우선, 기존의 노조는 시카고 지역에서 흑인 인구가 증가함에 따라 이들을 어떻게 노동 운동에 포섭할 것인지에 대해 논의를 하기는 했으나, 어떤 일관된 정책을 만드는 데는 실패했다. 1917년에 시카고노동연맹Chicago Federation of Labor 산하에 창설된 스톡 야드노동위원회Stockyards Labor Council의 지도부는 인종 문제로 인해 분열되었으며, 대부분의 사안에서 인종별로 따로 집회를 갖는 방법을 택했다.[22] 노조에서 흑인은 배제되고 따돌림을 당했다.

한편 작업장에서는 흑인에 대한 차별이 끊이지 않았다. 흑인들은 백인의 편견에서 비롯된 게으르고 건방지다는 핀잔을 들어야 했고, 특히 그런 인종주의적 태도를 고수하는 작업반장을 만나 고생하는 일이 많았다. 당시 흑인의 이직률은 작업장별로 600퍼센트에 달할 정도로 높았는데, 주된 원인은 바로 작업장에서의 차별과 모욕이었다.[23] 어려운 경제 사정에도 불구하고 일자리를 자주 옮겨야 할 만큼 흑인 노동자는 백인 노동자와 잘 어울리지 못했던 것이다.

또한 남부에서 노동조합을 경험한 흑인들은 대체로 좋지 않은 기억을 가지고 있었다. 남부에서도 역시 노조는 백인들의 조직이었고, '보수적이고 극렬 개신교도이고 KKK와 연관된 사람들'이 노조에 가담하기 마련이었다. 그런 기억을 가지고 있는 남부 출신 흑인들은 시카고에서 마주친 노조에 대해서도 백인의 이익 단체 가운데 하나라고 생각할 수밖에 없었다.[24] 흑인 노동자들이 백인 위주의 노조에서 심각한 편견과 차별의 대상이 되고 있음을 인식한 시카고의 흑인 언론, 흑인 교회 등도 백인과 백인 노조를 불신하는 태도를 견지했다. 그들에게는 과거에 협조했다가 가장 먼저 처벌당한 기억이 있었고, 또 백인 노조원들에 의해 노조 가입을 거부당한 경험들이 있었기 때문이었다.[25]

노조의 흑인 배제와 차별은 전국적인 현상이었기 때문에, 흑인의 비노조화, 그리고 파업 파괴단으로서의 활동은 그들의 무지나 학습 부족에 기인한 것이 아니었다. 백인 노조의 파업이나 태업이 진행

될 때 사측에 의해 흑인이 대체 인력으로 고용된 것은 사실이지만 이는 흑인의 입장에서는 어쩔 수 없는 선택이었다. 백인 노조에서 동지를 찾을 수 없는 상황에서 흑인이 불안정한 지위를 방어하기 위해서는 사측과의 전략적 협조가 필요했다. 이는 남부에서부터 이어져온 흑인 노동자들의 역사적 경험에서 우러나온 선택이었다. 계급적 정체성이 인종적 정체성에 밀려 유보되고 있었던 것이다. 그러나 백인 노조는 이와 같은 상황을 간파하고 흑인을 포섭할 전략을 세우기보다는, 악화되는 상황을 흑인 탓으로 돌리기 바빴다.

그리하여 1910년대에 흑인들은 주거지와 직장 모두에서 차별을 받고 있었다. 기본적으로 분리된 세계 내에서는 남부에서보다 더 큰 자유와 평화를 누렸다고 말할 수 있지만, 그것은 분리된 세계를 수용할 때에만 가능한 일이었다. 따라서 두 가지 문제가 곧 흑백 간의 잠재된 갈등을 노출시키기 시작했다. 첫 번째는 전술한 바와 같은 신흑인의 자아 정체성 발전과 이를 바탕으로 한 보다 평등한 사회에의 요구였다. 흑인은 백인 전용이라 여겨졌던 직업군에서 구성비를 늘려가기 시작했고, 백인 주거지로 이주해 옴으로써 분리된 세계를 잠식하기 시작했다. 두 번째는 시카고 노조와 흑인 간의 갈등이었다. 비노조 노동력의 대부분을 구성했던 흑인에 대한 백인 노조의 시선이 곱지 못했다. 물론 이러한 상황은 인종 간의 불신을 최대한 활용하려 한 사측의 의도가 작용한 탓이기도 했으나, 무엇보다 백인 노조는 흑인의 입장을 고려하지 않는 편협함을 보이고 흑인 노동자들은 과거의 경험에 매몰되어 현실을 직시하지 못하는 한계를 보인 탓이었다.[26]

경쟁과 몰이해가 더해지면 더 큰 갈등으로 폭발할 수 있다. 그나마 유지되던 '예의바른 인종주의'는 분리된 세계가 흐트러지는 순간 예의를 잃고 폭력적으로 돌변할 가능성이 있었다. 1916년과 1917년에 흑인이 백인을 공격했다는 근거 없는 소문에 백인 폭도가 흑인에게 린치를 가하는 사건들이 있었다. 1918년 3월부터 1919년 7월 사이에는 흑인의 집과 부동산에 폭탄이 투척되는 사건이 25건이나 발생했다.

폭탄의 표적은 주로 백인 동네에 이사한 흑인의 집, 흑인이 세 들어 살고 있는 백인의 주택, 그리고 이러한 거래를 중개한 부동산 사무실 등이었다. 흑백 간의 공간 분리가 지켜지지 않는 것은 백인에게는 참을 수 없는 일이었다. 백인들은 흑인들이 자신들의 공간을 '침입'한다고 여겼다. 사건들 사이사이에는 경고와 위협이 끊임없이 계속되었다. "우리는 이 아파트들을 지옥으로 날려 보낼 것이다. 같이 날아가고 싶지 않다면 당장 이사 가라." 흔한 협박장의 문구였다.[27]

1919년 여름에는 흑인과 백인의 서로에 대한 증오심이 폭발 직전까지 악화되어 있었다. 6월에는 노면전차를 타고 가던 흑인 형제를 약 50명의 백인이 끌어내려 죽기 직전까지 구타한 사건이 있었다. 특히 신문사와 경찰서에는 7월 4일 독립기념일을 기해 시카고에서 모든 흑인을 몰아낼 것이라는 익명의 예고 전화들이 걸려 왔다.[28] 7월 내내 섭씨 30도에 육박하는 뜨거운 날씨가 계속되는 가운데 이렇게 흑인에 대한 백인의 응징이 준비되고 있었다. 그리고 마침내 7월 29일, 모두가 예상한 대로 '전쟁'이 터지고 말았다.

4. 그 여름, 뜨거웠던 시카고

유난히 무더웠던 일주일을 거쳐 7월의 마지막 주로 접어들던 1919년 7월 29일 일요일 오후, '바람의 도시Windy City' 시카고의 미시간 호숫가에는 물놀이를 즐기는 인파가 북적였다. 이날 물놀이에 나선 다섯 명의 흑인 청소년들은 흑인 구역인 25번가 쪽 호숫가로 가는 대신 자기들끼리 26번가 쪽에서 헤엄을 치고 있었다. 그때 26번가 쪽 호숫가에 한 백인이 나타나 이 청소년들에게 돌을 던지기 시작했다. 청소년들은 이것을 장난으로 받아들여, 날아오는 돌을 피하는 놀이를 시작했다. 하지만 그중 한 명인 17세의 유진 윌리엄스Eugene Williams가 잠수했다가 수면 위로 올라오는 순간 날아온 돌에 이마를 맞았다. 그는 피를 흘리며 물속으로 가라앉았고, 친구들은 거리로 나가 구조를 요청했다. 구조대가 출동해 30분 정도 수색한 끝에 유진의 시체를 수습했다.[29]

시카고 시의 동쪽 경계선을 이루는 이 기다란 호수의 연안 지역에는 당시에 엄연한 불문율이 존재했으니, 그것은 백인용 호숫가와 흑인용 호숫가가 따로 있다는 것이었다. 29번가 쪽 호숫가는 백인 전용이고 25번가 쪽 호숫가는 흑인 전용이었다. 호수면 위에는 아무런 표시도 없었지만 이 '암묵적 인종 선'은 당연히 지켜졌고, 계속해서 지켜질 것으로 기대되었다. 유진 윌리엄스가 변을 당한 직후 29번가 쪽 호숫가에서는 작은 소란이 벌어졌다. 산책길에 29번가 쪽 호숫가에 당도한 흑인 남녀가 다시 25번가까지 돌아가는 번거로움을 피해 그냥 거기서 물에 들어가기로 한 탓이었다. 그러자 그곳에 있던 백인들이 비난의 말을 웅성거리며 모두 자리를 떴다. 하지만 머지않아 백인들이 다시 돌아오더니 이 흑인들을 향해 돌을 던지기 시작했다.

돌을 던져 윌리엄스를 죽게 만든 남자는 29번가 쪽으로 가서 이 '전투'에 참가하고 있었다. 윌리엄스의 친구들은 흑인 경찰관을 대동하고서 25번가 쪽 호숫가에서 29번가 쪽 호숫가로 갔고, 거기서 그 남자를 찾아냈다. 조지 스타우버George Stauber라는 젊은이였다. 하지만 흑인 경찰관이 백인을 심문할 수는 없는 노릇이었다. 따라서 경찰관을 포함한 흑인 무리는 근무 중이던 백인 경찰관 대니얼 캘러핸Daniel Callahan에게 스타우버에 대한 조사를 요구했다. 하지만 캘러핸은 이 요구에 불응했다. 그는 혐의자 체포를 거부했을 뿐 아니라, 현장에서 한 백인의 불평만 듣고 흑인 한 명을 폭력 혐의로 체포해버렸다.

소문은 빠르게, 그리고 부풀려지면서 시내로 퍼져나갔고, 인근에 있던 흑인들과 백인들이 29번가 쪽 호숫가로 몰려들었다. 흥분과 분노 속에 흑인과 백인이 주먹과 돌과 벽돌 조각 등을 주고받으며 두 시간여 대치한 끝에 한 흑인이 경찰을 향해 총을 쐈다. 이 첫 총성으로, 한 흑인 청소년이 희생당한 우발적 살인 사건은 인종 폭동으로 비화되었다. 그날 밤부터 새벽까지 다섯 명의 백인이 부상을 당했고, 흑인은 스물일곱 명이 몰매를 맞고 일곱 명이 칼에 찔리고 네 명이 총을 맞았다. 백인들은 기다렸다는 듯이 흑인들을 응징하기 위해 도시를 헤집고 다녔고, 흑인들은 이들의 폭력에 대항한다는 논리로, 그리고 경찰의 편파성을 비난하면서 맞대응에 나섰다.[30]

월요일 아침이 밝고 백인 폭도들이 일상으로 돌아간 듯했지만, 폭력은 계속되었다. 특히 시내의 노면전차를 타고 이동하는 흑인들이 주된 공격 대상이었다. 백인들은 붐비는 전차역에서 전차를 탈선시키고는 흑인 승객들을 끌어내어 때리고 찌르고 쏘았다. 월요일 하루 동안 이런 식의 폭력 행위에 의해 네 명의 흑인과 한 명의 백인이 살해되었고, 서른 명 정도의 흑인과 스무 명 정도의 백인이 부상을 당했다. 경찰은 속수무책이었고, 힘을 쓸 수 있는 곳에서는 백인을 일방적으로 편들었다. 35번가와 워배시 로Wabash Avenue의 앤젤러스 Angelus 빌딩 앞에는 흑인들이 몰려들었다. 그 빌딩에서 날아온 총알에 흑인이 저격당했다는 소식을 듣고 시위하러 온 사람들이었다. 그러나 이 시위에 대한 백인 주민의 신고를 받은 경찰은 무려 백 명이나 출동해서 흑인을 폭도로 몰며 진압했다. 이 과정에서 흑인 네 명이 죽임을 당했다.

　백인 폭도들은 흑인들의 집이 밀집한 시내 남쪽의 사우스사이드에서 차를 몰고 질주하면서 무작위로 총질을 하기도 했다. 흑인들은 이에 대한 대책으로 무장 매복한 채 백인 차량의 습격을 기다리기도 했다. 화요일에도 흑인들은 다양한 방식으로 공격을 당했다. 그들은 출근하다가, 집에 있다가, 혹은 노면전차를 타고 가다가 공격을 당했으며, 시내 한복판에서나 시내 남쪽의 흑인 거주 구역에서나 안전치 못했다. 제복을 입은 백인 군인들이 길 가던 흑인에게 몰매를 가하는 사건도 있었고, 백인 폭도들이 백인 거주 구역에 사는 흑인의 주택에 불을 지르고 도망치는 사건도 있었다.

　백인 폭도의 습격 목표 가운데 하나는 흑인 주거지였다. 정확히 흑인의 몇 가구가 백인 거주 지역으로 이주했는지 보여주는 통계 자료는 없다. 남아 있는 자료들은 구역별로 인구의 어느 정도가 흑인이

시카고 인종 폭동 당시 흑인의 집에 돌을 던지고 집단 폭력을 가하려 달려드는 백인 군중.

없는지를 보여줄 뿐이며, 그것도 변화상을 알 수 있을 만큼 자주 조
사된 것이 아니다. 다만 흑인의 백인 주거지 유입 문제로 폭력 사태
가 일어났을 때의 보도 자료와 여론으로 미루어 짐작건대, 흑인이 백
인 주거지로 이사하는 것은 이때 처음 시작된 일로 보인다. 즉, 백인
들은 자기네 주거 구역에 처음으로 흑인이 이사 오는 날에 즉각적으
로 반격을 했던 것이다.[31]

　　또한 작업장도 인종 폭동 기간 중 폭력 사태의 주요 현장이었다.
폭동이 일어났다는 소식이 전해지자 패킹타운의 백인 노동자들은
곧 흑인 동료에게 구타와 돌팔매질을 퍼붓기 시작했다. 앞서 언급한
바와 같이 당시 시카고 인구의 3분의 2가 외국 태생이었고, 특히 임
금이 적고 환경이 열악한 작업장에 신참 이민 노동자가 많았음을 고
려하면, 이렇게 흑인을 응징한 동료 백인들의 정체를 짐작하는 것이

가능하다. 사건 당일 《뉴욕 타임스*The New York Times*》 기사가 "시칠리아 사람들이 깜둥이를 공격했다"라고 쓴 것은 바로 그러한 상황을 빗댄 것이었다.[32]

패킹타운의 질서를 되찾기 위해 군대가 파견되었고, 이에 노조는 파업에 들어갔다. 긴박한 상황에서 노조는 비노조원의 패킹타운 출입을 금지한다고 발표했고, 그럼에도 출근한 흑인들은 폭력으로 응징당했다. 패킹타운에는 흑백 간의 폭력을 막기 위해 8월 9일까지 군대가 주둔했다.[33] 이처럼 시카고 인종 폭동은 앞 절에서 살펴본 흑백 노동자의 갈등과 분열이 폭력적으로 표출될 기회를 제공한 사건이었다.

수요일까지도 폭동이 진압되지 않고 시카고 시내에 질서의 진공 상태가 계속되자 밤 10시 30분에 윌리엄 톰슨William 'Big Bill' Thompson 시장은 인근에 배치되어 있던 주방위군 3개 연대에 지원을 요청했다. 수요일 밤에 시작된 비가 목요일로 이어지면서 폭력을 점화하는 데 한몫했던 한여름 열기도 가시는 듯했고, 주방위군이 출동하자 시는 질서를 되찾아갔다. 이후로도 2주 정도 간헐적인 폭력 사태와 방화 사건들은 있었지만 처음 4일간과 같은 심각한 인명 살상은 없었다.[34] 마침내 사건이 종결되었을 때 총 사망자는 흑인 23명에 백인 15명이었고, 총 부상자는 537명이었다. 손실된 주택과 상가는 수백 채에 달했고 재산 피해액은 수십만 달러였다. 흑인의 백인 구역 진출을 막기 위한 백인 이민자 집단의 반작용이었던 시카고 인종 폭동은 그렇게 끝났다.

사건 후 인종관계위원회Commission on Race Relations가 설치되어 최

악으로 기록될 이 인종 폭동의 원인을 분석하는 데 착수했고, 1922
년에 이 사건에 대한 최종 보고서를 펴냈다. 과연 시카고는 인종 문
제의 근본적 해결을 가능케 할 정확한 진단을 내놓았을까? 최종 보
고서는 사건의 개요와 원인을 설명한 뒤 사태 예방을 위한 59개의 권
고 사항을 달아놓았다. 그런데 그것의 내용은 인종 문제를 정확히 진
단하지 못했음을 드러내는 것이었다. 그 권고 사항 가운데 유사 사건
발생 시의 대처 방안 및 광범위한 공공 안전 문제와 관련된 부분을
빼면 주된 내용은 "흑인 거주지의 범죄 및 유흥 중심지 제거"(7항),
"흑인 지역South Side의 운동클럽athletic clubs에 대한 감시"(9항), "흑인
주거지의 비위생적 환경 처벌"(13항) 같은 것이었다. 이는 인종 폭동
사건의 원인 제공자 및 주동자를 흑인으로 모는 것과 같았다. 그 외
의 권고 사항은 "흑백이 서로를 이해하고 편견을 없애서" 이런 사건
이 다시 발생하지 않도록 해야 한다는, 구체적 실천 강령이 없는 공
허한 당부일 뿐이었다.[35]

인종 폭동의 피해자인 흑인을 도리어 책임자로 몰아붙이려는 시
도는 다른 각도에서도 진행되었다. 당시는 공산주의나 사회주의의
확산에 대한 공포가 사회적으로 팽배해 있던 '적색 공포Red Scare'의
시대였는데, 인종 폭동 전후로 흑인과 사회주의를 포함한 급진주의
의 연관성을 이야기하는 공공연한 논의들이 있었다. 이러한 배경 때
문에 심지어 인종 폭동이 일어난 직후 국무장관 파머는 "볼셰비키가
흑인들에게 상당한 돈과 엄청난 문서 공세를 펴고 있으나 시카고 인
종 폭동에 영향을 주지는 않은 것으로 보인다"[36]라는 발표를 하기도
했다. 그런데 인종 폭동에 볼셰비키의 직접적 영향이 없었다는 이러

한 판단에도 불구하고 계속 흑인과 사회주의의 관련에 대한 의심이 제기된 이유는 무엇일까? 첫째는 인종 폭동의 주도 세력이 흑인이었다는 인상을 주기 위해서였고, 둘째는 흑인의 존재하지 않는 급진성과 폭력성을 날조해 갖다 붙이기 위해서였다.

실제로, 인종 폭동이 일어나기 바로 전날 《뉴욕 타임스》는 볼셰비즘과 흑인의 연관성을 말하면서 마치 모든 흑인이 급진적이고 전복적인 사상의 소유자인 것처럼 과장 보도했다. 문제의 기사는 특히 시카고에 본부를 두고 있던 사회주의 노동자 연합인 IWW(Industrial Workers of the World)와 흑인, 특히 두보이스W. E. B. DuBois와 같은 급진적 흑인 지도자들의 연관을 별 근거도 없이 사실인 양 지적했다. 두보이스가 급진적 사상가임을 구실 삼아 모든 흑인 노동자들이 급진적이라는 식의 언급도 잊지 않았다.[37]

노조가 백인 위주였고 흑인은 백인에 의해 노조에서 배제되어 있었던 현실을 고려하면 이러한 논의는 다소 뜬금없게 들린다. 더욱이 이러한 현실 때문에 대다수 흑인 노동자들은 노동 운동에 대해 '백인들의 것'이라며 거부감을 표하고 있었는데 말이다. 그렇다면 왜 흑인은 볼셰비즘과 연결돼 있다는 의심을 받은 것일까? 이는 적색 공포 시대의 전형적인 희생양 만들기 작업과 흑인 대이동에 대한 경계심이 결합된 결과로 판단된다. 전환기 사회의 혼란 속에서 흑인은 쉽사리 희생양으로 선택되었다. 이처럼 흑인에 대한 편견만 팽배한 가운데 결국 인종 폭동에 대한 책임 규명은 제대로 이루어지지 않았고, 인종 간의 관계를 변화시킬 근본적인 대책은 도출되지 못했다.[38]

제1차 세계대전과 흑인 대이동 이전에는 미국 남부에 집중되어 있었던 흑인 인구는 이 시기를 통과하면서 북부 도시들로 점차 분산되기 시작했다. 급성장하는 이상적 도시로 여겨지던 시카고는 이 인구를 상당수 끌어들였다. 그 결과 시카고의 사회문화적 구성이 바뀌어, 시카고에서 흑인들은 백인 노동자들과 일자리를 놓고 경쟁하는 위치에 서게 되었다. 이러한 경쟁은 북부에도 존재했던 인종 간의 공간 분리가 와해될 수도 있다는 위기의식으로 백인 사회를 긴장시켰고, 특히 치열하게 흑인과 경쟁하던 신참 이민자들과의 더욱 극적인 갈등으로 나아갔다. 1919년의 시카고 인종 폭동은 바로 일자리와 주거지를 놓고 새로 유입된 백인과 흑인이 경쟁하면서 갈등이 심화된 끝에 터진 일이었다.

새로운 시대에 대한 희망을 품고 시카고에 도착한 신흑인들은 세계대전과 적색 공포라는 시대적 배경 속에서 도시 내 인종 갈등의 희생양이 되었다. 헤이마켓 사건과 풀맨사 파업 등으로 노동 운동의 메카로 알려진 시카고였지만 그곳의 노조와 백인 노동자들은 흑인을 동료로 여기지 않는 편협함을 보여주었다. 또한 인종 폭동에 대한 진압과 분석에 흑인에 대한 편견이 고스란히 개입됨으로써 인종 갈등의 씨앗은 그대로 남게 되었다. 시카고 인종 폭동에 대한 인종관계 위원회의 최종 보고서는 전형적인 인종적 편견과 백인 중심적 시각을 고수하는 내용으로 마무리되었다.

시카고 인종 폭동은 그때까지 수많은 이민자와 흑인에게 일자리를 제공하면서 새로운 기회의 땅으로 인식되었던 시카고의 이미지를 전복시켰다는 점에서 충격적이었다. 하지만 이 사건은 다른 한편으로는 1918~1919년에 필라델피아, 내슈빌, 찰스턴, 롱뷰(텍사스),

워싱턴 DC, 녹스빌, 오마하 등 미국의 여러 대도시에서 있었던 유사한 인종 충돌 사건들 가운데 하나일 뿐이었다. 물론 인명 피해 면에서 시카고는 사망자 38명, 부상자 537명으로 다른 도시들과는 비교도 되지 않을 만큼 큰 피해를 냈지만, 다른 도시들에서도 같은 시기에 비슷한 사건이 있었다는 것은 공간을 둘러싼 인종 간의 충돌이 당시의 시대적 문제였음을 보여준다.

도시에서 흑백의 갈등이 이처럼 격해진 것은 흑인 인구가 상당수 증가한 뒤의 일이었다. 결국 시카고를 비롯한 북부 도시에서의 인종 폭동은 급성장한 현대의 미국 도시가 사회적 갈등을 조정할 능력을 상실했을 때 발생한 사건으로서, 도시라는 공간과 관련된 다양한 사회적 욕구와 좌절의 문제를 제기한다. 또한 인종 폭동은 미국 도시의 특수 상황인 인종 분리 상황에서 일어난 사건으로, 흑백 모두 도시를 투쟁과 쟁취의 공간으로 인식했음을 시사한다.

로스앤젤레스
—
자연의 정복과 다인종 사회

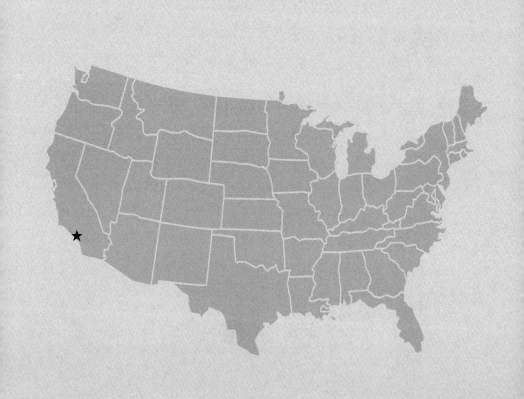

미국은 캘리포니아 정복으로 대륙 정복을 완결 지었다. 캘리포니아는 미국을 무한한 가능성과 기회의 땅으로 보는 '아메리칸 드림'의 본거지라 할 만하다. 동쪽에서 서쪽으로 진행되어온 미국 개척·정복의 역사에서 캘리포니아는 영원한 서부, 아메리칸 드림의 최종 정착지였다. 서부 정복의 마지막 장애물인 로키 산맥을 넘어 찾아낸 마지막 땅덩어리가 온화한 기후와 아름다운 풍경을 선사할 뿐 아니라 금광을 묻어두고 있다는 사실은 그러잖아도 선망의 대상이었을 캘리포니아를 유토피아로 만들어버리기에 충분했다. 그 중심에 바로 로스앤젤레스가 있었다.

1. 사막의 낙원[1]

로스앤젤레스는 캘리포니아에서도 특별한 꿈의 땅이다. 이름부터 '천사의 땅'이라는 뜻을 갖고 있는데다가 오렌지와 레몬 나무가 늘어선 아름다운 해변, 할리우드와 디즈니랜드라는 꿈과 기적의 세계가 바로 로스앤젤레스를 상징하기 때문이다. 또한 로스앤젤레스는 서쪽으로 아시아에 가깝고 남쪽으로 멕시코에 가까운 지리적 조건 때문에 다문화주의의 대명사가 되었을 뿐만 아니라, 첨단 전자 산업의 중심지인 실리콘밸리를 보유한 덕분에 진보적 이미지까지 갖고 있다. 이렇게 로스앤젤레스는 풍족하고 자유롭고 앞서 나가는 도시로서 아메리칸 드림의 최전선에 서 있다.

로스앤젤레스의 역사는 18세기에 스페인 탐험가와 선교사들이 이곳에 정착하면서 시작되었다. 1820년에 로스앤젤레스는 인구 650명 정도의 작은 마을로서 스페인으로부터 독립했지만 곧 멕시코에 점령되었다. 그랬다가 미국-멕시코 전쟁을 통해 1847년에 최종적으로 미국 영토가 되었다. 1849년에 금광이, 1892년에 원유가 발견되면서 인구가 급격히 증가했고, 1876년 이후 철도에 의해 전국과 연결되었다. 인구는 꾸준히 증가해, 1990년 인구 조사 이후 지금까지 미국 제2의 도시로 꼽혀왔다.

현재 로스앤젤레스의 이런 풍요로운 이미지를 고려하면 놀랍게도, 사실 거대 도시 로스앤젤레스와 주변 지역은 지리적으로 사막이 대부분을 차지하는 건조한 지대에 자리 잡고 있다. 그래서 인공적으로 급수를 해야만 살아남을 수 있었다. 태평양이라는 광활한 바다와 면해 있고 농업과 원예 중심지를 보유하고 있어서인지 로스앤젤레스는 초록의 이미지로 연상되지만, 사실 이 도시는 항상 담수가 부족하다. 그렇기에 로스앤젤레스의 인구 증가와 도시 팽창의 관건은 바로 수자원을 확보하는 것이었다. 도시의 기본적 환경 가운데 우선 물이 확보되지 않는다면 더 이상의 성장은 불가능하기 때문이었다.

특히 19세기 후반부터 전국적 경제 급성장의 시기였던 1920년대까지 로스앤젤레스는 도시의 운명을 판가름할 중차대한 과제에 맞닥뜨렸다. 도시 내에 존재하는 볼품없는 하천과 근방의 우물로는 더 이상 늘어나는 인구를 감당할 수 없어서 물 부족 문제를 해결해야 했던 것이다. 1880년부터 1932년까지 로스앤젤레스는 인구가 만 명에서 120만 명으로 증가하고 면적이 29제곱마일에서 442제곱마일로 늘어났다. 이에 비해 로스앤젤레스에서 나는 물은 30만 명 정도의 인구를 감당할 양밖에 안 되었다.

로스앤젤레스는 대책 마련에 부심했다. 그리하여 우선 1899년에 사설 급수 시설을 사들였고, 1906년에는 주변 지역 땅(샌피드로, 윌밍턴)을 사들이는 법안을 통과시켰으며, 1905~1913년에는 유명한 로스앤젤레스 도수관導水管을 건설했다. 바로 이 도수관이 544킬로미터(338마일) 떨어진 시에라네바다 산맥 기슭의 오언스 강 하곡에서 물을 끌어오는 통로였다. 그랜드캐니언의 콜로라도 강과 더불어 오늘날까지도 로스앤젤레스를 포함한 미국 남서부 지방의 주요 수원인 오언스 강 하곡은 로스앤젤레스의 증가하는 인구에 충분한 용수를 제공했을 뿐 아니라, 수력 발전을 통해 값싼 전기를 공급함으로써 이 지역의 산업화를 가속화하는 원동력이 되었다.[2]

도수관을 건설하는 데는 막대한 비용이 필요했으므로 로스앤젤레스는 채권을 발행해 기금을 확보했다. 시민들의 기여에 힘입어 거대한 인프라를 건설한 것이었다. 그런데 이런 과정에서 정경유착과 비리가 횡행했다. 1898년 물 공급의 시영화市營化를 기치로 시장에 당선된 프레드 이턴Fred Eaton은 자신이 소유한 물 회사를 시에 팔고 그 대신에 오언스 강 하곡 위쪽의 땅을 몰래 사들였다. 시에서 도수관 건설 사업을 시작할 경우 그 땅을 되팔아 이익을 챙기려는 속셈이었다. 이턴이 이 땅을 매입하는 데 든 돈은 1만 5,000달러였지만,

사막이나 다름없는 남캘리포니아 지역을 가로지르는 로스앤젤레스 도수관의 진풍경(왼쪽).
로스앤젤레스 도수관의 지도(오른쪽).

나중에 도수관 건설을 위해 시가 이 땅을 수용하며 보상한 돈은 무려
45만 달러였다. 결과적으로, 시장이 채권을 산 시민의 돈으로 자기
주머니를 불린 셈이었다.[3]

이턴과 그의 친구 리핀코트J. B. Lippincott, 시 수력자원부의 엔지니
어 윌리엄 멀홀랜드William Mulholland는 바로 이렇게 공금으로 시 사업
을 하면서 주변 지역에 대한 부동산 투기로 엄청나게 재산을 불렸고,
동시에 시의 정책과 정치를 주무르는 중심인물로 떠올랐다. 이들은
도수관 건설 이후 다른 사업에서도 비슷한 방식으로 어마어마한 사
적 이익을 챙겼다. 리핀코트는 1926년까지 14개의 댐 사업에 관여하
며 재산을 불렸고, 이턴은 샌퍼낸도 계곡의 메마른 땅을 헐값에 사서
오언스 강 물줄기를 끌어올 도수관이 그리로 지나가게 함으로써 가

멀홀랜드의 사진과 함께 보도된 도수관 건설 계획.

치를 올린 뒤 되팔았다. 이들은 이런 식으로 사적 이익을 꾀하며 트롤리, 철도, 고속도로, 항구, 그리고 심지어 다운타운까지 건설했다.[4]

로스앤젤레스 도수관 덕분에 부동산 개발 사업, 석유 채굴 및 정제 사업, 영화 사업 등이 걱정 없이 이곳에 모여들 수 있었다. 이러한 사업들이 로스앤젤레스의 물리적·경제적 성장을 주도했으며, 지금까지도 이 도시의 산업을 대표하고 있다. 멀리 떨어진 다른 지역에서 끌어다가 공급하는 물 없이는 불가능했을 일이다. 그 과정에서 정경유착을 통해 큰 재산을 일구며 소수 특권층으로 자리 잡은 사람들은 동부 도시와 같은 구 엘리트가 없는 신도시 로스앤젤레스에서 유력 가문을 형성하게 되었다.

도수관 건설 사업과 관련한 부동산 투기에 이어 트롤리와 철도 건설이 부정한 방법으로 재산을 불리기에 좋은 사업으로 등장했고, 곧이어 석유마저 자본가들의 재산 증식에 엄청난 기여를 하게 되었다. 20세기 초반에 로스앤젤레스는 세계에서 가장 규모가 큰 도시 전기 철도를 보유하고 있었고, 한때 세계 석유 생산의 4분의 1을 담당했다. 철도와 부동산에 투자하고, 언론을 장악하고, 시정부를 주물러 모든 수익 사업과 이윤을 자신들의 신디케이트로 향하게 했던 E. H. 해리먼과 그의 동업자인 헌팅턴, 오티스, 그리고 그의 사위인 해리 챈들러에게 막대한 부와 권력이 집중되었다.[5]

로스앤젤레스뿐 아니라 라스베이거스나 피닉스 같은 남서부 주요 도시들, 아니 남서부 전체는 지금도 여전히 다른 곳에서 물을 끌어다 쓰고 있다. 그리고 그 도시들이 사용하는 물의 양이 엄청난 탓에 주변의 모든 강들이 말라붙었다. 원래 로스앤젤레스에 존재했던 강줄기들은 이미 주거지로 뒤덮여버렸고, 투손 계곡의 샌타크루즈 강은 개울이 되어버렸다. 오언스 강 역시 줄어드는 물줄기 때문에 20세기 후반부터는 우려의 대상이 되고 있다. 사막 위에 자연적으로는 존재할 수 없을 거대한 도시를 인위적으로 건설한 탓에 주변의 수맥을 모두 빨아들이게 된 것이다.[6] 2004~2005년에는 계속되는 가뭄으로 캘리포니아 전체가 몸살을 앓았다. 로스앤젤레스의 주요 용수 공급원인 콜로라도 강은 500년 내 최악이라는 가뭄을 겪었고, 심지어 강 상류 지역의 겨울 적설량마저 최저치를 기록했다.[7]

로스앤젤레스를 비롯한 미국의 남서부 건조 지역이 자연적으로는 인간이 거주하기에 얼마나 부적합한 곳인지 단적으로 보여주는 것이 바로 시미스CIMIS(California Irrigation Management Information System)이다. 농경지 곳곳에서 목격되는, 마치 외계인과의 교신을 위해 만들어지기라도 한 것 같은 기이한 안테나 모양의 기구이다. 시미스는 설치된 구역의 온도, 습도, 비 올 확률, 태양열 강도와 지표면의 수분 증발률까지 측정해서 그날그날 땅에 줘야 하는 물의 양을 과학적으로 계산한다. 불필요한 물 사용을 막아 아까운 물을 절약하게 해주는 일종의 효율 증진 장치인 셈이다. 시미스를 도입한 지 30여 년이 되었는데, 캘리포니아 주정부는 이 시스템 덕분에 물 사용량이 10~20퍼센트 줄었다는 고무적인 평가를 내놓았다. 하지만 만만찮은 설치 및 유지 비용에 대한 비판은 계속되고 있다.[8]

시미스와 더불어, 오늘도 변함없이 일정한 시간에 자동으로 켜져 너른 벌판에 물을 대는 스프링클러 역시 로스앤젤레스 최고의 상징물이다. 이 둘은 물 부족에도 불구하고 거대 도시를 세우려 한 의지의 산물이다. 기술로 자연을 정복하고 통제할 수 있다는 믿음에서 싹튼 극치의 예술이며, 로스앤젤레스 또는 미국의 진정한 힘의 상징이다. 이것들이 없다면 로스앤젤레스는 사막일 뿐이다. 그렇기에 도수관 건설 과정에서 물 공급과 관련된 권력이 사적으로 소유되거나 소수에게 집중된 것은 로스앤젤레스의 사회 양극화의 단초가 되었다.

사막 위에 세워진 도시 로스앤젤레스를 푸르게 유지하기 위해 가동되는 스프링클러(왼쪽)와 시미스(오른쪽).

2. 자동차 도시

로스앤젤레스는 참으로 평평한 도시다. 어디에 있건 고층 건물의 숲에 둘러싸였다는 생각이 들지 않는다. 다운타운에는 그나마 몇 개의 고층 건물이 모여 있지만, 뉴욕이나 시카고처럼 웅대한 경관을 이루지도 않고 또 이정표나 상징이 되는 건물을 보여주지도 않는다. 또한 여러 기능을 나누어 맡은 소중심지들이 산재하기 때문에 로스앤젤레스라는 도시의 중심이 어딘지 파악하기 어려울 정도이다.

이러한 특성은 공간적 여유에서 비롯되었다. 수평적으로 뻗어갈 공간이 있는데 굳이 수직적으로 올라갈 이유가 없었던 것이다. 동부의 구도시들과는 다르게 공간을 넉넉하게 이용한 것은 비교적 늦게 개발된 다른 남서부 도시들과 마찬가지로 로스앤젤레스에서도 나타나는 특징이다. 더구나 여기는 환태평양 지진대에 속하는 곳이 아닌가. 고층 건물군은 너무 위험한 발상이다. 이런 지질학적 고려 역시 로스앤젤레스를 수평적으로 넓게 퍼진 도시로 만드는 데 일조했다.

하지만 로스앤젤레스의 이런 공간적 특성이 이런 자연적인 이유에서만 비롯된 것은 아니다. 현재 상태의 로스앤젤레스가 있기까지 부동산 이해 집단과 개발자본주의의 끊임없는 공세가 있었다. 비교적 뒤늦게 성장하면서 동부 대도시들을 모델로 삼았던 20세기 초반의 로스앤젤레스에서는 시정부가 되도록 넓게 퍼진 공간에 많은 주거지를 지어 분양하는 방식으로 그 도시들을 따라잡고자 했다. 이 과정에서 시정부 자신이 개발업자의 심성을 갖게 되었다. 1907년에 나온 로스앤젤레스 시 예술위원회Los Angeles Municipal Art Commission의 보고서는 바로 그런 태도를 반영하고 있었다.

> 도시가 펜실베이니아나 오하이오의 도시들이 이미 확보한 권위를
> 가질 수 있다면 상당한 이점이 있다. 그것은 바로 공적 개발을 위해
> 사유지를 매입하고……그렇게 이루어진 개선으로 인한 가치 상승
> 분을 토지 재판매를 통해 환수함으로써 그 (개발에 들어간) 비용을
> 충당할 권리이다.[9]

사유지 매입과 개발비 충당을 위한 체비지 판매의 권리를 획득한 시정부는 급속도로 토지 개발을 진행할 수 있었다. 로스앤젤레스가 미국 국내 이동 인구의 최고 정착지로 자리 잡은 1930년대에 이르러서는 당시의 로스앤젤레스 경계 내에 남아 있는 빈 땅이 없을 정도였다. 이러한 개발은 도심지 내에서 열린 공간, 특히 공원과 빈터를 없애는 결과를 가져왔다. 이처럼 로스앤젤레스의 팽창과 발전은 계속되는 건설 사업을 의미했고, 밀집 주거지는 열린 공간의 폐쇄와 맞물려 있었다.

도시 공간의 수평적 팽창과 교외 지역의 밀집 주거 단지 건설이 짝을 이룬 결과는 엄청난 자동차 의존도였다. 1920년대 이래 로스앤젤레스는 다른 어느 도시보다 인구당 자동차 소유 비율이 높다. 1920년에 캘리포니아 주의 전체 자동차 가운데 30퍼센트가 로스앤젤레스 카운티에 있었다. 전국 평균 자동차 소유 비율이 인구 13명당 한 대이던 1920년에 이미 로스앤젤레스에서는 인구 5명당 자동차 한 대를 기록했고 1930년에는 1.8명당 한 대였다. 당시 영국은 228명당 한

끝없이 펼쳐진 로스앤젤레스 외곽의 주택 단지들.

대, 프랑스는 247명당 한 대, 독일은 1,017명당 한 대였다고 한다.[10]

로스앤젤레스의 자동차 소유 비율이 이렇게 높은 데는 여러 이유가 있었겠지만, 무엇보다 도시 성장의 시점이 자동차 대중 보급의 시대와 맞물려 있었다는 것이 가장 큰 이유였다. 달리 말하자면, 자동차 보급을 염두에 두고, 혹은 자동차 보급을 촉진하는 방향으로 도시 개발이 이루어진 것이다. 구도시들은 자동차가 많이 보급될 경우 철도와 도로를 이용하는 기존의 대중교통 체계를 개선할 필요가 있었지만, 로스앤젤레스는 신생 도시였기 때문에 그런 비용을 들일 필요가 없었다. 게다가 석유가 풍부하게 생산돼서 값이 쌌기 때문에 연료 걱정도 덜했다.[11]

기차나 버스 같은 대중교통이 아니라 자동차가 주요 이동 수단이 된다는 것의 사회적·문화적 의미를 되새겨볼 필요가 있다. 같은 길을 지나가더라도 어떤 교통수단을 이용하는가에 따라 사람들은 전혀 다른 경험을 하게 된다. 우선 혼자 자동차를 타고 가는 사람은 자연스럽게 고립됨으로써, 걸어가거나 대중교통을 타고 가며 서로 부대끼는 사람들이 경험했을 감정에서 소외된다. 따라서 자동차는 일종의 접근 불가능성, 인간관계의 단절을 의미한다. 또한 자동차 문화는 부르주아 중심적이다. 아무리 인구당 자동차 소유 비율이 높아도 자동차를 소유하는 사람들은 여전히 화이트칼라 계층에 집중돼 있다. 따라서 대중교통이 발달하지 않은 도시에서는 블루칼라와 빈민들의 기동성이 크게 떨어진다.

이러한 문제는 고속도로 건설과 교외 지역의 확산을 통해 더욱 심화된다. 1940~1950년대에 로스앤젤레스의 수평적 팽창을 고무한 연방정부의 주간州間 고속도로 건설 계획은 로스앤젤레스의 계급적 공간 분화와 단절을 강화했다는 평가를 받는다. 여기에는 연방정부가 로스앤젤레스를 관통하는 고속도로를 전체 주 단위에서 계획하도록 지시해 로스앤젤레스 시 차원의 계획이 무시된 탓도 있었다. 그런데 이 시기에 고속도로를 따라 교외 지역이 건설되었고 대중교통은 확충되지 않았기 때문에, 자동차 소유자들만이 도심을 탈출하여 쾌적한 교외로 진출할 수 있었다. 이것이 바로 고속도로가 로스앤젤레스에서 계층 간 공간 분리와 지역차를 심화했다는 비판을 받는 이유이다.[12]

자동차 도시 로스앤젤레스의 상징과도 같은 윌셔 대로Wilshire Boulevard에는 '기적의 마일Miracle Mile'이라 불리는, 약 1마일에 걸친 거리가 있다. 도대체 무엇이 기적, 혹은 기적이라 불릴 만큼 대단한 것일까? 이 거리는 다운타운에도 없는 호화로운 상가와 고층 건물의 밀집 지역으로서, 여기서 멀지 않은 베벌리힐스와 더불어 로스앤젤레스의 사치스럽고 부유한 이미지를 완성하는 곳이다.

'기적의 마일'은 1920년대에 부동산 개발업자인 로스A. W. Ross에 의해 형성되었다. 미국의 1920년대는 제1차 세계대전이 끝나고 전후의 거품 경제로 인해 부동산 투기 열풍이 한창이던 때였다. 바로 이러한 열풍을 타고 로스는 로스앤젤레스에 하나의 상징과도 같은 거리를 만들겠다는 이상을 실현했다. 그는 5만 4,000달러를 지불하고 윌셔 대로의 일부를 사들였다. 그리고 이 거리를 금융과 최고급 상가가 가득 들어선 '로스앤젤레스의 샹젤리제'로 만들었다.

로스는 '기적의 마일'을 개발하면서 두 가지를 추구했다. 첫째, 이 길은 모더니즘을 지향했다. 1920년대라는 시점에 건축에서의 모더니즘은 '아르 데코art deco' 양식을 의미했다. '기적의 마일' 양쪽에 지어진 건물들은 당시로서는 혁신적인 건축 양식을 통해 이 거리가 가장 현대적이고 최신식임을 명백하게 드러내고자 했다. 또한 이 시대의 도시 개발에서 모더니즘이란, 앞 장에서 다룬 것처럼 1893년의 시카고 만국박람회가 보여준 '백색 도시'의 모델을 따르는 것을 의미했다. 로스는 특별히 그 시카고의 백색 도시를 닮은 거리를 만들 것을 지시했다.[13]

둘째, 이 길은 철저히 자동차 운전자 중심으로 설계되었다. 기본적으로 로스는 이 거리에 자동차로 접근한다는 가정 하에 도로변 풍경이 자동차에 탄 사람이 보는 각도에서 가장 멋있게 보이도록 특별

1920년대에 조성된 '기적의 마일'.

히 고안했다. 심지어 거리의 간판과 건물 등은 시속 30마일로 달려가면서 볼 때 가장 잘 식별되도록 조성되었다.[14] 이처럼 도시의 거리가 보행자 아닌 운전자 중심으로 조성되었다는 것은 당시로서는 매우 혁신적인 일로, 로스앤젤레스는 자동차 중심의 도시 공간 재편성을 선도하는 새로운 유형의 도시로 등장하게 되었다.

이렇게 자동차 중심적으로 거리를 조성했다는 것은 자동차의 이용이 소비문화를 부추기는 요소가 되었음을 시사한다. 드라이브인 식품점, 드라이브인 음식점, 드라이브인 모텔 등은 모두 로스앤젤레스에서 처음 만들어졌고, 상설 드라이브인 영화관도 여기서 처음 문을 열었다. 자동차 문화는 새로운 소비를 촉진했고, 그 소비를 위해서 더 많은 자동차가 필요해졌다. 로스앤젤레스는 '자동차 소비문화'를 만들어 자동차 문화와 소비문화 양측의 성장을 불러왔다.

3. 로스앤젤레스의 아시아계 이민

시 사업의 사유화, 자원의 불공평한 배분, 그리고 자동차를 기반으로 한 소비문화의 촉진이 로스앤젤레스라는 도시를 자본주의의 최적지로 만들었지만, 모두가 그 풍요로움의 혜택을 받을 거라는 헛된 믿음이 계속되었다. 남부 캘리포니아는 개척된 이래 계속해서 '꿈의 땅'으로 여겨져 미국과 유럽 각지의 사람들이 이곳으로 왔고, 서쪽으로 바다 건너 아시아에서도 많은 사람들이 바로 그러한 환상적 이미지를 좇아 로스앤젤레스로 왔다.

사실 아시아계 이민자들은 흑인과 라틴 아메리카계 이민자들보다 앞서 남부 캘리포니아에 도착했다. 샌프란시스코가 주로 중국인들의 정착지였다면, 로스앤젤레스에는 주로 일본계 미국인들이 자리를 잡았다. 1884년부터 서서히 중국인의 이민이 금지되면서 일본인은 미국으로의 이민에 더없이 좋은 기회를 맞았다. 대체로 일본 농촌 출신의 중산층이 더 좋은 기회를 찾아 미국으로의 이민을 선택했다. 중국인이민금지법 이전에 미국 본토에서 살고 있던 일본인은 2,039명이었는데, 20년 후에는 이들이 7만 2,257명으로 증가해 중국인의 수를 넘어섰다. 중국인이민금지법이 일본인에게는 새로운 기회였을까? 단기적으로는 그랬다고 말할 수 있을 것이다.

일본인들은 모국에서 가져온 기술을 십분 발휘하며 농업의 강자로 떠올랐다. 1910년경 캘리포니아에서는 3만 명 정도의 일본인이 농업 노동에 종사하고 있었고, 1935년에는 총 13만 8,834명의 미국 거주 일본인 가운데 3만 2,000명이 로스앤젤레스에 거주하며 그곳의 농산물 생산을 장악하고 있었다. 일본인들은 건조하다는 이유로 백인이 버린 땅을 비옥하게 만드는 놀라운 기술을 선보였다. 물이 부족한 메마른 땅을 오직 끈기와 근면함으로 가꾸고 건사해 푸르른 채소밭과 드넓은 과일 농원으로 탈바꿈시킨 그들은 캘리포니아 농업에 지워지지 않을 족적을 남겼다.[15]

먼저 중국인이, 그다음에 일본인과 멕시코인이 남부 캘리포니아에서 오렌지 농업을 비롯한 각종 채소와 과일 농업이 활성화되는 데 결정적인 노동력을 제공했지만, 이들은 모두 백인 위주의 사회에서 심한 차별을 받았다. 일용직 노동자들은 수확기에 고용되었다가 버려지기 일쑤였고, 농업 생산자들의 경우에는 도소매업자들에게 사기를 당하거나 정당한 가격을 인정받지 못하는 일이 비일비재했다. 심지어 하와이에 거주하던 일본인이 캘리포니아에 와서 차별적 언행을 접하고 충격을 받았을 정도로, 미국 본토의 일본인들은 차별의 고통을 겪었다.[16]

일본인들은 감귤류 이외에 쌀, 각종 채소, 꽃과 원예 작물, 구황 작물도 재배했으며, 나아가 생산물을 직접 화물차로 운반해 시내에 내다 파는 혁신적인 마케팅 전략도 선보였다. 차별의 벽을 생산자와 구매자 간 직접 거래라는 방식으로 넘으려 했던 것이다.[17] 또한 그들은 일본인끼리의 단결과 조직화를 통해 차별의 벽을 우회할 힘을 길렀다. 가족 단위로 이민을 왔고 동족 의식이 강했던 일본인들은 미국 땅 로스앤젤레스에 자리를 잡으면서도 일본인으로서의 자의식을 유지하기 위해 노력했다. 그 결과, 1900~1909년에 로스앤젤레스 지역의 일본인 소유 사업체는 56개에서 473개로 증가했다. 캘리포니아에서 1910년에 딸기의 70퍼센트를 일본인이 생산했고, 1940년경에는 완두콩의 95퍼센트, 토마토의 67퍼센트, 셀러리의 95퍼센트를 일본인이 생산했다.[18]

특별한 성공 사례를 보여주는 일본인 사업가들도 등장했다. 그중 특히 유명한 사람이 바로 '감자 왕'으로 알려진 조지 시마George Shima(일본명은 긴지 우시지마)였다. 1887년 미국으로 이민 와 샌와킨 강 유역에서 감자 캐는 일을 하던 시마는 땅을 임차해 스스로 감자 농사를 짓기 시작했고, 자신이 생산한 감자를 증기선과 바지선 등을 이용해 샌프란시스코까지 내다 팔았다. 빠른 직거래를 통해 많은 이윤을 얻은 시마는 1926년 사망할 당시 1,500만 달러 가치의 부동산을 보유하고 있었다.[19]

차별을 당하면서도 성공적으로 농장을 일구고 농업을 장악하는 일본인들에게 위협을 느낀 중산층과 하층 백인들은 일본인에 대한 증오심을 키우게 되었다. 일본인이 인종적 혹은 민족적 정체성을 포기하지 않는다는 점도 이러한 증오심을 부채질했다. 전미직능노조 American Federation of Labor는 인종주의적 정책을 계속 유지해 멕시코인, 흑인과 더불어 아시아인 노동자의 가입을 받아주지 않았다. 또한 이들 유색인의 노조 가입을 불허하는 데 그치지 않고, 반이민 정서를 발전시키고 반이민법 제정을 이끌어내려고 노력했다. 백인들에게 아시아인들은 일자리를 빼앗는 경쟁적 존재로 여겨졌기 때문이다.

이러한 상황에서 정치인들은 백인 주민의 반이민 분위기에 반응하지 않을 수 없었다. 20세기 초반, 일본인의 캘리포니아 농민으로서의 삶을 위협하는 법적인 조치들이 만들어지기 시작했다. 1913년에 제정된 외국인토지법Alien Land Law은 "시민권 취득 대상이 아닌 외국인"의 농지 임대 기간을 3년으로 제한하고, 이들의 신규 토지 소유를 금지했다. 일본인이라고 콕 집어 말한 것은 아니었지만, 그 대상이 일본인임은 분명했다. 이 법이 주 하원에서는 72대 3, 상원에서는 35대 2라는 압도적인 표차로 통과되었다는 사실과 논의 과정에서 적나라한 인종주의적 발언들이 나왔다는 사실은 당시 캘리포니아에서 반일본인 정서가 얼마나 팽배했었는지를 알려준다.[20]

하지만 이러한 법에도 불구하고 일본인들은 두 가지 방법을 통해 농업을 계속했다. 하나는 미국 시민인 자식의 이름으로 농지를 대여하거나 구입하는 것이었고, 다른 하나는 법인을 설립해 법인 명의로 토지를 구입하는 것이었다. 그리하여 1913년의 외국인토지법 이후로도 일본인의 토지 임차와 소유는 계속 증가했다. 그러자 캘리포니아 당국은 자식이나 법인의 명의로 토지를 소유하는 것마저 금지하는 1920년 법을 제정했다. 이어서 1923년에는 시민이 아닌 사람에게는 토지를 사용하거나 경작하는 것조차 금지하는 법이 통과되었다.[21]

로스앤젤레스의 백인들은 이와 같은 반일본 정서에 적극적으로 가담했다. 로스앤젤레스의 로즈힐 지구에서는 주택 부지를 매입한 일본인들이 집을 짓기 시작하자 이웃 백인들이 그만두지 않으면 건물을 부수겠다고 위협하는 일이 있었다. 1923년에는 벨비디어에서 일본인이 매입한 주택이 방화로 불탔고, 시내에는 "쪽발이 퇴출Japs Keep Out"이라는 안내판이 서기 시작했다. 백인들은 "백색 로스앤젤레스를 지키자Keep LA White"라고 공공연히 주장했고, 일본인에 대한 언어적 공격과 신체적 위협에 더욱 적극적으로 나섰다.[22] 백인 주거지의 인종적 순수성을 지키겠다는 생각이, 시카고에서 흑인을 침입자로 규정한 것처럼 로스앤젤레스에서 일본인을 침입자로 규정하며 배척한 것이다.

이와 같은 반이민 정서는 이민자들의 토지 소유를 제한하고 금지하는 법에서 더 나아가 아예 이민자의 수를 통제하는 법을 제정하는 것으로 표출되었다. 1924년에 제정된 이민법은 '바람직하지 않은' 부류의 이민을 쿼터를 정해 조절하려 한 것으로, 유럽계 이민자의 수를 줄이는 동시에 아시아-태평양 지역 사람들의 이민을 금지했다.

반일본 낙서로 공격당한 로스앤젤레스의 일본계 주민.

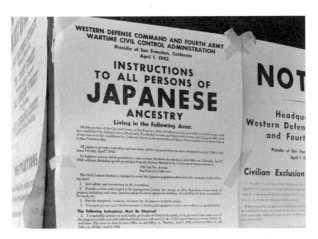

각 지역에 사는 일본계 주민들에게 퇴거를 명하는 벽보.

일본, 중국, 필리핀(당시 미국이 지배), 시암(태국), 프랑스령 인도차이나, 싱가포르, 한국, 인도네시아, 버마, 인도, 실론(스리랑카), 말레이시아 출신의 사람들은 1790년 귀화법에 의거해 '비백인'으로 분류되기 때문에 귀화가 불가능했는데, 이처럼 귀화 불가능한 사람들의 이민을 아예 금지한 것이었다.[23]

따라서 일본의 진주만 공격으로 미국이 제2차 세계대전 참전을 결정하면서 서부 해안 지역에 거주하던 일본계 미국인을 강제로 수용소에 가두어버렸던 것은 갑작스러운 의외의 사건이라기보다 19세기 말부터 이미 준비돼왔던 사건이라고 봐야 할 것이다. 미국의 참전 직후인 1942년에 공포된 '대통령령 9066호'에 의해 일본계 미국인은 적국 일본과 내통할 가능성이 있는 잠재적 적으로 규정되어 포로수용소 형태의 시설에 가두어지게 되었다. 캘리포니아와 일본 사이에는 태평양 바다 이외에는 아무것도 없다는 사실이 일본과의 내통 가능성에 대한 의심을 증폭시켰던 것이다. 이에 따라 11만 명의 일본계 미국인이 집과 일터를 잃고 수용소에 갇혔는데, 그중 무려 62퍼센트가 이미 미국에 귀화하거나 미국에서 출생한 미국 시민이었다.[24]

이 일은 미국 시민의 인권과 재산권에 대한 명백한 침해였다는 점, 통보부터 이송까지 일주일이라는 짧은 시간밖에 주어지지 않은 점, 최악의 상황 속에서 강제 이주를 시켰다는 점, 그리고 수용소들이 정도의 차이는 있지만 모두 척박한 사막 지역에 세워졌다는 점 등 때문에 미국 현대사에서 가장 치욕적인 사건이라 할 만하다. 미국 정부는 서부 해안 지역의 군사적 필요성 때문에 취해진 조치라며 이 일을 정당화하려 했지만, 일본과 더 가까운데다가 무려 15만 명의 일본계 주민이 전체 인구의 3분의 1을 점하며 살고 있었던 하와이에서는

사막 지역에 임시로 지어진 수용소의 모습.

정작 이들의 강제 이주 및 수용이 이루어지지 않았다는 사실로 인해 신뢰감을 주지 못했다.[25]

　미국 시민이던 일본계 이민 2세대 가운데 2만 명은 미국 정부에 충성 맹세를 하고 참전해 442 연대 소속으로 유럽 전장에서 목숨을 걸고 싸웠다. 그렇게라도 미국인임을 증명해 권리를 인정받고자 한 것이었지만, 이들의 이와 같은 '협조'는 수용소 내부의 분열을 초래했고, 일본인들에게 전통적으로 중요한 가치였던 가족 내에서의 부모의 권위를 추락시키기도 했다. 1944년에는 '대통령령 9066'이 합헌이라는 대법원 판결이 나와 일본계 주민의 강제 이주를 지속시켰다. 결국 이들은 1945년 종전까지 계속 수용되어 있다가 풀려났고, 1948년에야 재산상의 손실을 일부 배상받을 수 있었다.[26]

4. 재개발과 인종

　전쟁이 끝난 후 수용소에서 나온 일본인들이 시내로 돌아왔지만, 그들의 공동체는 이미 파괴되어 있었다. 일본인 밀집 지역이었던 '리틀 도쿄'는 하루아침에 떠나야 했던 주민들을 따라 지도상에서 사라지다시피 했고, 그들이 성급히 싼값에 팔고 떠난 부동산은 그동안 가격이 치솟아 그들로서는 재구매를 할 수가 없었다. 따라서 전쟁으로 인한 일시적 조치로 여겨졌던 일이 결과적으로는 로스앤젤레스의 일본계 미국인의 공간적 삭제를 초래하고 말았다.

　그런데 놀라운 것은, 이와 비슷한 시기에 로스앤젤레스의 다른 민족 공동체들도 역사적으로 점유하고 있던 공간적 기반을 잃어버리거나 상당히 침해당했다는 점이다. 1939년에 로스앤젤레스는 새로운 여객 터미널을 건설하기 위해서 차이나타운을 밀어냈다. 지금 로스앤젤레스에 있는 차이나타운은 그 후에 만들어진 것이다. 남아있던 중국계 이민자들이 힘을 모아 새로이 조성한 이 차이나타운은 할리우드 영화 세트장을 설계한 사람에 의해 설계되고 영화 산업의 대부인 세실 드밀Cecil B. DeMille의 꾸준한 기부 물품으로 단장되었다. 그래서 오늘날의 로스앤젤레스 차이나타운은 미국화되고 영화적으로 재해석된 중국풍의 특수한 공간일 뿐이다. 샌프란시스코나 뉴욕, 혹은 심지어 인천의 차이나타운에서 느낄 수 있는 역사성이나 과거 중국인들의 삶의 흔적은 사실상 기대할 수 없는, 특이한 가상현실 공간이라고 할 수 있다.[27]

일본계 공간, 중국계 공간과 같은 시기에 공격당한 또 다른 공간은 멕시코계 이민자들이 거주하던 차베스 러빈Chavez Ravine 지역이었다. 멕시코에서 캘리포니아 남부 지역으로의 이민은 1910년대부터 1930년대 직전까지 증가해, 1930년에 로스앤젤레스의 라틴계 인구는 전체의 약 7.8퍼센트였다. 이들은 도시의 가장 열악한 슬럼에서 가장 저임금의 직종을 담당하며 계속되는 차별 속에 살아갔다.[28] 차베스 러빈은 로스앤젤레스 시의 북쪽 경계에 위치한 슬럼이었는데, 1940년에 로스앤젤레스 시는 이곳의 상당 부분을 밀어내고 해군 훈련소를 건설했다. 따라서 멕시코계 이민자들에게는 자신들의 본거지 한복판에 갑자기 백인 군인들이 대거 침범해 들어왔다는 인식이 있었고, 이는 엄청난 상실감과 분노를 유발했다.

주트수트 폭동(1943) 당시 피해자인 멕시코계 청년들이 경찰에 체포된 모습. 어깨가 넓은 재킷과 통이 넓은 바지 등 이들의 주트수트 패션이 폭동의 계기가 되었다.

바로 이것이 1943년 주트수트 zoot suit 폭동의 직접적 원인이었다. 이 사건은 6월 3일 휴가를 받아 마을로 나온 군인들이 극장, 음식점, 거리에서 멕시코계 젊은이들을 폭행하기 시작한 데서 비롯되었다. 그 후 일주일간 군인들은 차베스 러빈과 인근 지역에서 멕시코계 주민들을 찾아내 폭행했고, 마침내 멕시코계 주민 측에서 반격을 시작하면서 상황이 거의 폭동으로 치달았다. 이때 경찰과 해안경비대는 가해자인 백인 군인은 기소 없이 병영으로 돌려보내면서 멕시코계 젊은이들은 오히려 '보호'한다는 명분으로 잡아 가두었다. 이 폭동에 주트수트라는 이름이 붙은 것은 폭행의 피해자들이 대부분 당시에 유행하던 주트수트, 즉 어깨가 넓고 무릎까지 내려오는 큼직한 재킷과 과하게 통이 넓고 긴 바지로 구성된 의상을 입고 있었던데다가 가해자들이 피해자들에게 그 옷을 벗을 것을 강요했다는 배경 때문이다.[29]

이 사건이 의미하는 바는 무엇일까? 백인 군인들은 왜 멕시코계 주민의 특정 패션을 참을 수 없어 한 것일까? 물론 이 사건은 모든 물자를 아껴 써야 했던 전시에 정부의 절약 정책을 거스르며 옷감을 남용하는 철없는 젊은이들을 군인들이 사적으로 응징한 것이라고 이해될 수도 있다. 하지만 그보다는, 전통적으로 차베스 러빈 지역을 점유해온 멕시코계 청년들과 정부에 의해 이 지역에 대한 특권을 부여받았다고 생각하는 백인 군인들이 누가 이 공간의 진정한 주인인지를 겨룬 사건이라고 보는 것이 더 타당할 것이다.[30]

주트수트 폭동의 희생자인 멕시코계 이민 2세대는 주류 사회로부터 소외된 상황에서 나름의 정체성과 자존감을 지킬 문화적 도구로 의상을 선택했다. 체형을 과장하는 그런 의상을 걸치고 도시를 활보하는 것은 또래들 사이에서 최신 유행을 선도하는 멋진 행동인 동시에 자신들이 차베스 러빈의 진정한 주인임을 증명하는 마지막 저항의 몸짓이었다. 그들은 비록 백인 군인들에게 자신들의 공간을 침해당했지만, 주트수트를 입을 수 있다면 자신들이 거리를 계속 장악하고 있다고 여길 수 있었다. 그 때문에 라틴계 청년들은 계속되는 위협과 폭력에도 불구하고 주트수트를 포기할 수 없었던 것이다.

주트수트 폭동에서 경찰이 보인 편파적인 태도는 오늘날 미국 사회에서 크게 부각되고 있는 경찰의 인종주의적 폭력 행사 문제와 연결된다. 일찍이 1937년에 로스앤젤레스의 개혁을 부르짖으며 시민운동을 이끌었던 클리퍼드 클린턴Clifford Clinton은, "지하 세계의 이윤의 일부가 시 및 선거구 핵심 요직 선거의 비용을 대는 데 사용된다. 판사, 행정관, 그리고 로스앤젤레스 경찰이 모두 완전한 협조 체제를 구축해 지하 세계 주요 인물들을 절대로 방해하지 않으려 한다"[31]라고 증언한 바 있다.

아시아계와 멕시코계 로스앤젤레스 주민들이 계속되는 편견과 정부 및 경찰의 편파적 태도로 인해 공간적 자유를 박탈당하는 동안 또 다른 로스앤젤레스 주민들은 자신들만의 구역을 공고화하는 데 몰두했다. '기적의 마일'을 포함한 윌셔 대로의 서쪽은 로데오 길과 샌타모니카 대로로 이어지는, 로스앤젤레스에서 가장 호화로운 구역이다. 그 유명한 우편번호 90210 지역이 바로 이곳이다. 미국에서는 연 소득 15만 달러 이상의 가구를 상류층으로 분류하는데, 미국 전국에서 바로 이 상류층이 가장 많이 거주하는 카운티가 로스앤젤레스 카운티이다. 그런데 인구의 6퍼센트가 상류층이라는 로스앤젤레스 카운티에서도 가장 부유한 구역이 바로 90210 지역인 것이다. 이곳의 가구당 평균 수입은 2000년 기준으로 카운티 평균의 3배인 13만 4,000달러에 육박한다.

90210 지역의 놀라운 숫자는 끝이 없다. 이곳 인구의 84퍼센트가 백인이고, 50퍼센트가 4년 이상의 대학 교육을 받았다. 이 지역 평균 집값은 2000년에 50만 달러를 조금 넘었는데, 이는 전국 평균의 5배 수준이었다. 2006년에는 매물로 나온 집들의 평균 가격이 100만 달러였다. 2000년 대통령 선거 기간에 이 지역 주민들이 양당에 후원금으로 낸 돈은 50만 달러에 달했다. 그리고 2004년에는 이 지역에서 1인당 468달러의 기부금을 냈다. 이웃한 가난한 90220 지역의 1인당 기부금이 60센트였던 것과 비교하면 천양지차다. 또한 2004년에 부시 대통령의 재선을 도운 200달러 이상 기부금의 91.7퍼센트가 주민의 절대 다수가 백인인 부유한 두 지역, 즉 맨해튼 어퍼이스트사이드

10021 지역과 베벌리힐스 90210 지역에서 나왔다.[32]

2001년에 《포브스*Forbes*》지가 내놓은 통계에 따르면 미국 최고 부자 400명 가운데 39명이 로스앤젤레스 카운티와 오렌지 카운티에 거주한다. 그 39명 안에는 22명의 억만장자가 포함되어 있는데, 그중 8명이 베벌리힐스, 7명이 벨에어에 살고 있고 나머지는 해변의 대저택들에 분산되어 살고 있다. 각종 최신 경비 시설로 바깥으로부터의 접근이 완전히 차단된 경우가 많아 이 구역의 삶을 들여다볼 기회는 많지 않지만, 예기치 않은 사건 때문에 종종 그 가려진 삶이 대중에게 공개되기도 한다. 일례로 2000년 MGM사의 소유자인 커크 커코리언Kirk Kerkorian의 이혼 소송 과정에서 그의 세 살짜리 딸 카이라가 매달 놀이 및 파티에 1만 4,000달러, 토끼 돌보기에 436달러를 썼음이 드러났다. 카이라는 일반 시민이 모든 오락 및 문화생활에 쓴 돈의 평균보다 283배 더 많은 금액을 오직 파티에 쓴 셈이다.[33]

한편, 우편번호 90210 지역에서 멀지 않은 곳에 위치한 90059 지역, 즉 사우스센트럴은 〈보이즈 앤드 후드Boyz N The Hood〉, 〈사회에의 위협Menace II Society〉, 〈트레이닝 데이Training Day〉 등 수없이 많은 갱스터 영화의 배경이다. 사우스센트럴이 이런 영화들에서 한결같이 흑인과 라틴계 갱단의 본거지이자 이들이 떠날 수 없는 게토로 그려지게 된 것은 우연이 아니다. 와츠Watts 폭동과 로스앤젤레스 폭동의 발생지가 바로 여기였고, 프로젝트(공공임대 주택) 중의 프로젝트로 악명 높은 임페리얼 코트 하우징 프로젝트Imperial Court Housing Project 가 여기 있다. 사우스센트럴은 법도 이성도, 하다못해 흔한 의리도 통하지 않는 무법 지대, 폭력과 돈만이 유일한 소통 수단인 지역인 것이다.

우편번호 90059 지역은 90210 지역으로부터 자동차로 불과 20분밖에 떨어져 있지 않지만, 후자와 상상을 초월하는 차이를 보인다. 우선 이 지역엔 백화점은커녕 상가도 없다. 골목 모퉁이에 구멍가게들이 있지만 그나마 모두 철창으로 둘러싸여 감옥 같은 모습이다. 보이는 것은 엉망이 된 주거용 건물들과 쓰레기가 뒹구는 골목, 협소한 술집들과 길 한복판에서 마약 거래를 하는 아이들이다. 이곳의 가구당 연평균 수입은 2만 달러를 조금 넘는다. 90059 지역 거주자를 인종별로 살펴보면 백인 0퍼센트, 흑인 48퍼센트, 라틴계 51퍼센트이다. 단 5퍼센트의 주민만이 대학 교육을 받았고, 53퍼센트는 고등학교를 마치지 못했다.

그런데 로스앤젤레스 시 전체에 대한 통계를 보면 평균적 주민들의 삶의 질은 90210 지역보다는 90059 지역에 가까움을 알 수 있다. 로스앤젤레스 전체 인구의 40퍼센트 이상이 수입의 3분의 1 이상을 집세로 지불한다. 성인의 3분의 1이 고등학교를 졸업하지 못했고, 성인의 30퍼센트와 아동의 25퍼센트가 건강보험이 없다. 이 때문에 로스앤젤레스는 "미국 가난의 수도"라는 혹평을 받는다.[34] 사정이 이러하니, 극소수의 인구가 살고 있는 일부 구역을 제외하면 그 어느 곳에서도 로스앤젤레스를 이상향으로 만들어줄 증거는 보이지 않는다.

꿈의 나라, 천사의 땅이라는 로스앤젤레스의 역사는 미국 서부 정복의 역사를 대변한다. 유럽에서 건너온 백인은 자신의 이익을 극대화하는 방식으로 광활한 북아메리카 대륙을 정복해갔다. 로스앤젤레스에 도착한 백인들은 힘과 기술을 앞세워, 살 수 없을 것 같던

경찰이 안전한 거리와 디즈니랜드 내부를 순찰하는 동안(위) 라틴계 주민으로 보이는 비백인들이 사우스센트럴 거리를 서성이고 있다(아래).

곳을 살 만한 곳으로 변화시켜버렸다. 로스앤젤레스는 개발업자의 정신에 의해 만들어지고 키워진 도시이다. 필수적이었던 수자원 확보와 관리, 도시의 공간적 팽창, 그리고 그러한 일에 요구되는 인력의 조달까지, 공공성을 띠어야 할 도시의 주요 사업들이 개발업자들의 비리와 정경유착 속에서 추진되었다.

이처럼 도시의 필수불가결한 요소들이 먼저 도착해 자리를 잡고 자본을 동원할 수 있었던 부유한 권력자들에게 더 많은 특혜를 주는 방식으로 개발되었다는 사실은 이 도시의 정체성에 중요한 영향을 미쳤다. 이렇다 보니 도시 개발 과정에서 공정성이나 공공성이 중요한 가치를 지니지 못했고, 개발로 인한 이윤이 운 좋은 소수에게 독점되었다. 그러한 양상은 오늘날에도 여전해서, 영원한 소수인 흑인과 '모범적 소수'라는 아시아계 주민, 그리고 이제 이 지역 인구의 50퍼센트를 넘어버린 멕시코계 주민은 여전히 주변부에 머물러 있다.

로스앤젤레스는 요새화된 도시라고 미국의 역사학자 마이크 데이비스Mike Davis는 말한다. 경찰이 주로 범죄자들의 대대적인 체포와 수감에 집중하는 동안, 원래 경찰이 담당하기로 되어 있던 치안이나 사유재산 보호 등은 비교적 허술해졌다. 경찰이 도시의 후미진 슬럼 지역에서 아예 손을 놓은 가운데 부자들은 주택과 재산을 엄청난 비용을 들여 사설 경비업체에 맡겼다. 그래서 결국 이 도시는 사적으로 지켜지는 요새와 같은 안전지대와 공적으로도 사적으로도 보호받지 못하는 무방비 공간으로 양분돼버렸다.[35]

제4장

애틀란타
—
백인의 도시 탈출과 쇼핑몰 교외

CHICAGO

ATLANTA

NEW YORK

ALCATRAZ ISLAND

LOS ANGELES

PHILADELPHIA

WASHINGTON, D.C.

SAINT LOUIS

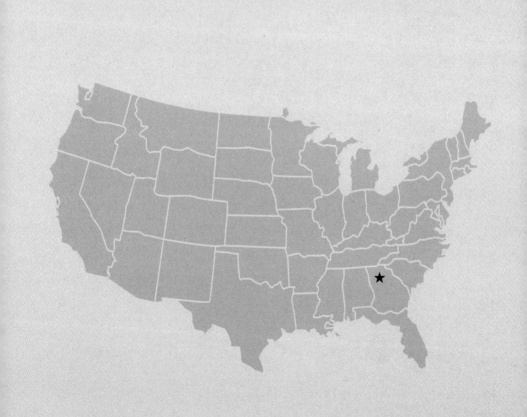

미국에서 남부의 위치는 어디인가? 미국 남부는 행정 구역이나 위도로 명확히 구분되는 공간은 아니다. 사회학자 존 셸턴 리드John Shelton Reed는 위트 넘치는 글 〈남부 : 무엇인가? 어디인가?The South : Where is it? What is it?〉에서 다양한 기준을 가지고 '남부'를 규정할 수 있다고 말한다. 기후나 작물을 기준으로 규정할 수도 있지만, 남북전쟁기의 남부연합 지역, 흑인노예제와 대농장 경영 체제가 뚜렷한 유산을 남긴 곳, 심지어 컨트리 음악가의 출신지, 침례파 다수 지역 등, 정치·경제·문화적으로도 남부를 규정할 수 있다는 것이다.[1]

확실히 남부는 미국사에서 특별한 위치를 차지한다. 남부는 최초의 영국 식민지가 세워진 곳이고, 건국의 아버지들 가운데 다수의 고향이며, 미국 독립의 심장과 영혼이었던 곳이다. 그러나 미국 독립 이후 주류에서 벗어난, 때로는 후진적인 아랫동네로 전락했다. 특히 남북전쟁에 임박해서는 미국 산업 발전의 발목을 잡는 천덕꾸러기로 여겨졌고, 이 전쟁에서 패한 후 현대에 이르기까지 경제 발전이 뒤처진 지역, 사회 문화적으로 낙후된 지역, 그리고 인종 차별이 극심하게 남아 있는 지역으로 치부돼왔다.

조지아 주에 위치한 애틀랜타는 남북전쟁 때 남부군의 심장, 즉 남부연합Confederate States of America의 수도였다. 영화로도 유명한《바람과 함께 사라지다》라는 소설에 나오는 것처럼 북부군의 초토화 작전으로 불살라졌던, 남부인의 마음의 고향이었다. 하지만 그 폐허 속에서도 애틀랜타는 포기하지 않았고, 전쟁 후 꾸준히 복구되어 남부인들의 자부심의 구심점이 되었다. 남부에 위치한 이 도시는 과연 제2차 세계대전 이후 급변하는 사회 속에서 어떤 발전을 이루게 되었을까? 특히 갈수록 첨예해지는 인종 문제는 이 도시에서 어떤 양상을 보였을까?

1. '미워할 짬이 없는 도시'의 민낯

제2차 세계대전은 미국이 명실상부하게 세계 최강대국의 자리에 오르는 계기가 되었다. 핵폭탄으로 차원이 달라진 무기전과 전쟁 기간 중에 발달한 화학·전기 분야 및 각종 제조·운송 분야는 전후에 이루어진 엄청난 산업 발전의 밑거름이 되었다. 전시 체제로 운영되는 동안 전례 없이 막강해진 연방정부는 전쟁이 끝난 후에도 계속 규모를 키우고 예산을 증강했고 미국을 더 강력한 국가로 만들어줄 산업에의 지원을 아끼지 않았다. 이 같은 분위기 속에서 미국인들은 평화롭고 강력하고 풍요로운 미래에 대한 믿음으로 전후 사회를 맞이했다.

세계대전 이후의 호황을 기회로 애틀랜타 역시 전례 없는 비약을 시도했다. 이 시기에 코카콜라와 같은 애틀랜타 태생의 기업뿐 아니라 CNN-TBS, 델타항공, AT&T, 홈디포, UPS, 러버메이드 같은 새로운 산업과 기업들이 애틀랜타에 총본부를 두고 성장했다. 전통적 산업의 강자인 북부 도시들이 녹슬어가는 공장에서 비싼 임대료와 임금으로 어려움을 겪고 있을 때, 이런 문제에서 자유로운 남부 도시들이 각광을 받기 시작한 것이다. 이미 남부의 중심이었던 애틀랜타는 이러한 발전의 물살을 타고 경제력과 사회적 위상을 드높이게 되었다.

전후의 특수 속에서 애틀랜타가 급성장하던 1950년대에 미국은 민권 운동으로 인해 중대한 위기에 직면했다. 흑인들은 노예의 신분에서 해방된 후에도 대부분 제대로 시민권을 누리지 못하고 있었다. 옛 노예제의 본거지인 남부뿐 아니라 북부의 도시에서도 흑인은 인신 모독, 직업적 차별, 주거지 분리, 기회 불균등으로 점철된 삶을 이어갔다. 1920년대의 할렘 르네상스가 새로운 흑인의 자의식과 정체

애틀랜타 상업 지구의 마천루들.

애틀랜타 대표 기업인 코카콜라의 본사.

성의 형성을 알렸지만, 백인 주도의 정치와 경제가 당연시되는 사회에서 흑인은 여전히 소외되고 배제된 계급을 형성했다. 이러한 체제에 대한 도전은 살인과 폭행, 무시와 비웃음에 이르기까지 백인 사회의 다양한 반응을 불러일으켰다.

무너지지 않을 것 같았던 백인의 아성에 균열이 시작되었음을 알린 사건은 1954년에 나온 브라운 대 토피카 교육위원회의 소송에 대한 대법원의 판결이었다. 일곱 살짜리 딸을 집에서 더 가깝고 더 시설이 좋은 백인 전용 공립학교에 진학시키겠다는 흑인 부모의 의지에서 시작된 이 소송은, 사실은 흑인 법조인들과 민권 운동가들이 오래 준비해 터뜨린 역사적 사건이었다. 이 소송에서 대법원이 "분리된 시설은 어린이에게 열등의식을 심어주므로 헌법의 정신인 평등의 원칙에 어긋난다"라고 판결한 후 공공 교육에서의 인종 통합이 시작되었다.

물론 이러한 대법원 판결에도 불구하고 남부는 스스로 학교의 인종 통합을 실시하지 않았고, 백인 중심의 사회를 계속 지켜내려 했다. 조지아 주와 이웃한 앨라배마 주에서는 인종 통합에 반대하는 백인들의 폭력과 시위가 끊이지 않았고, 결국 주지사까지 나서서 인종 통합을 반대할 정도로 사태가 커진 끝에 이 사태를 진압하기 위해 연방군이 출동하는 초유의 상황이 벌어졌다. 백인의 저항이 워낙 심해 심지어 휴교령이 내려질 정도였다. 그러나 민권 운동가들은 교육 이외에 대중교통과 공공시설에서도 인종 분리를 중지시키기 위해 연좌농성과 다양한 방식의 투쟁에 나섰고, 결국은 투표권의 올바른 행사를 위한 운동으로 나아갔다. 기득권을 유지하려는 백인의 노력에도 불구하고, 이미 변화의 물결은 걷잡을 수 없는 상황으로 치닫고 있었다.

이러한 민권 운동의 소용돌이 안에서 애틀랜타 같은 남부 도시는 어떤 경험을 했을까? 민권 운동기에 애틀랜타는 오직 전진에만 관심이 있다는 듯 경제 성장에만 집중했고, 그래서 당시 애틀랜타에서는 다른 남부 도시들에서와 달리 흑백 간의 격렬한 충돌이 목격되지 않았다. 오히려 공공 영역에서의 인종 통합이 비교적 원활히 진행되고 폭력적 사태나 위기 상황이 보고되지 않아서 애틀랜타는 전국적으로 칭송의 대상이 되었다. 심지어 1961년에 애틀랜타 시장 윌리엄 하츠필드William B. Hartsfield는 애틀랜타가 "너무 바빠서 서로 미워

할 짬이 없는 도시city too busy to hate"라고 자랑스레 선언했다. 그런 점에서 애틀랜타는 흑백의 대결 구도를 노정했던 다른 지역들과는 차이가 많았다고 할 수 있다.

확실히 애틀랜타의 사례는 특별해 보인다. 이전에 교육 통합 문제로 연방군까지 동원되는 폭력 사태를 겪은 아칸소 주 리틀록이나 루이지애나 주 뉴올리언스의 사례를 지켜봤던 애틀랜타 사람들은 이런 사태가 도시의 미래에 치명적 타격을 준다는 것을 깨달았다. 폭력 사태로 인해 손상된 사물들을 복구하는 데 비용이 들 뿐 아니라, 손상된 이미지를 회복하는 데도 만만찮은 사회적 비용이 들기 때문이다. 게다가 폭력 사태로 치달을 정도로 흑백 간의 관계가 악화되어도 이 갈등을 해결할 대책이 부재하는 상황이었다. 애틀랜타는 1950년대부터 갈등 상황에 대한 대책 마련 없이 무조건 위로부터의 통합을 추진하는 것은 오히려 인종분리론자들을 자극해 극단적 상황을 초래한다고 믿었다. 따라서 이를 방지하기 위해 사전 작업으로 양측을 설득하며 점진적 통합을 이룬다는 것이 애틀랜타의 전략이었다.

애틀랜타 시정부의 이처럼 온건한 입장은 많은 부분 하츠필드 시장의 유산이었다고 볼 수 있다. 하츠필드는 애틀랜타의 최장 재임 시장(1937~1941, 1942~1962)으로, 재임 중에 흑백 간의 갈등이 극단적으로 악화되지 않고 도시가 조화로운 이미지를 유지하도록 힘썼다. 그의 영도 하에 1950년대에 애틀랜타는 공공 교육에서의 인종 통합이 점진적·평화적으로 이루어지도록 준비 작업을 철저히 했다. 특히 상공회의소Atlanta Chamber of Commerce와 교육계 운동가들의 연합 조직체인 9월학교지원조직Organizations Assisting Schools in September(OASIS)

이 앞장서서 인종 통합의 필요성을 홍보했다.[2]

그렇다면 정말로 애틀랜타는 남부 도시 가운데 예외적인 사례를 보여주는 특별한 곳이었을까? 공교육에서의 인종 통합 문제는 현지의 시각에서 재평가할 필요가 있다. 놀랍게도 애틀랜타 시민들의 표면적인 신사다움 아래에는 애틀랜타 교육위원회의 보수성이 도사리고 있었다. 교육위원회는 통합을 최소화하고 최대한 늦추는 것을 목표로, 연간 백인 학교에 진학할 수 있는 흑인 학생의 수를 제한하고 인종 통합에 참여하는 학교의 수를 제한하는 등의 정책을 폈다. 이로써 인종 통합이라는 연방정부 차원의 정책에 대놓고 반기를 들지는 않되, 인종 통합의 효과가 거의 느껴지지 않게 하려는 것이었다. 교육위원회의 이 같은 정책은 눈에 띄는 충돌 없이 흑인들의 인내를 고갈시켜보려는 전략이었다. 하지만 1960년대로 넘어가면서 흑인 학생들의 요구가 좀 더 적극적으로 변했고, 전미유색인지위향상협회 NAACP도 강하게 변화를 요구하기 시작했다.[3]

마침내 1961년 8월 30일, 애틀랜타 시내의 다섯 개 학교가 인종 통합을 실시하고서 첫 등교일을 맞았다. 이날을 앞두고 경찰과 공무원들은 학교 인근과 시내 주요 지역을 삼엄한 경계 속에 순회하는 등, 발생할 수도 있을 소란을 방지하는 데 만전을 기했다. 그러나 "백인도 권리가 있다", "혼합된 학교 반대"라고 쓴 몇몇 피켓이 학교 근처에 등장했을 뿐 별다른 사건은 일어나지 않았다. 이렇게 다소 싱겁게 공립학교의 인종 통합이 시작되자 《뉴욕 타임스》나 《유에스 뉴스 앤드 월드 리포트US News & World Report》 등은 "새롭고 환한 미래가 열렸다", "자랑스러운 도시", "신남부의 리더" 같은 말로 이 도시의 지혜를 칭송

했다.[4]

하지만 이로써 다 끝난 것이었을까? 애틀랜타 공교육은 평화를 찾고 인종 통합의 해피엔딩을 맞이한 것일까? 놀랍게도 신문기자와 경찰이 철수한 뒤의 학교 모습은 달랐다. 백인 학생들은 흑인 학생들을 피했고, 흑인 학생들의 사물함 같은 곳에 몰래 욕설을 써놓기도 했다. 흑인 학생이 수강하는 수업에는 백인 학생이 아무도 들어오지 않는 일도 생겼다. 점심시간에도 흑인 학생들은 식당 한구석에서 따로 먹었다. 복도와 교실에서 흑인 학생들을 상대로 한 슬쩍 밀기, 발걸기, 침 뱉기 등은 일상이었다.[5] 이것이 바로 표면적으로는 신사적·모범적으로 인종 통합을 이룬 듯이 보였던 애틀랜타가 기자들이 철수한 뒤에 드러낸 실상이었다. 이런 현실에서 '통합'의 효과를 기대하기는 어려웠고, 이런 이중성을 경험한 흑인 학생들이 백인을 어떻게 생각하게 되었을지는 상상하기 어렵지 않다.

인종 통합 학교를 거부하는 백인 학생들은 백인 전용 학교로의 전학을 시도했다. 전학이 허락되지 않으면 소송을 해서라도 전학을 했다. 이들은 전학의 사유가 헌법에 명시된 "언론 집회 결사의 자유"를 유지하려는 데 있다고 주장했다. 자신이 원하는 사람들과 관계를 유지할 자유가 있다는 것이었다. 한 재판에서 이 같은 주장이 받아들여지자 백인 학생들의 전학이 줄을 이었고, 애틀랜타 공립학교의 인종 통합은 형식적인 것으로 전락하고 말았다. 물론 백인 학생들에게는 사립학교나 종교재단 학교로의 전학도 언제나 가능했다.[6]

애틀랜타에서는 교육 영역 이외에 공공장소에서도 인종 분리와 차별을 폐지하기 위한 노력이 있었다. 1963년, 전미유색인지위향상협회, 남부그리스도교지도자회의SCLC, 학생비폭력협력위원회SNCC를 비롯한 아홉 개의 조직이 힘을 합쳐 애틀랜타지도자회의Atlanta Summit Leadership Conference를 결성했다. 이 조직의 목표는 애틀랜타의 전면적 인종 통합으로, 모든 공공장소에서 흑인용과 백인용으로 시설을 분리하거나 흑백을 차별하는 것을 중지시키는 것이었다. 하지만 이러한 일은 단기간에 성과를 낼 수 있는 것이 아니었다. 애틀랜타의 분리주의자들 역시 백인 사회의 경각심을 자극하며 동지를 모으고 있었다. 선택적구매인연합People's Association for Selective Shopping이 결성되어 흑인과 백인 모두 이용 가능한 상점에 대한 불매 운동을 전개했다.[7]

백인 주거지에 흑인이 유입되는 추세와 관련해서도 애틀랜타의 백인 주민들은 대책을 마련했다. 애틀랜타에서 결성된 정당인 컬럼비안The Columbian Party과 KKK 같은 조직들이 백인우월주의에 사상적 기반을 두고 주거지 인종 통합을 저지하려 했다. 흑인들은 의도적·집단적으로 백인 구역에 침입해 그 구역을 오염시키려 한다는 것이 이들이 주장하는 음모론이었다. 조직원들은 백인 주거 구역으로 이사 오려는 흑인의 차를 막고 짐 나르는 것을 방해하거나 아니면 아예 폭력으로 위협했고, 주택에 물리적 손상을 입히기도 했다. 그리고 정기적으로 집회를 열고 도심지에서 인종 분리를 홍보하거나 인종 통합에 대한 항의 시위를 하는 등 가시적·위압적으로 주거지 통합을 저지했다.[8]

그보다 온건한 방식으로 주거지 통합을 막는 방법은 공동체별로 '주택 소유자 연합'과 같은 조직을 만드는 것이었다. 아직 흑인이 이주하지 않은 '백인 지역'들은 주민 자치 단체를 만들어서 흑인에게 집을 팔거나 흑인을 고객으로 하는 부동산중개소에 집을 내놓지 못하게 했고, 공동체 규약을 만들어 소득 수준 등등의 요건으로 전입자의 자격을 제한했다. 그리고 지속적인 주민 사업을 통해 백인 주민들의 결속을 다졌고, 이 같은 반통합 운동에의 동참을 유도했다. 백인의 부동산이 흑인을 상대하는 부동산중개소에 매물로 나오게 될 경우에는 공동체 내의 백인 중개소가 이를 사들여 흑인이 매입할 수 없게 만들기도 했다.[9]

심지어 애틀랜타 남서부에 위치한 캐스캐이드하이츠지역에서는 이른바 '애틀랜타의 베를린 장벽'이 만들어졌다. 1962년, 흑인들이 시내에서 서쪽으로 옮겨 오면서 백인 주거 구역을 침범하고 있다는 생각에 불안감을 느낀 주민들이 시장에게 흑인들의 유입을 막아 달라고 탄원했고, 그러자 시정부가 이를 위해 도로에 바리케이드를 설치한 것이다. 이 때문에 애틀랜타 시정부는 바리케이드 너머에 거주하던 흑인들의 원성을 샀을 뿐 아니라 전국적으로 비난의 대상이 되었다. 결국 법원에서 위헌 판결이 나면서 이 바리케이드는 이듬해 봄에 철거되었다. 하지만 이 바리케이드가 없어지자 백인들은 더 큰 공포에 빠졌고, 불과 몇 달 새에 대부분의 백인 주민이 이사를 가버렸다. 그 결과 1960년대 후반에는 캐스캐이드하이츠가 흑인 구역이 되었다.[10]

캐스캐이드하이츠의 경우에서 알 수 있듯이 백인 구역이 흑인 구역으로 바뀐 것은 백인들이 그곳을 떠났기 때문이지만, 백인들은 이러한 변화가 흑인들의 음모 때문이라고 생각했다. 흑인의 전입을 오염 물질의 유입이나 타락으로 여겼고, 그래서 흑인의 전입은 동네를 위험한 곳으로 만들고 부동산 가격을 떨어뜨린다고 생각했다. 주민위원회나 소유자연합을 통해 흑인의 유입을 막은 동네에서는 주민들이 계속해서 이런 방식으로 동네를 방어했고, 막지 못한 동네에서는 주민들이 아예 그곳을 포기하고 집단적으로 떠나버렸다. 애틀랜타 어느 곳이나 1919년의 시카고였고 1948년의 로스앤젤레스였다.

2. 팽창과 분리

이처럼 주거지의 인종 통합이라는 시대적 흐름을 막을 수 없었던 백인들은 아예 도시를 떠나 외곽에 새로이 둥지를 만들기도 했다. 바야흐로, 제2차 세계대전 이후 전개된 대도시 외곽의 대대적인 주거 단지 개발에 따른 교외화의 시대였다. 여기서 당시에 만들어진 몇몇 연방법을 살펴볼 필요가 있는데, 대공황과 제2차 세계대전의 혼란 속에서 미국인의 복지를 증진하기 위해 만들어진 일련의 연방법들 가운데 특히 교외의 발전을 본격화하는 데 기여한 것들이 있기 때문이다.

첫째는 1934년의 국민주택법National Housing Act이다. 이것은 주택을 매입하는 가정에 국가가 담보 대출을 보증해주는 법으로, 그동안 완전히 사적인 영역에 속해온 주거지 문제에 연방정부가 개입하겠다는 의지를 처음으로 명백하게 드러낸 획기적인 법이었다. 그런데 담보 대출 대상자를 선발하는 과정에서 구매 예정 주택의 가치를 평가할 필요가 있었고, 담보 대출은 가치가 높은 주택, 위험 요소가 낮은 주택에 더 우호적이기 마련이었다. 이것이 바로 오래된 구시가지의 주택보다는 새로 지어진 교외의 주택을 구입하는 데 편파적으로 지원이 이루어지게 된 배경이자, 국민주택법이 교외의 발전에 기여하게 된 배경이다.[11]

둘째는 1944년의 제대군인재적응법Serviceman's Readjustment Act이다. 흔히 제대군인권리법GI Bill of Rights이라 불리는 이 법은 제2차 세계대전 참전 군인들에게 주택 담보 대출을 지원하고 대학 교육을 보장하는 것이었다. 군 복무 후 귀향한 군인들은 가정을 이루고 연방정부의 지원을 받아 주택을 마련하게 되었는데, 이들의 대규모 유입이 교외의 주택 단지 개발에 큰 영향을 미쳤다.

셋째는 1956년에 제정된 연방지원고속도로법Federal-Aid Highway Act이다. 이것은 연방정부가 고속도로 건설을 계획하고 지원한다는 법이었다. 이에 따라 교외 주택 단지와 구도시를 편리하게 연결해 더 많은 인구의 이동을 가능케 하는 고속도로가 대규모로 건설되면서 바야흐로 교외로의 '팽창sprawl'의 시대가 시작되었다.[12]

연방정부의 후원에 힘입어 애틀랜타 역시 급속도의 팽창을 겪었다. '팽창'이란 계획되지 않은 무분별한 성장이라는 함의를 담고 있는 만큼, 팽창된 교외는 삶에 필수적인 것들에 대한 접근성이 떨어지는 지역임을 시사한다. 즉, 애틀랜타는 다른 미국 대도시와 마찬가지로 주택, 일자리, 학교, 병원, 대중교통 등이 적절히 마련되지 못한 채 우후죽순식의 팽창을 겪은 것이다. 이 때문에 애틀랜타에서는 주거지들이 비정상적으로 띄엄띄엄 분포돼 있으며, 결과적으로 도로, 상하수도, 학교 등을 유지하는 비용이 지나치게 높다. 이는 세금 낭비와 증세로 이어지게 된다.

팽창이 특히 문제시되는 것은 수반되는 문제점들 때문이다. 우선 교외는 자동차 없이는 접근할 수 없는 곳이기 때문에 자동차가 없는 사람들은 교외에 거주할 수가 없다. 이는 교외가 경제적 능력에 따라 특정한 사람들을 아예 접근할 수 없게 배제하면서 형성됨을 의미한다. 그런데 이러한 교외의 주택을 매입하는 것에 대해 연방 차원의 원조가 이루어진다면 그것은 정부가 나서서 계급 차별적인 정책을 편다는 뜻이 될 수밖에 없다. 이 때문에 교외화를 '백인의 도시 탈출'과 연관해 고려해야 하는 것이다. 즉, 교외 팽창은 거의 필연적으로 도시에서의 인종의 지리적 분리를 동반한다.

게다가 방대한 토지를 비효율적으로 사용한다는 점, 주택 단지 개발을 위해 자동차 전용 도로를 엄청나게 건설해야 한다는 점, 그 자동차들이 유발하는 공해가 극심하다는 점, 그리고 '버려지는' 도심지에 공동화 현상이 생긴다는 점 등이 팽창의 부작용들이다. 그 모든 부작용으로 인한 비용 역시 정부의 예산으로 해결해야 한다는 것을 고려한다면, 확실히 교외화와 관련해 미국은 인종 차별적인 정책, 더 구체적으로는 편파적으로 백인에게 도움이 되는 정책을 펴왔음을 부인할 수 없다.[13]

애틀랜타는 대표적인 팽창 도시이다. 그런 만큼 애틀랜타는 '신남부의 수도'이고 '팽창의 상징'이며 '교통 체증, 공해, 난개발의 진원지'이다. 그러한 수식어에 걸맞게 애틀랜타에서는 팽창의 부산물인 인종의 지리적 분리 역시 극심하게 진행되었다. 1960년에 300만이

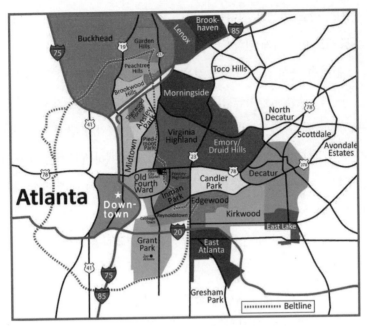

애틀랜타는 'Downtown'이라 표기된 서쪽의 작은 구역으로부터 동북 방향으로 성장했다.

었던 애틀랜타의 백인 인구는 1970년에는 240만으로, 그리고 또 10
년 후에는 140만으로 줄었다. 반면에 흑인 인구는 꾸준히 늘어 1970
년에는 애틀랜타 총인구의 절반을, 1980년에는 3분의 2를 점하게 되
었다. 애틀랜타의 인종 분리는 냉전 시기 내내 점점 더 심화되었다.[14]

애틀랜타를 떠난 백인들은 이 도시의 교외에 백인 전용 주거 지
역을 개발했다. 애틀랜타가 백인 인구를 잃어가던 1960~1970년대
에 그위넷 카운티, 코브 카운티, 노스풀턴 카운티 등에는 100만 명이
넘는 백인이 새로 유입되었고, 그 결과 이들 지역에서는 백인 인구가
각각 95퍼센트, 96퍼센트, 99퍼센트를 차지하게 되었다. 바로 그 99

애틀랜타의 스파게티 정션spaghetti junction. 수많은 고속도로의
건설은 제2차 세계대전 후의 애틀랜타의 성장을 도왔다.

퍼센트의 백인 인구를 자랑하는 노스풀턴 카운티의 중심이 애틀랜
타에서 가장 부유한 구역으로 꼽히는 벅헤드이다. 벅헤드는 여러 조
사 기관에 의해 "미국에서 두 번째로 부유한 우편번호 지역", "남부
에서 가구당 수입이 가장 높은 구역", "미국의 호화로운 주거 구역 톱
텐", "남부의 베벌리힐스" 등으로 일컬어지는 곳이다.

교외는 미국 사회의 발전 과정을 따라 진화해온 공간이다. 19세
기 중반에는 소수의 특권층이 도시 변두리에 휴양지를 만들기 시작
했으나, 인구 증가와 경제 발전에 부응해 도시 변두리가 중산층의 거
주지로 개발되면서 지금과 같은 유형의 교외가 생겨났다. 특히 자동

차 보급과 도로 확산으로 인해 제2차 세계대전 이후에는 대대적인 교외 개발이 이루어졌다. 교외 주택 단지의 대명사와도 같은 레빗타운Levittown이 처음 입주민을 받은 것이 바로 1951년이었다. 가족 소유의 건설 회사를 운영하던 에이브러햄 레빗Abraham Levitt과 두 아들은 정부가 제2차 세계대전 참전 군인에게 주택 자금을 대출해주고 있으므로 적당한 가격의 주택을 지으면 시장성이 있을 것이라고 예측했다. 정부가 대출금 상환 기간을 30년으로 길게 잡은데다가 계약금을 면제해주고 월 상환금을 임대료 수준으로 책정한 만큼, 집을 사지 않으면 바보라고 말들 하던 시대였다. 첫 번째 레빗타운은 총 1만 7,000여 채의 주택으로 이루어진 엄청난 규모였는데, 분양 첫날에 이 주택들이 모두 팔렸다.[15]

레빗타운은 그 자체로 미국의 새로운 성격을 형성하는, 가장 미국적인 장소가 되었다. 레빗타운은 제2차 세계대전 후의 미국의 풍요를 상징하는 새로운 도시였을 뿐 아니라, 몇 가지 이유에서 다른 나라의 교외 주택 단지들과는 다른 특성을 띠었다. 미국의 교외 형성에서는 정부의 공적 자금과 주택 담보 대출 사업이 중요한 역할을 했는데, 이것의 혜택이 중산층 이상에게만 돌아가도록 설계되었다. 따라서 미국의 구 대도시들이 이미 계급적 분리를 겪고 있는 마당에 새로 형성된 주택 시장인 교외에서도 아예 처음부터 계급에 따라 진입 가능성과 불가능성이 결정되었다.

주택을 소유한 중산층, 자동차로 통근하는 중산층은 미국의 도시 풍경에서 필수적인 요소이다. 30년간 갚아야 할 빚을 짊어진 것이 중요한 것이 아니라 주택을 소유했다는 것이 중요한 가치를 지니게 되었다. 정부의 정책은 바로 이러한 구매력을 가진, 거의 평생 동안 빚을 갚아가며 사는 국민을 대규모로 양산하는 것에 초점을 맞추고 있었다. 이러한 교외의 소비자들이 두텁게 존재하는 한 레빗과 같은 개발업자나 레빗타운에 채워 넣을 소비재를 생산하는 대기업은 부흥할 수 있었다.

3. 새로운 도시, 쇼핑몰 교외[16]

특히 주목할 것은 20세기 중반 이후 미국의 교외가 일종의 거대한 쇼핑몰을 이루었다는 것이다. 1953년의 《포천Fortune》지 보도에 따르면 미국의 교외 거주자는 약 3,000만 명으로 전체 인구의 19퍼센트에 해당했으나 미국인의 지출과 소비에서 29퍼센트를 담당했다. 교외는 새로운 주택의 천국일 뿐 아니라 그 내부를 채워 넣을 각종 소비재의 천국이기도 했다. 가재도구, 가전제품, 인테리어 용품 등 새로운 주거지에는 새로운 상품이 필요했고, 전후의 호경기 속에서 자동차, 텔레비전, 세탁기, 식기세척기, 에어컨, 엘리베이터, 전자레인지 등의 소비재가 쏟아져 나왔다. 교외는 바로 그러한 소비의 중심으로서, 새로운 소비재를 채워 넣은 새로운 주택들의 풍경, 즉 역사학자 리즈 코언Lizabeth Cohen이 "대량 소비 사회의 경관"이라 명명한 풍경을 만들어내게 되었다.[17]

무엇이 교외인가, 어떤 곳이 도시의 팽창으로 생겨난 부분인가를 설명할 때 반드시 언급되는 것이 바로 쇼핑몰이다. 쇼핑몰이 건설되고, 그곳에 접근할 고속도로가 깔리고, 그곳 주변에 사무실 단지와 주거 단지가 형성되는 방식으로 교외가 완성되기 때문이다. 교외는 단순히 주거지, 베드타운으로 머물지 않고 시내보다 더 많은 일자리가 존재하는 곳으로 진화했다. 교외 거주자들은 이제 대도시와 관계를 맺지 않고도 의식주와 문화생활을 영위할 수 있다.

미국식 쇼핑몰의 아버지인 빅터 그룬Victor Gruen은 쇼핑몰이 아예 하나의 도시로서 기능하게 했다. 그는 자동차로 접근하기 쉬운 지역에 쇼핑몰 부지를 선정하고 쇼핑몰 건물 외곽에 대규모 야외 주차장을 배치했다. 그리고 거대한 백화점과 지붕은 하나로 연결되지만 각각 보도에서 진입할 수 있게 상점들을 배치했고, 전체적으로 이 상점들이 중정을 가운데 두고 D자 형태로 들어서게 했으며, 중정을 둘 뿐만 아니라 건물들을 연결하는 보도와 주차장으로 이어지는 길도 보행에 쾌적한 정원 형식으로 구성했다. 또한 쇼핑몰이 주민들의 사회적·문화적 생활의 중심으로 기능하도록 도서관, 우체국, 마을 회의실 등을 쇼핑몰에 포함시켰다.[18]

빅터 그룬.

쇼핑몰이 사회적·문화적 기능을 해야 한다는 그룬의 주장은 우연한 것이 아니라, 도시 문제에 대한 지속적 관심의 결과로 보인다. 그는 쇼핑몰을 그저 물건을 팔고 사는 곳으로만 보지 않고, 고대부터 도시의 중심으로 기능해온 시장처럼 다양하고 중의적인 역할을 할 수 있는 곳으로

빅터 그룬이 1956년 완성한 사우스데일 쇼핑센터.

보았다. 그래서 쇼핑몰의 개혁은 도시의 개혁으로 이어진다고 생각했다. 그는 쇼핑몰의 개혁을 통해 "사회적·문화적·시민적 생활"을 풍요롭게 함으로써 "민주적 책임감"을 키우고 병든 도시를 바꿀 수 있다고 생각했다.[19]

　로스앤젤레스 외곽의 교외 도시인 웨스트체스터에 위치한 밀리론스Milliron's 백화점에서 시작해 1954년에 디트로이트의 노슬랜드Northland 쇼핑몰을, 그리고 1956년에 미니애폴리스의 사우스데일 Southdale 쇼핑몰을 연달아 완성시킨 그룬은 쇼핑몰을 상품 구매를 위한 공간을 넘어 인간들이 모여 교류하고 상호 작용하는 공간으로, 도심에서의 시장 경험 혹은 "교외에서의 시가지 체험urban-like experience for suburbanites"을 제공하는 공간으로, 교외와 구도시 각각의 문제점은 배제한 새로운 공공 경험의 공간으로 창출해내고자 했던 것이다. 그룬은 "안전한 보행의 환경에서 사회적 삶과 여가의 기회를 제공함으로써, 시민적이고 교육적인 시설을 결합함으로써 쇼핑센터는 현존하는 공백을 메울 수 있다"고 보았으며, "고대 그리스의 아고라, 중세의 시장, 그리고 지난날의 타운 광장이 제공했던 공간과 기회를 현대의 공동체에 만들어줄 수 있을 것"이라고 보았다.[20]

"이것은 그저 쇼핑센터 하나를 개장하는 일이 아니다. 이는 도시계획가, 건축가, 경제학자, 상인, 그리고 미국의 전체 대중에게 중요한 전환점이다"라고 노슬랜드 쇼핑몰의 개장에 즈음해 그룬은 당당하게 선언했다. 노슬랜드 쇼핑몰은 이전의 쇼핑몰들과 규모에서만 차별화되는 것이 아니었다. 우선 연결 도로 및 주차 문제에서 자동차 운전자의 편의를 고려하는 동시에, 쇼핑몰 내부는 구도시의 다운타운 느낌이 나도록 보행자 위주로 구성했다는 점이 특별했다. 회랑에는 안뜰court, 테라스terrace, 산책로mall, 골목길lane 등의 여러 명칭이 붙어 있었고, 조경을 위해 엄청나게 많은 식물과 꽃나무가 심어져 있었다. 또한 볼링, 아이스 스케이팅, 연극, 공연, 전시를 위한 공간이 마련돼 있었고, 요리 강습부터 가전제품 시연까지 다양한 이벤트가 준비돼 있었다. 노슬랜드 쇼핑센터는 스스로를 "도시 안의 도시"라고 광고했고, 언론은 이 쇼핑센터를 빈, 베네치아, 코펜하겐, 밀라노의 옛 거리에 견주었다.[21]

애틀랜타의 벅헤드에 위치한 '레녹스 스퀘어Lenox Square'와 '핍스 플라자Phipps Plaza'는 바로 이 도시의 성격을 알려주는 핵심적인 쇼핑몰이다. 대로 양편에 서로 마주하고 서 있는 두 쇼핑몰을 합치면 총

애틀랜타의 레녹스 스퀘어 쇼핑몰(위).
쇼핑몰 내부 모습(아래).

236만 6,000제곱피트 면적에 여섯 개의 백화점과 360여 상점이 연결된 거대한 마을이 된다. 각 쇼핑몰에 최고급의 호화 백화점 하나씩('니먼 마커스Neiman Marcus'와 '삭스 피프스 애비뉴Saks Fifths' Avenue'), 고급 백화점 하나씩('블루밍데일스Bloomingdale's'와 '노드스트롬Nordstrom'), 그리고 중-고급 백화점 하나씩('메이시스Macy's'와 '벨크Belk')이 들어서 있어 백화점이 여섯 개이다. 아케이드에 자리한 상점들도 최상급 고가품들을 취급하여 벅헤드의 호화로움을 잘 보여준다.

그렇다면 레녹스와 핍스에서는 그룬이 희망했던 시민 생활이 펼쳐지고 있을까? 현실은 다르다. 쇼핑몰 교외의 근본적인 문제점들이 구체화됨에 따라 다양한 비판이 제기되었다. 첫 번째 문제는, 자동차 문화 중심적인 설계 때문에 이곳으로의 진입과 접근이 제한되어 있다는 것이다. I-285, I-85 같은 주간 고속도로와 이 둘을 연결하는 조지아 400번로는 쇼핑몰의 방대한 주차장과 편리하게 연결된다. 반면에, 애틀랜타 지역의 철도인 MARTA가 레녹스 주차장의 끝부분에 정차하기는 하지만, 시내에서 여기까지 MARTA를 타고 올 사람은 많지 않다. 배차 간격이나 소요 시간상 이 쇼핑몰들은 대중교통으로 접근하기에 효율적인 곳은 아니다.

두 번째 문제는 쇼핑몰 개발이 인근 지역의 부동산 투기라는 달갑지 않은 부산물을 낳았다는 것이다. 그룬은 교외에 쇼핑몰을 건설하는 것이 인구 분산의 효과를 낳을 것이라고 역설했지만, 실제로는 교외 개발을 통한 부동산 가치 상승을 기대하는 투기 자본을 모으는 계기가 된 경우가 많다. 쇼핑몰이 새로 들어서는 곳마다 이를 중심으로 신도시가 형성되어 부동산 붐을 일으키기 때문에 개발업자와 부

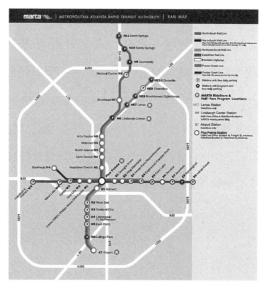

애틀랜타 철도 MARTA의 노선도. 미국 도시들의 인구 순위에서 9위(2016년 기준)를 차지하고 있는 거대 도시 애틀랜타인데 노선이 네 개뿐이며 그나마 두 개씩 거의 겹쳐지는 경로이다.

동산 대기업들은 쇼핑몰 개발에 매진한다. 그래서 쇼핑몰의 개발과 더불어 주변에 고가의 콘도미니엄과 사무실 건물이 밀집한 신도시가 형성되는 경우가 많다. 신도시는 자동차 없이는 접근이 거의 불가능하기 때문에, 신도시의 새로운 일자리도 새로운 주거지도 결국 일정 정도의 재산을 소유한 인구에게 독점적으로 제공될 수밖에 없다.[22]

　세 번째 문제는 건설된 쇼핑몰들이 그룬의 예상과 달리 공동체에 그다지 기여하지 못했다는 것이다. 과연 교외 도시는 '마을'로서의 정서적 기능을 담당할 수 있는 공간인가? 그룬은 교외의 쇼핑몰들이 교외 거주자들의 상호 작용에 기여하고 시민 공공 영역으로 기능하리라 기대했지만, 이것이 달성하기 어려운 이상임이 드러났다.

그룬의 설계로 건설된 쇼핑몰 중 하나인 뉴저지 주의 체리힐Cherry Hill 쇼핑센터에 대한 연구에 따르면, 쇼핑센터 측의 끊임없는 '공동체' 건설 노력에도 불구하고 시간이 지나도 주민들의 공동체 의식이 강화되지 않았다. 쇼핑센터가 타운의 중심으로 기능할 것이라던 기대와 달리 쇼핑센터에서는 산발적이고 일관성 없는 이벤트들만이 난무했다. 그리고 이벤트들로 지역의 정체성을 만든다는 것은 쉽지 않은 일임이 서서히 드러났다. 기업의 마케팅 행사는 허가되지만 정치 집회는 불허되고 자동차를 가진 사람의 접근은 쉽지만 그렇지 못한 사람의 접근은 어려운 상황에서 쇼핑센터가 체리힐 주민 전체를 대표하는 공간이 될 수는 없었다.[23]

네 번째 문제는 경험의 규격화라는 것이다. 오늘날 미국인들은 전국에 산재한 4만 5,000여 개의 쇼핑몰에서 세계 어느 나라 사람들보다 많은 시간을 보낸다. 대도시 백화점 브랜드들은 쇼핑몰 개발로 전국 어디에나 진출하며 영업을 확장하고 있다. 미국인들은 산재한 수많은 쇼핑몰들을 통해 똑같은 아이스크림을 먹고 똑같은 옷을 입고 똑같은 영화를 보며, 무엇을 사기 위해서, 그냥 시간을 보내기 위해서, 사람을 만나기 위해서, 직업을 구하기 위해서 쇼핑몰을 방문한다. 다시 말해서 쇼핑몰은 지역의 문화나 특성을 지역 정체성으로 만들어주기보다는 대기업의 획일적 문화를 전국적으로 통일하는 결과를 가져오는 것이다.[24]

쇼핑몰 교외의 이 모든 문제점들은 쇼핑몰을 중심으로 한 도시 팽창에 심각한 문제가 있음을 알려준다. '쇼핑'을 중심으로 형성된 '도시'가 과연 공공성을 확보할 수 있는가? 쇼핑몰의 중앙 광장은 다운타운과 같은 공공의 공간인가 아니면 그저 기업의 사유재산인가? 1960년대 이후 쇼핑몰에서 노조의 시위, 반전 시위, 반정부 집회가 열리는 일이 있었는데, 이때 개인의 언론의 자유와 쇼핑몰 소유주의 권리가 충돌하는 상황이 발생하기도 했다. 주별로 결과는 달랐지만, 1970년대 이후로는 소유주의 권리가 승리하는 경우가 더 많았다.[25]

이와 같은 쇼핑몰의 문제점은 교외 개발에 대한 비판으로 연결될 수 있다. 앞에서 이야기한 바와 같이 교외는 이미 계층 분리를 내포한 공간이다. 교외로의 도시 팽창은 흔히 '백인의 도시 탈출'과 겹쳐지는 현상이었고, 구도시의 내부에는 떠날 능력이 없는 빈민과 흑인들이 남았다. 그간 수많은 연구들이 교외를 계급과 인종의 구별선이 뚜렷한 자본주의적 공간으로 분석했다.[26] 따라서 교외의 시민 생활이란 한정된 계층에 해당되는 얘기다. 마찬가지로 쇼핑몰에 기초한 공동체란 한정된 계층을 대상으로 하는 것이다. 이처럼 태생적으로 차별적인 소비의 공간에서 구도시의 다운타운과 같은 경험을 기대할 수는 없다.

4. 남부 도시의 보수화

부유한 교외 지역 벅헤드는 행정구역상 노스풀턴 카운티에 위치해 있으며 1952년에 애틀랜타 시에 편입되었다. 그런데 2000년대에 벅헤드에서는 다시 애틀랜타로부터 떨어져 나가 하나의 시로 독립하려는 운동이 일어났다. '풀턴 카운티 납세자재단Fulton County Taxpayers Foundation'의 주도로 시작된 이 운동은 애틀랜타 시내와 관계를 끊고 벅헤드를 독립적인 도시로 만들겠다는 의지의 소산이었다. 벅헤드만으로 새 도시를 만들면 더 자율적으로 통치할 수 있고, 주민의 세금을 낮출 수 있다고 본 것이다. 이제 교외보다 낙후된 도심지에 더 많은 비용이 필요한 시기였다. 그런데 한때 시민의 세금으로 도로와 기반 시설을 만들어 성장했던 교외 지역이 이제 자신들의 세금으로 도심지 재생 사업을 돕기를 거부하는 것이었으니, 지극히 이기적인 행보였다.

벅헤드를 비롯한 도심지 외곽의 부유한 교외 지역은 대중교통의 진입에도 반대한다. 애틀랜타 시의 대표적 대중교통인 철도 MARTA의 정거장이 생기면 그 지역에 자동차 없는 집단이 유입될 수 있기 때문이다. 따라서 그런 지역 주민들은 철도 정거장을 만들지 못하도록 반대 운동을 한다. 물론 이들은 반대 운동의 이유에 대해 '인종' 문제 때문은 아니라고 말한다. 동네의 독립성과 자립, 범죄 예방, 그리고 공동체의 정체성과 항상성 유지를 위해서라고 말한다.[27]

민권 운동기에 백인의 도시는 위협을 당했다. 백인들은 동등한 권리를 주장하며 시내로 진입하는 흑인들을 막으려 했으나, 이미 시대의 흐름은 인종 통합으로 방향을 잡은 상태였다. 이 위협과 혼란 속에서 백인들은 도시를 떠나 외곽에 자신들만의 성채를 구축하는 것으로 위기를 모면했다. 그리고 자신들이 떠나온 환경을 다시 만드는 우를 범하지 않기 위해서 유색인이 유입되지 않도록 노력한 것이다.

한편, 백인들이 새로이 터를 잡은 교외는 보수주의의 온상이 되어 미국 정치의 보수화의 진원지로 기능하게 되었다. 전후의 오렌지 카운티를 연구한 리사 맥거Lisa McGirr는 매카시즘 이후 궁지에 몰렸던 보수주의자들이 교외 지역에서 문화, 교육, 정치 등을 장악하면서 레이건 보수주의의 가장 열성적인 지지자들로 세력화하는 과정을 보여주었다. 인구 구성상 거의 90퍼센트가 백인인 이 구역에서 보수주의자들은 조직화를 통해 공화당 지지 기반을 형성했고, 보수주의적 정책이 펼쳐질 수 있도록 운동을 주도했다.[28]

1978년에 일어난 캘리포니아의 '납세자 반란tax revolt' 사건은 바로 그러한 교외의 정치적 보수화가 만들어낸 반동 정치의 대표적인 예이다. 부동산에 대한 세금을 기존의 3퍼센트에서 1퍼센트로 낮추는 것을 골자로 하는 '주민 발의 13호Proposition 13'가 캘리포니아 주의회를 통과해 캘리포니아의 재산세를 무려 59퍼센트 정도 감소시켰다. 이 주민 발의 13호는 뉴딜과 1960년대에 개혁적 민주당 정부가 주도한 진보적 정치의 흐름에 반대하는 정치인과 부동산업자들이 교외 지역 주민의 표를 동원해 이뤄낸 성과였다.[29]

교외의 성장과 정치적 보수화 사이의 연관은 캘리포니아뿐 아니라 애틀랜타나 남부의 어떤 대도시에서도 나타날 것이다. 152쪽의 그림은 1948년 대통령 선거와 2012년 대통령 선거의 결과를 나타낸 지도이다. 미국의 대통령 선거 방식은 특이해서, 후보자별로 그 후보자가 승리한 주들 각각에 배정된 선거인단의 수를 다 합하게 되며, 그 합이 큰 사람이 대통령이 된다. 그런데 선거인단의 수는 주의 인구수에 비례하므로, 두 지도에 표시된 숫자를 비교하면 그간의 인구 변화를 가늠할 수 있다.

1948년에 선거인단 수가 가장 많았던 뉴욕과 펜실베이니아는

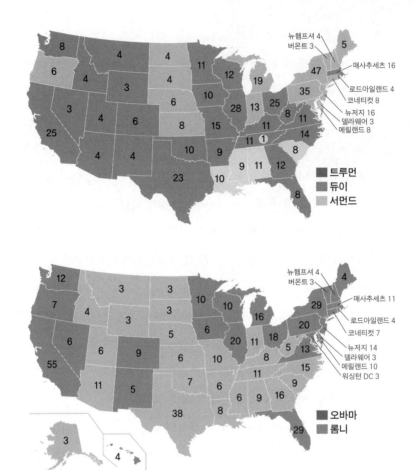

First map labels:
뉴햄프셔 4
버몬트 3
매사추세츠 16
로드아일랜드 4
코네티컷 8
뉴저지 16
델라웨어 3
메릴랜드 8

트루먼
듀이
서먼드

Second map:
뉴햄프셔 4
버몬트 3
매사추세츠 11
로드아일랜드 4
코네티컷 7
뉴저지 14
델라웨어 3
메릴랜드 10
워싱턴 DC 3

오바마
롬니

1948년과 2012년의 주별 대통령선거인단 수와 대선 결과.

2012년에는 캘리포니아, 텍사스, 플로리다에 밀렸는데, 이 세 주는 모두 남부에 위치한다. 그 밖에도 과거에 산업 중심지였던 북동부의 주들이 대부분 선거인단 수를 많이 잃은 데 반해 남서부의 주들에서는 선거인단의 수가 늘어났다. 이로 미루어 남서부 주들이 인구 증가에 힘입어 정치력을 강화하고 있음을 알 수 있다.

인구가 늘고 있는 지역이 대체로 공화당 우세 지역인데, 제2차 세계대전 이후의 선거 결과나 미국 정부 정책의 보수화에는 이런 점이 작용했다. 애틀랜타 주변의 코브 카운티와 그위넷 카운티는 각각 백인 비율이 96퍼센트, 95퍼센트인데 어김없이 공화당에 표를 준다. 반면, 백인 인구가 12퍼센트도 되지 않는 디캘브 카운티는 2008년과 2012년의 대통령 선거에서 오바마에게 몰표를 주었다.

남부의 보수화에는 제2차 세계대전 이후 이 지역의 주요 산업이 된 국방군수 산업이 일부 영향을 미쳤다고 분석할 수 있다. 국가가 세계의 다른 세력들과의 전쟁을 정당화하며 엄청난 군비를 투자한 기업과 공장, 연구 시설들이 남부에 들어서면서 남부의 신흥 공업 도시, 정보 도시, 금융 도시 등에서 이런 국방군수 산업 종사자가 인구의 다수를 점하게 된다. 이들의 정치적 선택은 적극적인 군사 정책을 추진하는 방향으로 이루어지기 마련이며, 그것이 이 지역의 정치적 보수화를 더욱 강화한다.

마이클 무어의 다큐멘터리 영화 〈볼링 포 컬럼바인Bowling for Columbine〉은 학우들에게 장총을 연발한 고등학생들이 살던 마을이 바로 록히드마틴 사의 거대 공장이 자리한 곳이며, 그들이 무차별 난사를 하기 직전에 미국 대통령 클린턴이 코소보에 대한 대대적인 폭격을 명령했다는 점을 지적한다. 그가 세우려는 가설에 대해 비약이 너무 심하다고 생각한다 해도 남부 사회의 이러한 특이성을 완전히 부정할 수는 없을 것이다. 누구나 생필품을 사러 일상적으로 출입하는 대형 상점인 월마트의 애틀랜타 지점에는 놀랍게도 다트판 바로 옆

애틀랜타의 월마트에는 총과 총알이 진열되어 있다.

에 총이 진열되어 있다. 실탄을 넣을 수 있는 권총이 장난감이나 다를 바 없이 플라스틱으로 포장되어 걸려 있는 것이다. 그나마 다행인 것은 총알은 잠긴 진열장 안에 들어가 있다는 것인데, 이렇게 된 것은 9·11 이후의 일이다.

세인트루이스
—
도심지 재개발의 악몽

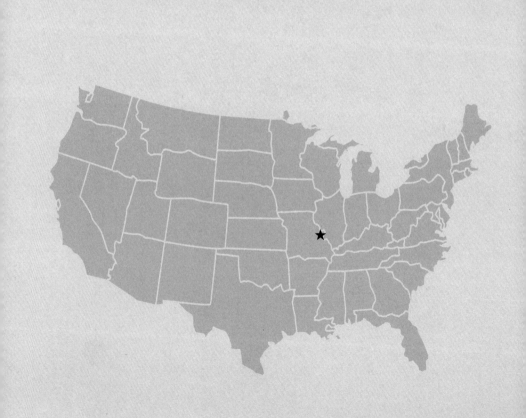

애틀랜타와 같은 남부 도시들이 제2차 세계대전 이후 산업과 인구의 유입으로 호황을 맞고 있을 때, 반대로 그 산업과 인구가 빠져나간 도시들은 어떤 일을 겪게 되었을까? 앞 장에서 살펴본 바와 같이 제2차 세계대전 이후 산업의 남진과 교외 개발이 가속화되면서 일자리와 사람들 역시 산업 지역이나 교외 지역으로 대거 이동하자 그 이전에 번성했던 도시들에서는 공장이 버려지고 주택이 새 주인을 찾지 못하는 등 낙후되는 정도가 심각해졌다. 인구가 줄면서 세수도 감소해, 낙후된 부분을 재개발하는 것도 쉽지 않았다. 이렇게 미국의 대도시들은 한때의 호황을 뒤로하고 공동화와 황폐화의 아이콘으로 전락해버렸다.

지금은 잘 믿어지지 않을 정도이지만, 1904년 미국 도시로서 세 번째로 만국박람회를 개최하고 비유럽 도시로서 최초로 올림픽 게임을 개최한 도시인 세인트루이스는 한때 그 정도로 각광 받고 잠재력을 인정받는 도시였다. 1904년 만국박람회를 배경으로 세인트루이스에 거주하는 한 단란한 가정의 이야기를 다룬 뮤지컬 영화 〈세인트루이스에서 만나요Meet me in St. Louis〉는 바로 그 전성기의 세인트루이스 분위기를 잘 알려준다. 아빠가 뉴욕으로 전근하게 됐다는 소식을 들은 세 딸은 정든 마을을 떠날 생각에 우울하기 짝이 없다. 결국 이사를 앞둔 크리스마스날 밤, 일곱 살짜리 막내딸은 정성껏 만든

눈사람을 부수며 울부짖는다.

"이게 다 무슨 소용이야. 우리는 뉴욕으로 가버릴 텐데. 내가 다 없애버릴 테야."

"아니야, 아니야, 뉴욕에서도 눈사람을 만들 수 있어."

"아냐, 이젠 못해. 세인트루이스에서처럼은 안 돼."

"아가야, 뉴욕은 멋진 도시란다. 모두가 거기 가는 걸 꿈꿔. 다른 많은 가족들이 우리를 부러워한다고."

하지만 결국 아빠는 승진이기도 한 전근을 반려하고 세인트루이스에 남기로 결정하고, 이듬해 봄 드디어 열린 만국박람회에 온 가족이 나들이를 가는 눈부신 장면으로 영화는 막을 내린다. 이처럼 세인트루이스는 뉴욕을 저버릴 만큼의 자신감을 안겨주는 중부의 대표 도시이자, 어찌 보면 시카고보다도 더 '관문 도시'라는 별칭이 적합한 도시였다.

그러나 이 장에서는, 20세기 초반까지 중부의 공업 및 상업 중심지로 번영을 누렸지만, 대공황 이후 산업이 남부 및 외국으로 이주하면서 "녹슨 구역rust belt"으로 일컬어지게 된 대표적인 도시로서 세인트루이스를 살펴본다. 이곳에서는 1950년대에 백인 주민들이 교외로 이탈하면서 도심지 공동화가 빠르게 진행되었고, 결국 시내 거주 인구는 대부분 빈민인 흑인 위주로 재구성되었다. 이 때문에 수많은 도시 문제들이 악화되었고, 그 결과 이를 개선하기 위한 도시 재생renewal 운동이 시작되었으나 이마저도 순탄치 못했다. 이 장에서는 바로 이와 같은 세인트루이스의 극단적인 실패의 경험을 중심으로 20세기 중반의 미국 사회의 변화를 분석해본다.

1. 재개발—공동화의 대안

백인들이 우르르 교외로 빠져나간 뒤 도시는 어떻게 되었을까? 1950년대에 미국 대도시들은 도시 공동화 현상을 심각하게 겪었다. 원인은 같았다. 우선 탈산업화와 산업의 남진·서진 현상이다. 기존 대도시들의 공업과 제조업은 시설 낙후와 부동산 가격 상승 때문에 그 도시들을 떠나게 되었고, 땅값이 싼 남부와 서부로 이동하게 되었다. 이는 결과적으로 대도시들의 탈산업화를 부추겼다.

사실 20세기 초반부터 대공황의 여파로 어느 도시나 어려웠지만, 제2차 세계대전 이후에는 세인트루이스의 상황이 특히 좋지 않았다. 여기엔 몇 가지 이유가 있었는데, 가장 큰 이유는 인구와 산업이 남진 혹은 서진하면서 인구 증가율이 급감한 것이었다. 냉전기 동안의 군수 산업의 호황은 인건비와 부동산 가격이 저렴한 남부 도시의 부흥을 이끌었지만, 북동부 도시들의 구 산업 중심지들은 상대적으로 위축되었다. 이때 새로운 산업을 유치하지 못한 세인트루이스는 전환적 발전의 계기를 찾지 못한 채 매력을 잃어갔다. 결국 1970~1980년대에 세인트루이스는 미국에서 인구 감소율이 가장 큰 도시였다.

그런데 특기할 만한 것은, 전체 인구가 감소하는 중에도 백인 인구가 급감하는 반면에 흑인 인구는 증가했다는 점이다. 1950년에 85만 명이었던 세인트루이스 인구는 1960년에는 75만 명, 1970년에는 62만 2,000명, 1980년에는 45만 3,000명, 1990년에는 39만 7,000명으로 줄었는데, 결과적으로 백인의 60퍼센트가량이 이 도시를 떠났다. 그런데 흑인의 경우에는 1960년에 전체 인구의 12퍼센트에 해당하는 수가 오히려 유입되었다.[1] 민권 운동기를 겪으면서 남부를 떠난 흑인들이 멀지 않은 북쪽에 위치한 세인트루이스를 적당한 정착지로 여긴 탓이었다.

이 모든 상황의 결과는 1950년부터 1980년까지 세인트루이스 인구에서 흑인이 차지하는 비율이 8분의 1에서 2분의 1로 커지는 엄청난 변화였다. 불과 30년 만에 세인트루이스는 백인 도시에서 흑인 도시로 바뀐 것이다. 백인과 함께 일자리도 빠져나갔고, 더욱 중요한 것은 세금 기반도 빠져나갔다는 것이었다. 주민세 수입원이었던 고소득자들이 교외 거주자가 되어 더 이상 주민세를 내지 않게 되면서 시정부의 세수가 큰 타격을 입게 된 것이다.

상황을 더욱 악화시킨 것은, 어떤 지표에 의거하든 세인트루이스는 인종 분리가 가장 심한 도시로 꼽힌다는 사실이었다. 도시 내의 흑인 인구는 증가했는데 흑인 분리는 더욱 심화되는 역설적인 상황이 지속되었다. 예컨대 '비백인이 얼마나 이사해야 하나?'라는 지표는 어떤 구획에 정상적인 인구 분포보다 더 조밀하게 비백인이 몰려 사는 정도를 계산해 도시 내 인종 분리의 정도를 측정하는 '분리 지수'이다. 즉, 그 구획에서 흑인의 수가 얼마나 빠져야 정상적인 인구 분포 수준이 되느냐는 것인데, 세인트루이스에서는 이 수치가 1910~1930년에 54퍼센트에서 82퍼센트로 증가했고, 1950년대 이후에는 계속 90퍼센트를 상회했다.[2] 다시 말해, 세인트루이스에 사는 흑인의 90퍼센트는 특정 구획에 비정상적으로 밀집해 거주하고 있었던 것이다.

이처럼 흑인 분리가 극심한 곳에서는 흑인의 피해가 심각하기 마련이다. 일단, 주거지 선택의 폭이 좁다는 것은 열악한 주거 환경을 벗어나기 어렵다는 것을 의미한다. 흑인 밀집 지역이 가장 낙후한 곳에 집중되어 있는데다가 백인 구획으로 알려진 곳에 흑인이 진입하는 것이 암묵적으로 거부되는 탓에 흑인은 계속 그런 환경에서 살아갈 수밖에 없다. 이와 같은 도시 공간에서의 인종 분리는 학교나 직장 선택에도 부정적 영향을 미치고, 흑인들을 범죄에 노출되기 쉽게 만든다. 슬럼이 게토화되면서 위험한 공간이 될 때 가장 큰 피해자가 되는 것은 그곳을 벗어날 수 없는 흑인 빈민인 것이다.[3]

세인트루이스는 도시 공간의 이용에서 지속적으로 흑인을 차별했다. 정책적·법적으로 흑백의 공간을 분리한 것이다. 일찍이 1914년부터 거리별로 거주 자격에 제한을 두는 규약인 구획법zoning law들이 만들어졌다. 자격을 판단하는 기준은 가족의 구성이나 수입 등이었지만, 그것이 의미하는 바는 결국 인종이었다. 흑인 인구 중에는 한부모 가정과 수입이 일정치 않은 비정규직이 많았기 때문이다.[4] 이미 이때 형성된 '흑인 구역'과 '백인 구역'이 20세기 중반까지 계속 견고한 벽을 유지하고 있었다.

흑백 간의 분리가 지속된 데는 부동산업계의 역할도 컸다. 세인트루이스의 부동산 시장을 좌지우지하는 여러 집단들이 인종 분리를 유지하기 위해 부단히 노력했다. 대표적으로 부동산거래소City's Real Estate Exchange, 미주리 부동산위원회Missouri Real Estates Commission, 세인트루이스 카운티 부동산과St. Louis County Real Estate Board 등에서는 부동산업계를 대상으로 권고문과 홍보 자료를 만들었다. 이 자료들을 보면 1950년대에 강조된 내용은 부동산업자들이 각자의 담당 구역에 흑인이 유입되는 것을 막아야 한다는 것이었다. "시민의 재산 가치를 보호하기 위해" 흑인에게는 절대로 주택을 소개해주지 말아야 한다는 것이었다.[5] 흑인 고객이 방문하더라도 말이다.

이와 같이 이미 양분화(양극화)된 주택 시장은 인종주의가 팽배한 사회 분위기 속에서는 당연시되었기 때문에 이를 근본적으로 변화시킬 계획은 존재하지 않았다. 그런 가운데 시정부를 장악하고 있던 민주당은 흑인 빈민의 주거 문제에 대한 이상주의적 접근을 보여주었다. 1947년에 나온 세인트루이스의 도시 종합 계획, 혹은 계획 수립자의 이름을 딴 '바살러뮤Bartholomew 계획(1947년 세인트루이스 도시 계획)'은 도심지 공동화와 낙후에 대처하는 가장 좋은 방법은 '슬럼을 철거하고 공공 주택을 건설하는 것'이라고 보았다.[6]

이러한 시각은, 작금의 문제는 다 환경에서 비롯된 것이어서 빈민에게 양질의 환경을 제공하면 문제가 사라질 것이라는 낙관론의 산물이었다. 하지만 분리된 부동산 시장에 대한 비판은 부재한 가운데, 결국 가장 먼저 철거되어야 하는 구역은 가장 낙후한 빈민(흑인) 밀집 지역이 될 수밖에 없었다. 그렇다면 철거된 곳에 새로운 공공 주택을 건설할 경우 그것은 흑인 지역 내에 존재하게 되며, 결과적으로 흑인들이 다시 그곳에 집단적으로 수용될 게 뻔했다. 공공 주택에서의 인종 분리나 차별은 불법이지만, 흑인 구역에 들어와서 살 백인은 없을 것이기 때문이었다.[7]

이처럼 분리를 유지하되 분리된 상태에서 흑인의 삶의 질을 끌어올리겠다는 계획에서 시작된 철거와 건설의 말로는 어떤 것이었을까? 1951~1955년에 세인트루이스 한복판에 건설되었던 프루잇-아이고Pruitt-Igoe 공동 주택은 그 말로가 얼마나 비극적일 수 있는지를 적나라하게 보여주는 사례다. 1947년 도시 계획에서 가장 먼저 철거되어야 할 슬럼으로 꼽힌 드소토-카DeSoto-Carr 지구를 정리한 57에이커 부지에 들어선 프루잇-아이고는 11층짜리 건물 33개 동으로 이루어져 총 2,870세대, 1만 5,000명이 입주 가능한 규모였다.[8]

여기서 잠시 미국의 공공 주택의 역사를 살펴볼 필요가 있다. 미국의 공공 주택은 제1차 세계대전 기간에 전시 산업 노동자용 임대 주택 건설로 시작되었다. 그리하여 노동부 산하의 주택단US Housing Corporation과 해양청US Shipping Board 산하의 긴급함대단Emergency Fleet Corporation 주도로 150개 지역에서 총 1만 6,000세대분이 건설되었다.[9] 이러한 임대 주택은 전시 노동자의 소요를 막고 작업장 이동률을 줄이려는 목적에서 건설된 것이었는데, 종전 후에는 임대 주택 사

프루잇-아이고 건설 당시 슬럼 지구인 드소토-카 주민들의 모습.

업을 종료하고 건설된 임대 주택은 매각하는 것으로 정리가 되었다. 미국은 워낙 공적 개입에 대한 반감과 우려의 전통이 강한 나라인지라, 정부의 주택 시장 불개입 정책으로 회귀한 것이었다.

하지만 대공황과 제2차 세계대전은 또다시 정부의 개입을 필요로 하는 긴박한 상황을 만들었고, 미국은 마지못해 공공 주택 정책을 재개했다. 뉴딜 정부 산하의 공공사업청Public Works Administration이 건설한 공공 주택은 58개소, 2만 5,000세대분이었다. 뉴딜 정부는 1937년 와그너 주택법을 통해 연방주택청US Housing Authority을 만들고 계속해서 임대 주택 건설을 지원했으며, 주택소유자대출단Home Owners Loan Corporation과 연방주택청Federal Housing Administration을 설치해 부동산 담보 대출 사업을 벌였다. 저소득층에는 공공 임대 주택을 제공하고 중산층에는 담보 대출을 제공함으로써 이원화된 주택 정책이 탄생했다.[10]

제2차 세계대전이 끝난 후 반공주의의 득세 속에 뉴딜 정책은 전반적으로 쇠퇴했고, 앞서 본 바와 같이 교외화 시대가 도래하면서 관심은 도시 외곽으로 쏠리게 되었다. 하지만 지나치게 급속하게 진행된 교외화의 여파로 도심지 공동화 현상이 문제가 되자, 이에 대한 대책으로서 공공 주택의 건설이 다시 관심을 받게 되었다. 프루잇-아이고의 건설을 가능케 한 것은 1949년의 연방주택법이었다. 이 법은 1937년의 와그너 주택법을 확대·강화한 것으로, 도시들이 연방기금으로 공공 주택 건설을 보조하는 사업을 벌일 때는 반드시 슬럼 철거와 연계하도록 하는 내용이었다. 따라서 어떤 도시에서 공공 주택을 건설하고 싶다면 낙후 주택을 먼저 철거해야 했다.[11]

2. 프루잇-아이고의 짧은 일생

세인트루이스와 같이 예산이 부족하고 도심지 낙후가 심각한 도시는 연방 기금을 끌어다 쓰는 것이 너무도 절실했기 때문에, 1949년 법의 규정에 맞게 도시 재정비 및 공공 주택 건설을 준비하는 것이 당연했다. 더욱이 세인트루이스가 1947년에 자체적으로 마련한 도시 계획도 이미 유사한 제안을 한 바 있었기에, 세인트루이스의 공공 주택 건설은 가속도가 붙게 되었다. 1950년에 세인트루이스는 연방주택청에 총 1만 2,000세대분의 공공 주택 건설 자금을 요청했고, 그중 5,800세대분의 자금을 승인받는 데 성공했다.

이듬해에는 이 자금으로 대표적 슬럼인 드소토-카 지구의 철거에 착수했고, 또한 뉴욕에 기반을 둔 건축 회사인 '레인웨버, 야마사키, 헬무스Leinweber, Yamasaki & Hellmuth사'를 설계 책임자로 선정했다. 이 세 파트너 가운데 야마사키가 맡고 있던 팀의 설계로 그해에 프루잇-아이고의 건설이 시작되었으며, 1954년에 프랭키 메이 래글린 Frankie Mae Raglin을 필두로 주민들의 입주가 시작되었고 1955년에 완공이 이루어졌다.[12]

프루잇-아이고는 1951년 설계 단계부터 전국적인 관심을 모았다. 건설업계와 건축업계는 프루잇-아이고가 가장 현대적인 고층 건물이자 세기적 기념비가 될 것이라는 기대를 드러냈고, 20세기 미국 대도시가 봉착한 문제를 해결해줄 구세주라고까지 치켜세웠다. 언론은 프루잇-아이고가 "최고의 고층 아파트", "가난한 사람들을 위한 이상적 마을"이 될 것이라고 예측하며 분위기를 띄웠다. 또한 프루잇-아이고가 "충분한 공공 공간을 제공"하고 자연에 둘러싸인 여가 생활을 가능케 함으로써 세인트루이스의 "슬럼을 대수술할" 계기가 되는 동시에 미국의 모든 대도시에 전범이 될 것이라며 더할 수 없는 기대를 드러냈다.[13]

　1954년 프루잇-아이고가 일부 완성되어 첫 주민이 입주하고 대중 앞에 모습을 드러냈을 때도 찬사 일색이었다. 나중에 비판을 받은 설계 요소들이 이때만 해도 혁신적인 시도로 긍정적인 평가를 받았다. 이를테면 엘리베이터는 1층, 4층, 7층, 10층에만 서게 되어 있었는데, 이는 이 층들의 아래층과 위층에 사는 주민들의 교류를 자연스럽게 유도함으로써 "공동체적 특성"을 강화할 수 있으리라는 생각에서 나온 것이었다. 또한 이 층들에 길게 복도처럼 자리한 갤러리는 어린이들을 위한 안전한 놀이터가 될 것으로 여겨졌다.[14]

세인트루이스의 상징인 아치가 배경으로 보이는 가운데 신축된 프루잇-아이고의 위용이 사진 중앙에 드러나 있다.

하지만 입주가 시작됨과 동시에 모든 기대와 예상은 빗나갔다. 바로 이듬해인 1955년부터 프루잇-아이고는 수많은 문제를 일으키며 골칫덩이로 전락하기 시작했다. 우선, 계획돼 있었던 상가 건물이나 기타 편의 시설이 지어지지 않아 입주자들이 불편을 겪었고, 나무가 심어질 것이라던 동과 동 사이의 공간은 길고 휑한 빈터로 남아 있었다. 엘리베이터는 오작동을 자주 일으키며 어두운 갤러리와 함께 범죄의 온상이 되었고, 비용 문제로 보수가 제대로 이루어지지 않아 급격히 노후화해갔다. 결국 프루잇-아이고는 지어진 지 불과 17년 만인 1971년에 철거 결정을 맞게 되었다.

1972년 3월 어느 날, 다이너마이트 폭발음에 이어 지축을 뒤흔드는 소리를 내며 고층 아파트 세 동이 순식간에 허물어져 내리는 장면이 미국 전역에 텔레비전으로 전해졌다. 세인트루이스의 공공 주

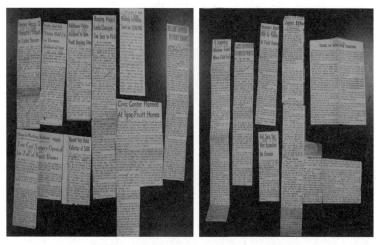

프루잇-아이고의 사건·사고를 다룬 신문 기사들(미주리역사협회 제공). 수많은 사건·사고와 범죄의 현장이 되어버린 프루잇-아이고 소식이 지역 신문에 번번히 등장했다.

택 프루잇-아이고의 철거 장면이었다. 폭파에 의한 철거라는 극단적인 방식도 충격적이었지만, 위치가 시내 한복판이라는 것, 그리고 지어진 지 20년도 채 안 된 건물들이라는 것, 게다가 당시 완공 직전이던 세계무역센터를 설계한 미노루 야마사키가 설계한 건물들이라는 것 등이 충격을 배가했다.

대체 무슨 일이 벌어진 것일까? 근대 건축의 절정이며 도시 문제의 해결책이라는 극찬을 받았던 이 주택 단지는 왜 이토록 빠르게 추락한 것일까? 프루잇-아이고에 대한 최초의 본격적 연구서를 쓴 오스카 뉴먼Oscar Newman은 설계의 잘못에 가장 큰 원인이 있다고 평가했다. 즉, "범죄에 취약한 구조"가 이 공공 주택의 실패를 가져왔다는 것이었다.[15] 처음엔 최신식이라고 떠받들어졌던 것을 범죄에 취약한

비가 새고 창문이 깨지는 등 급속도로 노후화해가는 프루잇-아이고의 모습. ⓒ 미주리역사협회.

것으로 전락시킨 이러한 평가에는 프루잇-아이고의 입주민들이 좋은 시설을 제대로 사용할 능력이 없는 사람들이라는 의미가 함축돼 있었다. 흑인에게는 고층 건물, 엘리베이터, 상하수도 등을 제대로 이용할 능력이 없으며, 따라서 그들에게는 이와 같은 시설이 과분하다는 의미가 내포돼 있었던 것이다.

미국의 유명한 조경 설계사, 건축가, 건축 이론가, 건축 비평가인 찰스 젱크스Charles Jencks가 프루잇-아이고의 철거에 대해 "현대 건축의 죽음"이라고 선언한 이후, 이는 프루잇-아이고를 이해하는 핵심어가 되었다. 이 선언 역시 뉴먼의 말과 유사하게 그 어떤 고도의 현대적 방식으로도 해결할 수 없는 문제가 있음을 환기했는데, 그것은

철거를 위해 프루잇-아이고를 폭파하는 장면. © 미주리역사협회.

건물 일부가 철거된 후의 프루잇-아이고 단지. © 미주리역사협회.

빈민에게 양질의 환경을 제공하면 생활이 개선될 것이라는 낙관은 이제 유효하지 않다는 각성에 기초한 것이었다. 이 같은 논평자들의 수고로 프루잇-아이고는 미국 공공 주택 실패의 대명사로 자리 잡게 되었다.

프루잇-아이고는 세인트루이스에 씻을 수 없는 오명을 안겨주었을 뿐 아니라, 모든 공공 주택의 미래를 불투명하게 만들었다. 가치 없는 사업에 무려 4,000만 달러를 '버렸다'는, 이 모두가 '납세자의 부담'으로 이루어진 일이었다는 불만이 속출했다.[16] 미국 사회에 뿌리 깊은, 공공 정책에 대한 거부감이 다시 증폭되었다. 또한 성실한 납세자의 세금을 게으르고 가치 없는 빈민에게 퍼주는 것은 비합리적이고 비효율적이니 중지해야 한다는 주장이 터져 나왔다.

3. 하지 못한 이야기

그러나 사실 프루잇-아이고의 주민들은 입주 직후부터 책임감을 가지고 주거 환경을 개선하기 위해 꾸준히 노력했다. 주민들은 건물의 질이 좋지 않다는 것을 입주하자마자 깨달았다. 원래 갖추게 되어 있었던 시설이 미비한 것은 예산 부족에 따른 설계 변경 탓이었다. 한국전쟁의 여파로 물자가 부족했고, 건설 자재의 가격 상승으로 건설비가 예산을 상회했다. 따라서 시 당국은 설계 회사가 요구하는 품질의 자재를 사용할 수 없었고, 이는 결국 건물의 질을 떨어뜨리게 되었다.[17]

걸핏하면 엘리베이터가 멈추고 수도꼭지와 문손잡이가 빠져버렸으며, 겨울이 되자 수도가 동파되는 일이 비일비재했다. 이런 문제들이 불거지면서 수리·보수에 대한 예비비가 부족하다는 문제도 연이어 드러나게 되었다. 최악의 부품과 자재를 썼을 뿐 아니라, 공동주택의 유지·관리를 위한 비용이 전혀 준비되어 있지 않았던 것이다. 주민들이 내는 월 관리비로는 총체적 부실 건축이 낳은 문제들을 감당할 수가 없었다. 유리창이 깨지고 수도관이 터지고 물이 새고 복도와 엘리베이터의 조명이 꺼지자 온갖 강도, 강간, 절도 사건이 더 빈번히 발생했다.[18]

프루잇-아이고 단지에서 일어난 사건·사고가 연일 신문을 장식하면서 입주민들은 연방주택청의 대책 마련을 촉구하는 의견서와 제안서들을 부지런히 제출했다. 하지만 특별 예산이 책정되지 않는 한 당장 개선이 이루어질 가망은 없었다. 주민들의 꾸준한 요구에도 불구하고 대대적인 보수가 이루어지지 않는 가운데, 프루잇-아이고는 실패한 사업이라는 의식이 팽배하게 되었다. 대체적인 견해는, 관리만 잘하면 개선될 수 있다는 것이 아니라 애초에 잘못된 계획이었다는 것으로 기울었다. 1959년 10월, 한 일간지는 공공 주택을 고층 아파트로 지은 것이 문제였다고 진단했다. 저소득층을 밀집 공간에 밀어 넣고 기대할 수 있는 것은 없다는 식이었다.[19]

그러던 중 엘리베이터 사고로 주민이 사망하는 일이 벌어졌다. 엘리베이터가 와 있지 않은데 문이 열리자 타려고 들어섰다가 빈 공간으로 추락해 사망한 사건이었다. 그런데 알고 보니 이것은 누군가 고의로 시스템을 망가뜨려 일으킨 범죄였다. 이 일은 전국적으로 언론에서 다루어졌다. "그의 죽음은, 소위 공공 주택이라는 연방 보조 주택에서 경악할 정도로 급증하고 있는 폭력과 죽음을 잔혹하게 상징한다는 점에서 국가적 중요성을 띤다."[20] 이 기사는 '공공 주택 사업은 이미 이와 같이 실패임이 분명한데 왜 계속하려 하는가?'라는 질문을 던지며 정부의 공공 주택 정책에 대한 회의적인 시각을 드러냈다. 건설업계나 부동산업계를 대변해 복지무용론을 펼치는 데 있어 프루잇-아이고를 근거로 내세운 것이다.

프루잇-아이고 이후 사실상 정부는 공공 주택 건설을 주저하게 되었다. 1970년대 이후 만들어진 빈민 대상의 주거 정책으로는 Section 8, Section 235 등이 있는데, 이는 빈민에게 임대 주택을 제공하는 것이 아니라 임대료 일부를 쿠폰 형태로 지원함으로써, 다시 말해서 임대 주택에 사용할 수 있는 주거비 보조 바우처를 발행함으로써 빈민이 기존 임대 주택들 가운데 원하는 곳에서 살 수 있게 하는 것이었다. 저소득층 주거지를 분산시킴으로써 그들이 밀집했을 때 생기는 문제를 미연에 방지하고 장기적으로 주택 구입을 장려한다는 취지였다.[21]

얼핏 보면 상당히 민주적이고 긍정적인 제도 같지만 현실은 그리 희망적이지 않았다. 우선 쿠폰, 즉 바우처로 선택할 수 있는 주택의 폭이 넓지 않았기 때문에 희망하는 곳에서 살 수 있다는 것은 지나치게 이상적인 선전일 뿐이었다. 또한 바우처 사용자들이 거주하는 곳은 낮은 주거지 등급을 받게 되기 때문에, 해당 건물의 건물주

프루잇-아이고 관련 주요 사건들

	프루잇-아이고 설계에서 철거까지의 상황	프루잇-아이고의 주요 사건 · 사고
1949	연방주택법 제정	
1950	세인트루이스 시가 연방주택청에 1만 2,000세대분의 공공 주택 건설 자금을 요청 5,800세대분의 건설 자금이 승인됨.	
1951	드소토-카 슬럼 지역의 철거 작업 시작 프루잇-아이고를 위한 설계자 선정 및 설계 완료	
1954	첫 주민 입주	
1955		어린이 추락 사고 엘리베이터 고장 사고
1956	관리소장 사임	
1958	입주율 급감	
1961	미 건강교육복지부US Dep. of HEW 자금으로 주민 관련 프로그램 운영 전국 공공 주택 가운데 최고의 범죄율 기록	

1962	주정부가 운영하는 복지 사무소 개소(어린이 건강, 복지, 교육 점검)	
1963	워싱턴 대학교 P-I 프로젝트 시작(입주 활동가 제도 운영, 사회학과 연구 진행) 세인트루이스 주택청이 프루잇-아이고에 전문가 파견(주민 생활 활성화, 가족 문제.상담) 미주리 주정부가 프루잇-아이고에서 직업 재활 주민 교육 실시[22]	
1964	종교 단체들이 프루잇-아이고 전용 프로그램 운영	
1965	경제적기회사무소Office of Economic Opportunity(OEO)에서 어번리그Urban League 지원 사업 시작	
1966		전기 공급 중단, 가스 폭발, 난방 시설 고장, 수도관 동파
1967	OEO, 연방주택청이 프루잇-아이고 보수·개선 사업 시작, 커뮤니티 강화 사업 시작	
1969	주민들의 월세 납부 거부 운동(9개월간)	한때 총 34기의 엘리베이터 중 28기가 미작동. 절도, 강도, 갈취, 강간, 살인 사건 급증
1970	공실률 65퍼센트 우편배달원, 수리공 등이 프루잇-아이고 진입 거부	
1971	연방주택청에서 남은 주민을 11개 동으로 모으고 철거 계획 시작	
1972	부분적 철거 시작	
1973	완전 철거 및 폐쇄 결정	
1974	마지막 주민 이사	
1976	철거 완료	

와 주변 지역에서 거주하거나 일하는 주민들은 바우처 사용자들을 반기지 않았다. 또한 그렇게 '빈민용' 주거지로 낙인찍히는 것 자체가 거주자들의 자존감을 떨어뜨리는 일이었으리라는 것은 두말할 필요도 없다.

연방정부의 빈민 주거 정책이 직접 건설을 기피하는 데에는 프루잇-아이고의 실패도 영향을 미쳤지만, 또한 1970년대 말 이후의 미국의 전반적인 보수화도 한몫했다. 이 시기에 케인스주의를 포기하고 신자유주의 경제 정책으로 돌아선 연방정부는 사회 복지 정책들, 즉 주택 연금, 의료, 사회보장제도 등을 모두 축소했을 뿐 아니라, 빈민 문제보다는 노인 문제에 더 초점을 맞추는 쪽으로 방향을 틀었다. 프루잇-아이고와 같이 문제를 일으킨 공공 주택에 대해서는 '철거'를 기본 방침으로 삼았고, 대안으로서 새로운 건설을 추진하거나 새로운 대책을 마련하는 데는 미흡했다.[23]

앞의 표는 프루잇-아이고 주택 단지의 역사를 정리한 것이다. 오른편이 프루잇-아이고를 철거로 이끈 각종 사건·사고들을 보여준다면, 왼편에서는 이 주택 단지를 유지하기 위해 취해졌던 다양한 노력들을 읽을 수 있다. 연방정부, 미주리 주정부, 세인트루이스 시정부뿐 아니라 인근의 대학과 각종 종교 및 시민 단체들까지 프루잇-아이고의 정상화를 위해 많은 노력을 기울였다. 이들 각 기관은 전문가를 파견해 이곳 주민의 생활을 활성화하고, 가정 내 문제를 해결하고, 이웃 간 교류를 유도하는 등의 일을 꾸준히 시행했다. 또한 육체적·정신적 재활이 필요한 주민에게는 직업 교육을 원조했고, 주민들특히 어린이를 대상으로 건강과 복지 상태를 점검하기도 했다.[24]

주민들 역시 공동체 생활을 영위하기 위한 자발적 노력을 아끼지 않았다. 이들은 취미 활동을 함께 하거나 이웃 간 예절에 대한 교육을 실시하기도 했고, 프루잇-아이고 단지를 자율적으로 운영할 방법을 모색하기도 했다. 또한 교회와 학교를 안정적인 가정생활을 만드는 데 도움이 되는 기관으로 여겼으며, 종교인들과도 긴밀한 관계를 유지했다. 프루잇-아이고가 도시 정책의 실패 사례로서 세인트루이스의 부끄러움으로 낙인찍히고 따가운 시선을 받게 된 이후에도 주민들은 자신이 처한 환경을 개선하고자 애썼다.[25] 그럼에도 이와 같은 노력은 철거 이후 공공 주택 정책에 대한 논의나 담론에서 완전히 잊혔다. 프루잇-아이고가 출발할 때 얼마나 신선하고 각광 받았었는지, 그리고 주민들에게 얼마나 희망을 주었었는지에 대해서는 아무도 말하려 하지 않았던 것이다.

심지어 철거가 시작된 후에도 주민들은 포기하지 않았다. 1971년 처음으로 3개 동의 철거가 결정되었을 때, 연방주택청과 세인트루이스 시는 일부분만 철거될 것이고 남은 부분에 대해서는 개선 사업을 진행할 것이라고 설명했다. 최초 철거 이후 남은 주민들이 건물 잔해 사이에서 프루잇-아이고를 지탱하며 살아가는 동안 실제로 개선 방안이 논의되기도 했다. 비철거 건물에 대해서는 대대적인 보수 공사를 하고 철거된 부분에는 저층 주택을 다시 건설하는 방안이 유력하게 거론되었다. 하지만 결국 1973년에 모든 건물을 완전히 철거하는 것으로 결정되었고, 이러한 결정이 주민들에게 일방적으로 통보되었다.[26]

4. 가지 못한 길

연방정부는 이후 더 이상 공공 주택 건설을 추진하지 않았지만, 여전히 시민 단체들은 공공 주택 건설만이 빈민 주거 문제를 해결할 방법이라고 주장하고 있다. 1970년대에 세인트루이스에서 활동한 도시주거자원회Metro Housing Resources, 미주리 주거연합MO Housing Alliance, 미주리 주거연맹MO Coalition for Housing, 공동체 개발을 위한 시민회Citizens for Community Development, 새이웃들New Neighbors 등의 단체들은 프루잇-아이고의 실패가 예산 부족으로 인한 부실 공사 때문이었다고 판단했다. 연방정부가 더 많은 기금을 융통해 제대로 짓고 제대로 관리한다면 공공 주택도 좋은 환경을 만들 수 있다는 것이다.

하지만 부실시공과 관리 부재가 프루잇-아이고의 재앙을 설명해주는 모든 것일까? 프루잇-아이고의 비극을 이해하기 위해 고려해야 할 것들이 있다. 첫 번째는 인종 문제다. 1954년의 결정으로 공공 주택에서의 인종 분리는 불법이었다. 본래 프루잇 단지는 흑인용으로, 아이고 단지는 백인용으로 건설될 예정이었으나, 이 법 때문에 인종 통합이 결정되었다. 그러나 본래 흑인 주거지였던 슬럼을 없애고 그 자리에 세운 아파트에 굳이 입주할 백인이 얼마나 되었을까? 결국 프루잇-아이고에는 흑인만이 입주했고, 그리하여 이곳은 새로운 흑인 슬럼을 형성하게 되었다.

그렇다면 그곳에 살았던 흑인들이 무책임하고 게으르고 위험한 '문제적 인종'이었을까? 오늘날까지도 주류 언론은 프루잇-아이고를 가치 없는 흑인들에게 세금을 낭비했던 일화로 취급하곤 한다. 하지만 철거되기 전에 프루잇-아이고 주민들을 인터뷰하며 조사한 결과에 따르면, 주민들은 주변의 반감이 가장 어려운 문제이자 자신들의 주거지 상황을 악화시키는 중요한 요소라고 증언했다. 정부의 도움 없이는 자립적 삶을 살 수 없는 가난한 흑인들이 모여 사는 곳으로 낙인찍히고, 이러한 오명을 견디지 못한 사람들이 떠나기 시작하면서 프루잇-아이고의 문제가 심각해졌다는 관점이었다.[27]

두 번째는 프루잇-아이고와 같은 방식의 대단지 공공 주택이 과연 당시 세인트루이스에 필요했는가 하는 문제다. 교외에 주택 단지들이 조성되면서 백인들은 이미 그곳으로 빠져나갔고, 그 수보다 적은 흑인 인구가 도시에 정착하기를 원하는 상황이었다. 백인이 버리고 간 슬럼에 흑인을 수용한다면 사실 새로운 거대 주택 단지를 건설할 필요가 없었을 것이다. 수요가 충분치 않은 상황에서 공실률이 높

빈터로 남아 있는 프루잇-아이고 철거지.

앞으리라는 것을 충분히 짐작할 수 있지만 시정부는 이 점을 계산하지 않았다.

프루잇-아이고는 이 시설을 제대로 활용할 능력이 없는 흑인들에게 정부의 세수를 낭비한 최악의 사례로 기억되었다. 하지만 그보다는 정부와 민간 세력, 그리고 흑백인 모두가 그 실패에 책임이 있다고 보는 것이 타당하다. 너무 저렴한 비용으로 공공 주택을 건설하려 한 연방정부, 계속되는 실패에도 불구하고 환경론을 앞세워 빈민 문제에 접근한 민간 개혁 세력, 그리고 빈민과 흑인을 중첩시킴으로써 인종에 대한 편견을 가리려 한 세인트루이스 사람들 모두가 프루잇-아이고의 비극을 만들었다.

프루잇-아이고가 들어섰다가 철거된 터는 40년이 흐른 지금까지도 공터로 남아 있다. 프루잇-아이고가 악몽으로 기록된데다가 전술한 바와 같이 정부의 공공 주택 정책이 주택 건설로부터 방향을 틀었기 때문에 이곳에 다시 무언가를 조성하기가 어려운 상황이다. 이곳과 대조적으로 운치 있고 활력 넘치는 주거 구역은 술라드Soulard이다. 놀랍게도 술라드는 1947년의 종합 도시 계획에서 드소토-카와 함께 가장 낙후한 슬럼으로 꼽혔던 곳이다. 드소토-카가 먼저 헐리고 프루잇-아이고가 건설되었는데, 이것이 좋은 평가를 받지 못하고 연방 자금이 부족해지자 술라드는 철거되지 않았다. 그랬다가 1980년대에 보수를 거쳐 '역사 문화' 구역으로 재탄생했고, 지금은 세인트루이스의 문화·관광 중심지로 자리 잡았다.[28]

세인트루이스의 이 두 동네의 현주소는 1950~1960년대의 미국 도시 재개발에 대해 많은 것을 시사한다. 1947년에 똑같이 가장 낙후

운치 있고 활기찬 술라드 지역(위).
술라드 전통 농산물 시장Farmers Market(아래).

한 슬럼으로 지목되었던 두 동네지만, 당시 철거된 드소토-카와 철거되지 않은 술라드는 전혀 다른 운명을 겪었다. 주민의 의견을 묻지 않고 상의하달 식으로 재개발이 진행된 프루잇-아이고는 정부의 미온적인 원조와 지배적인 인종주의 속에서 살아남지 못하고 이른 종말을 맞이했다. 프루잇-아이고는 재개발이 '가지 말아야 할 길'을 알려준다는 점에서 중요한 의미를 지닌다.

오늘날 미국의 도시들에서 확인되는 인종 분리의 정도는 인종 분리가 완화되고 인종 간 평등화가 진전되었을 것이라는 세간의 믿음을 배반한다. 여전히 흑인 '게토'가 있고 백인들의 교외가 있으며, 도심지 슬럼은 빈민 혹은 최하위 계층underclass의 전유물이다. 문제는 이와 같은 분리가 단지 인종과 인종을 구별하는 데 그치지 않고 불평등을 재생산하고 영구화하는 일종의 사회 구조가 되어버렸다는 것이다. 사우스센트럴 같은 게토에서 자라난 흑인이나 라틴계 사람은 이곳을 벗어날 사회적·경제적·정치적·교육적 기회로부터 완전히 격리되어 있다. 가난과 범죄는 대물림되고, 도시 내 인종 분리segregation는 과도 분리hypersegregation로 한 단계 진화한다.[29]

2014년 여름, 미주리 주의 퍼거슨 시에서는 또다시 경찰에 의해 무고한 흑인이 죽임을 당하는 사건이 일어났다. 퍼거슨 시는 세인트루이스의 광역권에 속하는 소도시인데, 이곳에서 무기를 소지하지 않은 흑인 청소년이 경찰의 총격을 받아 여섯 발을 맞고 사망했다. 이에 분노한 흑인들이 해당 경찰에 대한 수사를 요구하는 시위를 벌였고, 시위가 상가 약탈과 폭동으로 이어지면서 이를 진압하기 위해 경찰과 주방위군이 출동했고, 결국 주지사는 비상사태를 선포해야 했다. 흑인에 대한 경찰의 무분별한 폭력은 어제 오늘의 일이 아니지만, 더 심각한 문제는 이후 이 사건에 대한 흑백 간의 견해차와 함께 흑백 간의 갈등이 심화되어왔다는 것이다.

'이 사건이 인종 문제를 제기하는가'라는 물음에 흑인의 80퍼센트, 백인의 37퍼센트가 그렇다고 답했고, '이 사건에서 인종 문제가 지나치게 주목받고 있다고 생각하는가'라는 물음에 흑인의 18퍼센트, 백인의 47퍼센트, 공화당원의 61퍼센트가 그렇다고 답했다. 또한 경찰의 총격에 대한 조사를 신뢰하느냐는 질문에는 흑인의 18퍼센트, 백인의 52퍼센트가 그렇다고 답했다. 퍼거슨 사태에 대한 인종 간의 인식 차이가 매우 크다는 것을 알 수 있다.

심지어 조사받는 경찰을 두둔하고 옹호하는 세력이 결집했으며, '공무 집행의 정당성'이 공공연하게 이야기되기 시작했다. 흑인 커뮤니티에서 피해자 가족을 위한 모금을 했는데, 백인들이 백인 경찰을 위해 모금한 금액이 더 많았다. 이와 관련해 에모리 대학의 캐럴 앤더슨 교수는 "경찰에 대한 흑인의 분노가 아니라, 진보를 거부하는 백인의 분노가 문제"라고 지적했다. 여전히 흑인을 도시에서 분리시키려 하고 흑인에게 동등한 삶의 조건을 보장하기를 꺼리며, 그로 인해 발생하는 폭력과 죽음에 대한 책임을 오히려 피해자인 흑인에게 뒤집어씌우려 하는 백인 위주 사회에 대한 문제의식에서 나온 말일 것이다.

퍼거슨 시는 주민의 67퍼센트가 흑인이지만, 경찰 가운데 흑인은 고작 6퍼센트이다. 경찰의 대부분이 백인이라는 사실이 이곳에 사는 흑인들에게 어떤 의미였을지 생각해볼 필요가 있다. 또한 퍼거슨 시가 속해 있는 세인트루이스 광역도시 내에서 고학력 백인 집중 지역인 클레이턴의 평균 수명은 85세인 반면, 퍼거슨 시의 평균 수명은 70세이다. 클레이턴에 태어나는 것과 퍼거슨에 태어나는 것이 대략 15년을 더 생존하거나 덜 생존하는 결과를 낳는 것이다. 흑인의 폭동 자체에 경악할 것이 아니라, 어떤 사회적·경제적 이유로 폭동이 일어났는지에 주목해야 한다.

앨커트래즈
—
그들만의 나라'

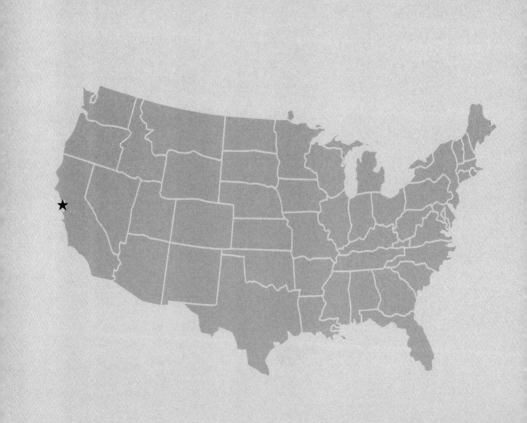

우리 미국 원주민들은 발견의 권리에 의해 앨커트래즈라 불리는 섬을 모든 미국 인디언의 이름으로 재정복한다. 우리는 이 땅의 코케이지언 거주자들을 처리하는 문제에서 공정하고 명예롭게 행동할 것이며, 이에 다음의 조약을 제시한다. 우리는 24달러어치의 유리 구슬과 붉은 천을 앨커트래즈 16에이커의 땅값으로 지불할 것이며, 이는 300년 전에 백인이 비슷한 거래를 했던 전례를 따른 것이다……[2]

1969년 11월 9일, 미국 원주민들은 샌프란시스코 '39번 부두Pier 39'에서 앨커트래즈 섬으로 떠나면서 이렇게 선언했다. 이들은 앨커트래즈를 점거하고 그곳에 자신들만의 나라, 혹은 자신들만의 도시를 세우겠다고 선언했다. 한동안 미국 사회에서 잊혔던 원주민들이 자기 존재를 알리고 이목을 집중시킨 사건이었다.

1. 그날 앨커트래즈에서는 무슨 일이 있었나

1960년대 초까지 앨커트래즈 섬은 연방감옥 소재지였다. 이 감옥은 샌프란시스코에서 불과 2.2킬로미터 거리에 위치해 아름답기로 유명한 그 도시를 지척에서 바라볼 수 있었지만 '절대로 탈출할 수 없는 철옹성'으로 악명 높았다. 바다의 수심이 깊고 물살이 센데다 바다에 상어도 살아서 이 감옥에서의 탈출은 거의 불가능하다고 알려져 있었기 때문이다. 알 카포네를 비롯한 많은 유명 범죄자를 수감한 적 있는 이 감옥은 1964년에 폐쇄되었다.

이때부터 이 섬에 큰 관심을 가졌던 원주민들은 감옥 폐쇄 4년 후인 1968년에 연방정부가 섬의 소유권을 샌프란시스코에 넘기자 동요하기 시작했다. 원주민들은 이 섬의 이용권에 대한 논의를 시작했고, 이 섬의 전용권을 자신들이 갖는 것이 좋겠다는 결론에 이르렀다. 그들은 그 16에이커의 섬에 대한 이용 및 감독을 원주민에게 일임해달라는 공식적인 요청을 준비하기로 했다. 아메리카 대륙의 본

오른편에 보이는 샌프란시스코 중심가에서 지척에 있는 앨커트래즈 섬.

래 주인인 그들은 미국의 발전 과정에서 모든 땅을 빼앗겼지만 이제 이 한 조각의 땅은 자신들만의 것으로 소유하겠다는 주장이었다.

그런데 이처럼 합법적이고 단계적인 요청을 계획하던 이들이 불법적 점거라는 급진적 행동으로 선회한 데는 두 가지 결정적인 계기가 있었다. 첫 번째는 샌프란시스코 당국이 이 섬을 상업적 목적으로 개발하기로 결정한 것이었다. 따라서 이 섬은 곧 사업가에게 팔려 개발되거나 유원지가 될 운명이었는데, 이를 두고 볼 수 없다는 것이 원주민들의 의견이었다. 이들은, 미국 전역이 백인들의 방식으로 개발된 지금 마지막 남은 한 조각 땅마저 그렇게 되는 것을 보느니 탈취를 해서라도 이 땅만은 지켜내야 한다는 격한 생각에 이르게 된 것이었다.

두 번째는 1969년에 샌프란시스코 시내의 원주민 관련 시설에 큰불이 나서 원주민의 공동체 활동을 위한 공간이 사라진 것이었다. 새로운 공간을 마련해야 하는 이 상황에서 앨커트래즈 섬 점거가 매력적인 대안으로 논의되기 시작했다. 물론 민권 운동을 거치면서 평등과 권리에 대한 의식이 자라난 것도 이러한 논의에 큰 영향을 미쳤을 것이다.[3]

이보다 5년 앞선 1964년에 다섯 명의 수족族 원주민이 앨커트래즈 섬에 나타나 이 섬에 대한 소유권을 주장하는 사건이 있었다. 이때 그들은 '1868년 조약'을 들먹이며, "연방정부가 가져갔다가 버려둔 땅"은 다시 원주민에게 돌려줘야 한다는 원칙을 지키라고 주장했다. 1868년 조약이란 와이오밍 주에서 수족과 연방정부 간에 벌어졌던 붉은구름전투Red Cloud's War 이후에 맺어진 평화 조약이었다. 이 조약에서 정부는 수족에게 영토의 일부를 할양하기로 약속했는데, 나중에 여기서 금광이 발견되자 약속을 지키지 않았다. 이 약속은 연방정부가 원주민에게 지키지 않은 수많은 약속 가운데 하나일 뿐이었다.

1964년의 앨커트래즈 점거는 바로 연방정부가 이 1868년 조약을 위반했음을 근거로, 원주민에게 새로운 땅을 주어 보상하라는 취지를 담고 있었다. 하지만 정부는 두 가지 이유를 들어 이들의 주장을 묵살했다. 첫째는 수족이 앨커트래즈 출신이 아니라는 것이었다. 1868년 조약에 명시된 땅은 앨커트래즈 섬이 아니므로 그들이 이 섬에 대한 소유권을 주장할 수는 없다는 것이었다. 둘째는 수족을 비롯해 그 어느 부족도 앨커트래즈에 상주한 적이 없다는 것이었다. 즉, 앨커트래즈는 본질적으로 무인도였고, 사실상 임시 대피 및 격리의 공간으로 부정기적으로 사용되어왔기 때문에 원주민이 점유권을 갖지 않는다는 것이었다.[4]

1964년의 일을 통해 논리적 주장으로는 정부를 설득할 수 없다는 것을 깨달은 원주민들은 1969년의 점거 시도는 5년 전의 시도를 뛰어넘는 것이어야 한다는 것을 잘 알고 있었다. 따라서 그들은 앨커트래즈의 상징성을 부각하는 전략을 취하기로 결정했다. 즉, 앨커트래즈 점거가 현대 미국에서의 원주민 거주지의 열악함과 원주민의 생활고를 상징적으로 알릴 사건으로 기획되어야 한다는 것이었다. 이러한 그들의 의도는 앞에서 인용한 〈앨커트래즈 선언〉에 잘 나타나 있다. 이 선언은 "큰 흰 아범Great White Father과 그의 백성", 즉 미국 대통령과 국민들에게 보내졌다.

이 선언문을 낭독하는 것은 비장하기 이를 데 없는 일이었지만,

원주민 대표 리처드 오크스는 유머 감각을 잃지 않았다. 24달러와 유리구슬은 가격을 꽤 잘 처준 것이라며 선심 쓰듯 이렇게 덧붙였다.

> 이는 300년 전의 맨해튼 섬 판매 가격보다 높은 가격이라는 것을 알지만, 그동안 땅값이 올랐으니 그 점을 고려해준 것이다. 이렇게 되면 1에이커당 1.24달러인데, 오늘날 백인들이 보호 구역reservation 원주민에게 1에이커당 47센트를 처주는 것에 비하면 높은 값이다. 우리는 그 거주자들에게 해가 뜨고 강물이 바다로 흘러가는 한 이 권리를 지켜줄 것을 아메리카 원주민 정부American Indian Government의 이름으로 보장할 것이며, 코케이지언 사무국Bureau of Caucasian Affairs에서 이 사무를 관장하게 할 것이다……[5]

코케이지언 사무국이란 연방정부가 원주민 사무국Bureau of Indian Affairs을 설치한 것에 빗대어 한 말이다. 이처럼 선언문은 유럽인이 아메리카 대륙에서 원주민을 상대로 한 '정당한 거래'를 통해 땅을 구입했다는 주장이 얼마나 터무니없는 것인지 비아냥거린다. 원주민이 받은 보상은 아주 제한적이었으며, 맨해튼의 예에서 보는 것처럼 땅값으로 받은 금액도 터무니없이 헐값이었음을 이런 방식으로 꼬집은 것이다. 그리고 이 땅의 원래 주인은 자신들이라는 것을 알린 것이다.

계속해서 〈앨커트래즈 선언〉은 백인의 기준으로 봐도 이 섬이 원주민 거주 지역으로 적합하다는 풍자적 표현을 이어갔다. 이 설명에 따르면, 앨커트래즈의 환경은 백인이 만든 이른바 '보호 구역reservation'의 환경과 아주 유사하기 때문에 원주민이 이곳을 사용하는 것이 타당했다. 그들이 설명하는 앨커트래즈와 원주민 보호 구역의 공통된 환경은 다음과 같았다.

1. 현대 시설에서 동떨어져 있고 적당한 교통수단이 없다.
2. 깨끗한 상수도가 없다.
3. 위생 시설이 불충분하다.
4. 채유권도 채광권도 없다.
5. 산업이 없고 실업자가 많다.
6. 의료 시설이 없다.
7. 토양은 암석질로 생산성도 없고 사냥감도 없다.
8. 교육 시설이 없다.
9. 인구 밀도가 항상 높았다.
10. 주민들은 언제나 죄수 아니면 타인에게 얹혀사는 사람이었다.[6]

이처럼 앨커트래즈 점거에는 원주민의 환경과 생활이 얼마나 열악한지를 드러내려는 의도가 깔려 있었다. 드넓은 대륙의 대부분을 백인에게 빼앗긴 채 좁고 황량한 보호 구역에서 미래 없는 삶을 살던 원주민들은 단 16에이커만이라도 자신들에 의해 자치적으로 운영되는 땅을 바랐던 것이다.

보호 구역의 황폐함은 이미 잘 알려진 사실이었다. 경작에 적합하지 않은 땅에서 뚜렷한 삶의 목적을 찾을 수 없었던 원주민들은 연방의 지원비를 도박이나 음주에 퍼부으면서 살아가고 있었다. 이들이 상대하는 사람은 지원비를 노리고 접근한 백인 사기꾼들과 이들의 삶을 구경거리 삼는 관광객들뿐이었다. 1970년에 도시 거주 원주민의 평균 수입이 4,700달러였던 반면 보호 구역 거주 원주민의 평균 수입은 2,800달러에 불과했는데, 이 점에서도 이들의 생활고를 짐작할 수 있다.[7]

원주민은 보호 구역 안팎에서 주거, 교육, 고용 등에 있어 철저한 차별을 받았다. 인구 집단별 조사에서 원주민은 1인당 연 소득 최저, 평균 수명 최저, 재해 사망률 최고, 폐병과 알코올 중독 최고, 동일 범죄 수감 기간 최고 등을 기록해 미국 사회에서 원주민이 어떤 위치에 있는지를 잘 보여주었다.[8]

또한 원주민에게는 백인들의 편견에 의해 재단되는 자신들의 이미지 역시 큰 불만거리였다. 원주민은 원시인이나 알코올 중독자 아니면 초월자나 현자라는 양극화된 모습으로 미국의 대중문화에 등장했다.[9] 양쪽 다 다양한 원주민의 현실적 모습과는 동떨어진 것임에도 원주민은 이렇게 '비정상적인' 사람 또는 '비미국적인' 사람으로 극화되었다. 원주민을 야만시하거나 신성시하는 양 갈래의 타자화가 이루어져왔던 것이다.

이와 같은 편견 속에서 절망적인 박탈감에 시달리던 원주민들은 이를 극복하기 위한 한 시도로서 바로 앨커트래즈를 자신들만의 도시로 건설한다는 계획을 세웠다. 점거 이후 이 섬과 시설을 어떻게 활용할 것인지에 대한 구체적인 계획이 수립되기 시작했다. 점거 주도 세력은 향후 모금 운동 등을 통해서 원주민학연구센터Center for Native American Studies, 미국원주민정신센터American Indian Spiritual Center, 생

점거 중에 앨커트래즈 선착장 수리 작업을 하고 있는 원주민들(왼쪽). 오른쪽 사람이 바로 원주민 대표 리처드 오크스이다. '앨커트래즈 수족'이라고 쓰인 옷을 입은 한 점거자의 뒷모습(오른쪽).

태학 연구소, 원주민 교육 기관, 원주민 박물관 등을 짓겠다는 계획을 세웠다.[10] 앨커트래즈 섬을 미국 내 원주민과 원주민학의 메카로 만들겠다는 포부가 담긴 계획이었다.

2. 제거와 보호의 역사

그렇다면 도대체 언제 어떻게 '보호 구역'이라는 것이 만들어진 것일까? 그 배경을 알기 위해서는 미국 건국 이래 원주민들에게 어떤 일이 벌어졌는지를 알아야 한다. 백인들이 부지런히 대륙을 정복해가는 동안 원래 이 대륙의 주인이었던 원주민들은 쇠락과 멸망의 길을 걸었다. 문명과 기술의 발전기를 통해 미국이 강대국으로 나아가는 동안 원주민에게는 어떤 일들이 있었을까? 원주민의 미래는 공간적으로는 어떻게 편성되고 있었을까?

미국이 건국된 이래 지속된 원주민 정책은 원주민을 동쪽에서 서쪽으로 이주시키는 것이었다. 백인이 경작, 정주, 개발을 위해 필요한 땅을 원주민에게서 빼앗는 것은 정당화되었다. 1830년 원주민 강제이주법이 통과됐을 때만 해도 국가는 원주민에게 미시시피 강 서쪽으로만 옮겨 가주면 "해가 뜨고 강물이 바다로 흐르는 한" 그곳에서 살게 해주겠다고 약속했었다. 그러나 그 약속은 지켜지지 않았다. 서부에서 금광이 터지면서 그 땅 역시 백인에게 필요해졌기 때문이었다. 저항하는 원주민들은 전쟁과 토벌로 학살되었고, 결국 19세기 후반에 접어들어서는 원주민이 저항 세력으로서는 무의미한 수만 남게 되었다.[11]

정복을 마친 백인들은 국립공원 제도를 만들었다. 1872년 옐로스톤 국립공원을 지정했고 이후 세계 최초로 국립공원 제도를 갖춘 미국은 현재 400여 개의 국립공원을 관리하고 있다. 자연과 생태계의 보존이라는 차원에서뿐 아니라 관광·역사 자원이라는 차원에서도 미국은 국립공원들에 대해 엄청난 자부심을 가지고 있다. 그런데 국립공원의 지정과 관리를 본격화하는 데 기여한 '1906년의 유적법 Antiquities Act of 1906'이 사실 자연 보호보다는 유물 보호에 목적을 두고 있었다는 사실을 아는 사람은 많지 않다. 미국의 '고대사'에 속하는 원주민의 유물이 무분별한 개발과 도굴로 훼손당하자 이를 국가

유산으로 지정해 지켜내야 한다는 목적의식이 있었다. 이어서 1916년에는 국립공원법이 만들어지고 내무부 산하 국립공원관리단이 설치되었다.

문제는 국립공원 지정 당시까지도 여전히 공원 지역 내에 거주하는 원주민들이 존재했다는 것인데, 국립공원을 보호한다는 명목 하에 이 원주민들의 수렵 및 어로 활동이 금지되었다. 심지어 공원 내에 거주하고 있던 원주민들이 국립공원 정비를 위해 내쫓기는 일도 많았다. 국립공원의 트로이카라 불리는 가장 대표적인 국립공원 세 곳에서 벌어진 원주민 강제 이주가 대표적이었다. 옐로스톤 국립공원에서는 크로족·쇼쇼니족·배넉족이, 글레이셔 국립공원에서는 블랙피트족이, 그리고 요세미티 국립공원에서는 요세미티족이 국립공원관리단에 의해 쫓겨났다.

그랬다가 1920년대에 와서는 원주민이 공원 내에 그대로 거주하기도 했고, 제한이 따르기는 했지만 정기적으로 야외 행사를 갖기도 했다. 그러나 이는 원주민 문화에 대한 배려 차원에서 이루어진 일이었다기보다는 원주민이 첨가되어야 국립공원이 지향하는 자연 경관이 완성된다는 주장이 승리한 데 따른 일이었다고 해석된다. 소란과 무질서를 막기 위해 원주민을 추방해야 한다는 주장에 반대했던 관계자들은 많은 어려움에도 불구하고 원주민을 지키려는 것은 "자연의 경관"을 "있는 그대로", "진정한" 모습으로, 즉 "손상되지 않은 야생" 그대로 보여주기 위해서라고 역설했다.[12]

그러나 이러한 논쟁도 1935년에 모든 원주민을 국립공원 외곽에 새로 지어진 오두막으로 이주시킴으로써 끝이 났다. 처음 국립공원을 지정하던 때만 해도 공원의 일부로 생각되었던 원주민들은 점차 '문젯거리' 내지 '처리'되어야 할 대상으로 치부되었다. 결국 원주민들은 지정된 '보호 구역'들로 보내짐으로써, 그들이 수백 년 동안 조상의 땅으로 여겨온 국립공원 지역으로부터 쫓겨나고 말았다. '보호 구역reservation'이라는 말은 원주민의 영토를 빼앗으면서 원주민 거주지로 '지정해둔reserved' 구역을 일컫던 말이 정착한 것인데, 나중에는 원주민들을 원래의 거주지로부터 옮겨 수용하는 특별 지정 구역이라는 의미로 쓰이게 되었다.

원주민이 모두 지정 구역으로 보내진 뒤 국립공원은 미국인에게 여가를 보내기에 최적화된 공간으로 개방되었다. 미국인들은 국립공원에서 승마, 산책, 등산, 야영, 낚시, 동식물 관찰, 스키, 사냥, 카약 등을 즐길 수 있다. 국립공원은 특히 어린이를 동반한 가정이 자연에서 휴식을 취하고 교육적인 여가 활동을 하기에 최적인 장소, 일종의 야생 박물관이자 체험관으로 자리 잡았다. 국립공원의 역사가 백 년을 넘어선 지금 국립공원의 역할과 기능에 대해서는 과학적 자연 통제의 차원과 생태환경학적 차원 사이에서 논란이 있으며, 전반적인 자연 보존의 성적표에 대해서는 불만이 제기되고 있다. 하지만 전 국민의 여가, 여행에서 국립공원이 차지하는 비중에 대해서만은 이의 없이 만족스럽다는 평가가 내려지고 있다.[13]

미국이 국토를 활용하는 방식과 자연 자원에 대한 인식의 변화를 겪는 동안, 원주민과 그들의 거주지에 대한 법은 몇 차례 바뀌었다. 1851년 미국은 '원주민 전유법Indian Appropriations Act'을 통과시키고 지금의 오클라호마 주에 원주민 '지정 구역reservation'을 만들었다.

그러나 1880년대 이후 오클라호마 주마저 백인을 위한 주거 및 경작지로 결정되면서 원주민들은 여러 소규모 보호 구역들에 분산 수용되었다. 1887년에는 '도스 법Dawes Act/General Allotment(Severalty) Act'에 의해 보호 구역의 땅이 부족별로 공동 소유하는 것이 아니라 개인별로 사유하는 것으로 바뀌었다.[14]

하지만 원주민의 미국인화를 도모한 이와 같은 조치들은 오히려 원주민에게 중요한 부족 정체성을 흐트러뜨리고 원주민의 경제적 기반을 약화하는 결과를 낳았고, 이러한 문제가 불거지자 1934년에는 다시 공동 소유지를 확대하는 방향으로 정책이 바뀌었다. 이러한 정책 전환을 이끈 것이 바로 '원주민 뉴딜법'이라고도 불리는 '하워드-휠러 법Howard-Wheeler Act'으로, 이 법은 지금까지도 310여 곳에 달하는 원주민 지정 구역의 기본 운영 방식을 규정하고 있다. 2012년 통계에 따르면, 총 250만을 헤아리는 전체 원주민 가운데 100만 명정도가 지정 구역에 거주하고 있다.[15]

그렇다면 지정 구역에서의 원주민의 삶은 어땠을까? 우선, 원주민에게는 지정 구역으로 할당된 지역이 원래 거주하던 고향 땅이 아니라 타지인 만큼 익숙한 환경이 아니었다. 재배 작물이나 서식하는 동식물이 다른 환경에서 적응하는 것은 쉬운 일이 아니었다. 또한 지정 구역으로 할당된 땅은 대부분 백인 경작자에게 쓸모없는 황무지나 사막이었기 때문에 경작 자체가 용이하지 않았다. 선택한 것도 물려받은 것도 아닌 이런 조건에서 원주민들은 무기력할 수밖에 없었고, 당연히 생명감 넘치는 풍요로운 삶을 영위하기 어려웠다. 결국 원주민들은 정부 보조금이나 카지노 운영 등 원주민에게 허락된 산업에 의존해 살아가게 되었다. 이처럼 타의에 의해 지정 구역에서 살아가는 것이 어느 정도로 원주민의 삶을 황폐하게 만드는지 알려준 사건이 바로 1969년에 일어난 원주민의 앨커트래즈 섬 점거 사건이었다.

3. 18개월간의 해방구, 그 이후

앨커트래즈 점거 사건은 미국 국민의 관심을 집중시켰고, 점거자들이 의도한 대로 원주민의 열악한 환경에 대한 주의를 환기하는 데 성공했으나, 그 성공은 오래가지 않았다. 점거자 지도부 내의 권력 다툼과 점거에 참여한 일부 사람들의 일탈 행위 등이 문제였다. 각지에서 앨커트래즈의 원주민들을 지지하는 성명이 발표되었고, 인종을 초월한 동조자들이 이 섬을 방문했으며, 지원금도 보내왔다. 1969년 말에 이미 700~1,000명의 사람들이 앨커트래즈 섬에 살고 있었다.

하지만 갑자기 몰려든 사람들과 지원금의 처분에 대한 논의 구조가 수립되어 있지 않은 상황에서 여러 사람이 결정권을 행사하려고 나서면서 지도부는 분쟁을 일삼게 되었다. 섬 내에서 원주민이 음주, 마약, 폭력 등의 문제를 일으키는 일도 생겼다. 그러다가 원주민 대표인 리처드 오크스의 딸이 의문의 추락사를 당하면서 갈등은 걷잡을 수 없이 커졌고, 오크스 부부는 앨커트래즈를 떠났다. 이를 시작으로 점거를 주도했던 초기 구성원들이 흩어지게 되었고, 결국 권

력의 공백 상태가 초래되었다.[16]

국내외 여론을 의식해 강경 진압을 자제했던 FBI와 지역 경찰은 섬 안의 상황이 통제 불가능한 수준에 이르자 본격적인 철거 작전을 수립할 수 있었다. 1970년 5월에는 우선 점거의 자발적 포기를 유도하기 위해 수도, 전기, 전화를 끊어버렸다. 하지만 앨커트래즈 섬에는 동력기가 있어서 당장에 문제 될 것은 없었고, 점거자들은 계속 버텼다. 더 핵심적인 문제는 섬 내의 상황이었다. 누구도 완전한 통제력을 발휘하지 못하는 가운데 해안경비대와의 총격전까지 벌어지게 되면서 강제 해산 여론에 힘이 실리게 되었다. 결국 1971년 6월 11일, 연방군의 투입으로 마지막까지 남아 있던 원주민이 강제 해산되었다. 석양을 감상하던 마지막 점거자 15인은 저항 없이 순순히 해안경비대의 배에 올랐다.[17] 이로써 18개월에 걸친 미국 원주민의 앨커트래즈 섬 점거는 막을 내렸다.

목표했던 점거는 실패로 돌아갔으나, 앨커트래즈 사건은 수많은 원주민들에게 큰 영감을 주었다. 1968년 미니애폴리스에서 창설된 '미국원주민운동American Indian Movement(AIM)'은 앨커트래즈 점거를 계기로 원주민 운동을 한 단계 진전시킨 대표적인 단체이다. 1969년 점거 소식을 듣고 앨커트래즈를 방문하기도 했던 미국원주민운동은 1972년에 미국 대통령에게 원주민을 위한 20개의 요구 사항을 보냈다. 불평등 조약들의 폐기, 원주민으로 구성된 국가의 주권 보장, 부족의 조약권 회복, 억압적인 원주민 사무국의 폐지, 원주민의 종교와 문화 보전 등을 포함하고 있던 이 요구서는 민권 운동기에 원주민의 자의식과 정체성이 얼마나 고무되었는지를 상징적으로 보여준다.

앨커트래즈의 의미를 설명해놓은 앨커트래즈 역사기념관의 전시물.

앨커트래즈 사건은 바로 이러한 요구들의 정당성을 한껏 강화해준 전환점이었다.

원주민들이 무기력을 떨쳐내는 계기가 되었다는 것이 앨커트래 즈 점거 사건의 가장 큰 의미일 것이다. 점거 참여자들과 당시 이 사 건을 어디선가 지켜봤던 수많은 원주민들이 자신감과 정체성을 되 찾은 계기로 앨커트래즈를 이야기한다. 지금 그 섬에 설립된 역사기 념관에는 이 사건에 대한 원주민들의 생각을 보여주는 포스터가 전시돼 있는데, 거기서는 "젊은이들로 하여금 원주민임을 숨기지 않고 스스로가 되게 해주었다", "자기 부족에게 다시 관심을 갖기 시작했다", "원주민 문화의 회복을 일깨우는 사건이었다", "20세기 미국 역사에 원주민이 기록되게 했다" 같은 글귀를 읽을 수 있다.

　미국원주민운동은 이후 1970년대 중반까지 무려 74건의 연방 시설 점거 운동을 벌였다. 댐과 같이 원주민의 전통적 생활 양식을 무너뜨린 구조물들, 보호 구역 원주민들을 억압적으로 통제하던 원주민 사무국 시설 등이 이들에게 점거되었고, 1973년에는 상징적인 운디드니 점거 사건[18]이 많은 관심을 불러일으켰다. 원주민에 대한 국가의 폭력 사례들이 고발되었고, 원주민 청소년 교육을 위한 사무실들이 새로 만들어졌다. 1969년의 앨커트래즈 점거를 기점으로 시작된 이른바 '앨커트래즈-홍인파워운동Alcatraz-Red Power Movement(ARPM)'은 1978년의 '대장정The Longest Walk'까지 계속되었다. 캘리포니아에서 수도인 워싱턴 DC까지 평화적 횡단을 하면서 원주민 역사를 추모하고 새로운 원주민 시대를 열겠다는 의지를 다지고자 기획된 이 도보 여행은 장장 9개월에 걸쳐 진행되었다.[19]

　대장정 이후로는 그런 대규모의 원주민 궐기대회나 앨커트래즈 점거 같은 불법적 점거 활동이 계속되지는 않았다. 하지만 그사이의 정황은 미국 사회에서 원주민의 위상이 얼마간 높아졌다는 결론을 가능케 한다. 미국원주민운동의 요구 사항 일부가 받아들여져 입법화되었고, 원주민 사무국의 예산이 증가했고, 원주민 복지 후생을 위한 각종 조처가 취해졌다. 각 대학에는 원주민학과가 개설되었고, 원주민에 대한 연구의 지평도 넓어졌다. 유럽인과의 첫 만남 이후 계속되어온 원주민의 살육과 희생을 기억하기 위해 앨커트래즈에서 매년 열리는 '추수 감사 안 하기 축제un-thanksgiving festival'[20]나, 각 도시 혹은 각 대학 캠퍼스에서 정례적으로 열리는 원주민 관련 축제나 행사들은 이제 친숙한 것이 되었다. 원주민 문화 체험 공간이 각지에 상설되었고, 또 원주민 회합을 의미하는 '파우와우pow-wow'라는 말은 이제 인종을 초월해 각종 소모임, 음식 나눔 모임 등에도 쓰이게 되었다. 앨커트래즈에서 원주민은 끝끝내 자신들만의 도시를 허락받지 못했으나, 원주민의 유산은 문화적으로 계승되고 있는 것이다.

4. 앨커트래즈는 지금

원주민의 거주할 권리를 거부했던 앨커트래즈는 그 후 골든게이트 국립공원의 일부가 되어 관광객을 받고 있다. 샌프란시스코 33번 부두에서 하루에 여러 차례 운행하는 페리를 타면 15분 만에 이 섬에 도착한다. 관광객들은 옛 감옥 관찰과 체험에 관심을 갖거나 트레킹 코스에서 식물과 조류를 관찰한다. 또한 이 섬에서 바라보는, 샌프란시스코의 언덕길, 골든게이트 다리, 베이 다리 등이 만들어내는 경관도 많은 관광객을 끌어들이는 매력이다.

앨커트래즈에는 지금도 1969년 점거의 흔적이 남아 있다. 페리가 섬에 도착하는 순간 선착장에서는 붉은 페인트로 쓰인 "원주민은 당신이 원주민 영토에 온 것을 환영합니다"라는 글귀가 바래긴 했지만 지워지지 않은 채로 관광객을 맞이한다. 이것은 원래 '연방감옥'

샌프란시스코에서 바라본 앨커트래즈(위).
앨커트래즈에서 바라본 샌프란시스코(아래).

이라고 쓰여 있었던 간판에 점거 원주민들이 덧칠해 쓴 글귀이다. 또 어떤 벽에는 "당신은 지금 원주민의 땅에 있습니다"라는 글귀가 남아 있다.

또한 옛 연방감옥 건물을 활용해 만든 앨커트래즈 역사기념관에는 한쪽 구석에 1969～1971년의 원주민 점거 사건을 다룬 공간이 마련돼 있다. 여기에는 이 사

"원주민은 당신이 원주민 영토에 온 것을 환영합니다"라는 글귀가 1969년 점거의 흔적으로 여전히 남아 있는 앨커트래즈 섬 선착장.

건의 발단이 된 원주민 생활의 피폐함, 점거 과정, 당시 미국 사회의 반응, 그리고 점거 종료 상황 등이 사진 자료들과 함께 설명되어 있다. 원주민의 앨커트래즈 점거가 공식적 역사 서술 안으로 들어온 것이다.

하지만 이 점거 사건은 더 긴 '앨커트래즈 이야기'의 한 토막일 뿐이다. 이 기념관에서 가장 중심이 되는 전시는 이 섬을 미국이라는 국가가 어떻게 이용해왔는지를 보여주는 "그 바위의 이야기Stories from the Rock"라는 전시다. 이에 따르면 이 섬은 처음에는 군사 시설과 등대섬으로 쓰였고, 그 후에는 감옥으로 쓰였으며, 그다음에는 지금과 같이 국립공원으로 바뀌었다. 당연히 이 이야기의 화자는 미합중

앨커트래즈의 감옥 내부를 그대로 보존해서 역사기념관으로 만들었다. 오른쪽은 감방 내부의 모습.

국이다. 그리고 원주민 점거는 그 변모의 과정 중에 잠시 끼어들었던 일탈이자 해프닝일 뿐이다.

이 섬에서 무엇보다 관광객의 시선을 끄는 것은 '감방'이다. 여러 여행사가 앨커트래즈 여행을 감옥 체험 여행으로 홍보하고 있고, 유명한 범죄자들을 수감했던 그 시설을 그대로 보여준다는 것으로 자극적 관심을 유도하고 있기 때문이다. 관광객들에게는 감방 안을 들여다보거나 감방 안으로 들어가 철창 밖을 내다보거나 하는 것들이 다 재밋거리다. 그런데 그런 감방 체험의 끄트머리에 원주민 점거 사건이 등장한다.

이 한 조각의 땅마저 관광지로 전락시킬 수 없다던 원주민들의 의사와는 정반대로 결국 이 섬은 관광지가 되었으며, 원주민의 점거

라는 역사마저 관광 상품이 되어버렸다. 원주민만의 도시는 세워지
지 않았다. 그리고 원주민의 앨커트래즈 점거는 위대한 미국 역사의
한 장면을 구성하게 되었다.

제7장

워싱턴 DC
—
기념 공간의 형성

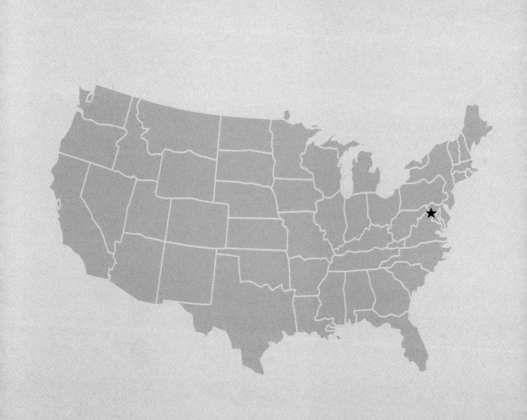

미합중국의 수도 워싱턴 DC는 계획도시로 건설되었다. 보통 도시를 생각하면 아무리 눈에 띄는 랜드마크가 있다 해도 그 도시의 사람들이 사는 곳과 역사적으로 생성된 거리들을 함께 떠올리기 마련이지만, 워싱턴에 대한 우리의 관념을 지배하는 것은 백악관, 국회의사당, 대통령 기념관 등이다. 그리고 그 중심에 있는 내셔널 몰은 비어 있는 풀밭이라는 부자연스러운 풍경을 연출한다. 워싱턴에도 주거 구역이 있고 일상의 공간이 있지만, 질서정연하게 늘어선 연방정부의 각종 시설물들에 가리어 모습을 드러내지 않는다.

이 장에서는 바로 그러한 수도로서의 도시의 의미가 어떻게 공간적으로 구현되어 있는지를 살펴볼 것이다. 워싱턴에는 미국 연방정부, 국민의 대표부인 국회, 대법원 등 삼권분립의 주무 기관이 자리 잡고 있을 뿐 아니라, 학문과 지식의 중심인 국회도서관, 그리고 스미스소니언 재단과 산하 박물관들이 이웃하고 있다. 수도 워싱턴은 어떻게 계획되었을까? 그리고 정치의 중심으로 기능하는 데서 더 나아가 국민의 정신적 중추로 자리 잡기까지 이 도시는 어떻게 진화해왔을까? 이야기는 시차를 두고 닮아 있는 두 에피소드에서 시작된다.

1. 링컨 기념관에 선 두 흑인

한 흑인 여성이 링컨의 동상을 등지고 서 있다. 대리석 기둥 뒤
에 앉아 그녀를 내려다보고 있는 거대한 링컨 동상의 모습으로 보아
이곳은 링컨 기념관Lincoln Memorial이다. 그렇다면, 사진에는 나와 있
지 않지만 이 여인의 앞에는 직사각형의 기다란 연못인 '리플렉팅 풀
Reflecting Pool'이 있었을 것이고, 그 끝에 워싱턴 기념비가 우뚝 서 있
었을 것이고, 그 너머에 국회의사당까지 내셔널 몰The National Mall이
펼쳐져 있었을 것이다. 그녀의 표정엔 긴장감이 감돈다. 그녀의 앞에
는 마이크가 있다. 무대용으로 보이는 중앙 마이크 외에 방송국 것으
로 보이는 마이크가 예닐곱 개. 무슨 중요한 발언이기에 이렇게 비장
한 표정으로 마이크 앞에 선 것일까? 옷차림을 보니 그리 따뜻하지
않은 날씨인 것 같은데 그럼에도 그녀는 드레스를 입고 화려한 액세

1939년 4월, 링컨 기념관에 선 매리언 앤더슨.

서리를 했다.

이 여인의 이름은 매리언 앤더슨Marion Anderson. 때는 1939년이었다. 그녀는 필라델피아 출신의 콘트랄토로 유럽 무대에서 엄청난 성공을 거뒀고, 고국에 돌아와 공연을 할 예정이었다. 그녀의 공연을 주관한 것은 유명한 흑인 대학인 하워드 대학교였다. 하워드 대학교는 이 여가수의 명성에 걸맞은 공연을 준비하기 위해 당시 워싱턴 DC에서 가장 큰 공연장이었던 4,000석 규모의 컨스티튜션 홀Constitution Hall을 빌리고자 했다.

그러나 당시 미국은 인종 분리라는 사회적 규범이 존재하는 나라였고, 수도 워싱턴 DC도 예외가 아니었다. 컨스티튜션 홀의 운영 기관인 '미국 혁명의 딸들National Society Daughters of the American Revolution'은 매리언 앤더슨의 공연을 허가하지 않았다. '미국 혁명의 딸들'은 독립 혁명에 직접 기여한 가문의 여성들로 구성된 상류층 단체였는데, 백인에게만 공연장 사용을 허락하는 것이 회원과 기부자들의 뜻이라는 게 공연 불허의 이유였다.

당시 영부인이었던 엘리너 루스벨트는 흑인의 권리에 대해 관심이 깊고 인종 분리 및 차별의 현실을 바꿔야 한다고 믿는 사람이었다. 그녀는 이미 한 해 전에 앨라배마 주에서 흑백의 좌석이 완전히 분리되어 있는 어떤 회의에 참석했다가, 정확히 가운데에 앉을 테니 줄자를 가져다 달라고 했다는 일화를 남긴 터였다. 영부인 역시 '미국 혁명의 딸들'의 일원이었으나 그녀는 앤더슨에 대한 이 단체의 처사에 분노했고, 그 일의 부당함을 알리려 애썼다. 그녀는 다른 유명인들과 함께 언론을 통해 유감을 표시했고, 그래도 상황이 변하지 않자 '미국 혁명의 딸들' 탈퇴를 선언했다. 회장에게 보낸 탈퇴 편지에서 영부인은 '미국 혁명의 딸들'이 "계몽적인 길을 인도할 기회가 있었으나 이를 놓쳤다"며, 이 상황이 "불행한 선례를 남기고 있다고 생각"한다고 밝혔다.[1]

영부인은 거기에서 그치지 않았다. 영국 여왕이 백악관을 방문한 자리에 앤더슨을 초청해 노래를 부르게 했고, 막힌 공연의 길이 다시 열리도록 막후에서 지원을 계속했다. 이러한 협력과 노력의 결과로 결국 그해 부활절 주말에 매리언 앤더슨은 링컨 기념관에서 역사적인 야외 공연을 할 수 있었다. 내무부 장관인 해럴드 이키스Harold Ickes가 직접 나서서 "천재성에는 피부색 구분이 없다"라는 말로 소개를 마치자, 앤더슨은 〈아메리카〉를 첫 곡으로 부르며 공연을 시작했다. 수많은 라디오 방송국이 그 공연을 중계했으며, 긴장되어 보이는 그녀의 앞에는 무려 7만 5,000명의 관중이, 당시로서는 놀랍게도 흑백이 섞인 채로 앉아 있었다.[2]

같은 곳에서 찍은 또 한 장의 사진을 보자. 34세의 마틴 루서 킹 목사가 자기 앞에 운집한 군중을 향해 손을 흔들고 있다. 1963년, 흑인의 투표권 쟁취를 위해 민권 운동가들이 기획한 '워싱턴 행진March on Washington'에서 "내게는 꿈이 있습니다" 연설을 마친 후의 모습이다. 그가 민권 운동의 가장 대표적인 지도자로 미국 국민들의 뇌리에 각인된 순간이자 세상에서 가장 유명한 연설 가운데 하나를 남기게 된 순간이었다. 언제나처럼 링컨은 배후의 후원자인 양 이 모든 장면을 내려다보고 있었을 것이다.

이 두 사람 사이에는 24년이라는 시간이 있었지만 분명한 공통

1963년, 연설을 마친 마틴 루서 킹 목사가 링컨 기념관 앞에서 손을 흔들고 있다.

점도 있었다. 두 사람 다 수도 한복판에서 자유와 평등의 이상을 외친 것이다. 그리고 놀랍게도 킹 목사는 그날 연설에서 앤더슨이 24년 전에 바로 그 자리에서 불렀던 노래 〈아메리카〉의 1절을 그대로 인용했다.

　　나의 조국, 당신의 나라, 달콤한 자유의 땅, 너를 노래하노라.
　　내 아버지들이 죽은 땅, 자랑스러운 청교도들의 땅
　　모든 산기슭에서 자유가 울리게 하라!

이 노래는 미국 독립전쟁기의 식민지 미국인들이 국가처럼 불렀던 곡이다. 지금의 국가 〈별이 빛나는 깃발Star Spangled Banner〉이 공식적으로 채택되기 전에 이 노래가 일종의 국가로 사용되었던 것이다. 앤더슨이나 킹 목사는 인종 차별의 현실 속에서도 미국을 원망하거나 의심하지 않았다. 그들은, 비록 아직 실현되지는 않았지만 원래 미국이 추구하는 가치는 자유와 평등, 그리고 모든 국민의 행복한 삶이며, 미국은 이를 달성할 잠재력이 있는 나라라고 믿었다. 그래서 그들은 살벌한 투쟁의 현장에서, 자신들을 인정하지 않는 조국에 대한 절절한 사랑이 담긴 노래를 부르고 있었다.

원래 애국과 단결의 고취를 위해 만들어졌던 공간을 두 사람은 투쟁의 장소로 이용했다. 그리고 애국의 공간이 되었건 투쟁의 공간이 되었건 그 장소가 그렇게 기능할 수 있었던 것은 바로 그곳이 워싱턴 DC이기 때문이었다. 이 도시가 수도로서 갖는 상징성 때문에 이 도시는 국가 정체성에 대한 질문을 던지기에 적합한 곳이 되었던 것이다. 미국은 무엇을 추구하는 나라인가, 어떤 미래를 준비할 것인가, 무엇이 진정한 애국인가를 물으며 전 국민의 주의를 환기하기에 수도 워싱턴만큼 적합한 곳은 없을 것이다.

2. 워싱턴의 건설

워싱턴 DC는 처음부터 수도로 계획된 도시였다. 1789년에 발효된 헌법에 따라 국회는 연방정부가 들어설 구역을 지정했고, 대통령 조지 워싱턴은 워싱턴의 도시 계획 설계를 피에르 랑팡Pierre L'Enfant에게 맡겼다. 랑팡은 프랑스 출신으로 미국 독립전쟁에 참전해 공을 세웠고, 전쟁이 끝난 뒤에는 뉴욕 등지에서 토목 기사로 활약하고 있었다. 그는 약 5개월에 걸친 준비 끝에 마침내 "미합중국의 영구적인 정부 소재지로 의도된 도시의 계획"을 구상해 대통령에게 제출했다. 이 계획은 그 후 약간의 수정을 거쳐 실현되었으며, 현재까지 이어져 온 워싱턴의 주요 골격과 시가지 모습을 낳았다는 점에서 중요한 의미를 갖는다.

랑팡은 도시 계획에서 두 가지를 이루고자 했다. 첫 번째는 공화국의 절제와 질서를 표현하는 것이었다. 이것은 랑팡의 계획에 앞선 윌리엄 펜의 필라델피아 계획이나 토머스 제퍼슨의 워싱턴 계획에서 이미 보였던 것처럼 시가지를 바둑판처럼 분할하는 것을 의미했다. 이는 구세계의 혼돈과 무질서를 배제하고 새로운 공화국의 통제와 안정을 나타내줄 요소였다. 그러나 다른 이들이 여기서 그쳤다면, 랑팡은 바둑판을 사선으로 가로지르는 대로들을 배치함으로써 두 번째 요소, 즉 팽창을 표현했다. 워싱턴을 중심으로 뻗어나가는 듯한 사선의 도로들은 역동성, 즉 점령지 확장, 서부로의 팽창을 의미했다. 이로써 안정됐으면서도 계속 발전하는, 질서가 있으면서도 활력이 넘치는 신생 공화국의 이미지를 모두 담아낸 것이다.[3]

이와 같이 랑팡의 워싱턴 계획은 평화 시의 공화국의 안정된 이미지와 팽창하고 정복하는 역동적 이미지를 모두 도시 계획에 반영하고자 했다. 그리고 이러한 직선과 사선이 잘 관찰될 수 있도록 시내 곳곳에 관람 지점들vista을 조성했다. 평지였던 워싱턴에 낮은 둔덕이 조성되었고, 거기에 국회의사당이 위치하게 되었다. 또한, 직선과 사선의 접점들에는 관공서처럼 공화국의 핵심적 의미를 띤 건물들을 배치하거나 아니면 작은 광장이나 원형 교차로를 만들어 직선끼리의 교차로와 차별화했다. 이러한 구조를 통해 랑팡은 이 도시 공간을 질서와 동력을 동시에 체험할 수 있는 공화국의 실험장이 되게 했다.

랑팡은 기본적으로 격자와 사선의 공존을 통해서 분산과 집중을 모두 나타냈지만, 그렇더라도 워싱턴의 중심이라 할 만한 어떠한 중심은 필요했다. 그래서 조성된 곳이 바로 내셔널 몰이다. 랑팡은 국회의사당에서 서쪽으로 곧게 뻗은 거리를, 공원을 가운데 두고 양방향 도로가 나 있는 대로로 만들었다. 물론 랑팡 시대에는 아직 내셔널 몰이라는 이름이 붙지 않아 이것이 그저 '공중 보도public walks'라고 불렸지만, 후일 변화를 겪으면서 위용을 갖춰갈 내셔널 몰이 이로써 기본 골격을 갖춘 셈이었다. 랑팡은 이 거리를 가로수 우거진 아름다운 공원처럼 만들어 시민에게 개방되게 했다. 그리고 이 길의 양쪽 가장자리에는 문화적 활동을 제공하는 건물들을 지을 것을 제안했다.[4]

하지만 랑팡이 건축적인 면에서 우선 더 큰 공을 들인 것은 내셔널 몰이 아니라, 국회의사당으로부터 사선으로 북서쪽으로 뻗은 펜실베이니아 대로였다. 그 북서쪽 끝에는 대통령의 집무실이자 거처인 백악관이 위치했다. 한쪽 끝에 백악관(정부 부처), 다른 쪽 끝에 국회의사당(그리고 대법원)이 자리하면서 펜실베이니아 대로는 수도의 정치적 기능의 중심축이 되었다. 따라서 이 길에는 공화국의 위엄과 정치적·기능적 부분을 보여줄 건물들이 필요하다는 것이 랑팡의 생각이었다. 한편 그는 미 '연방'의 정신을 살려, 이 도시 전역에 각 주를 상징하는 공원이나 광장을 조성했다. 그리고 그곳들 각각에 기둥, 석상, 오벨리스크 등을 설치해 공화국은 그 상징물들이 대표하는 각

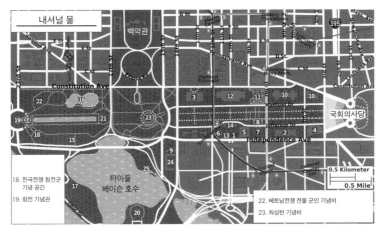

내셔널 몰

18. 한국전쟁 참전군 기념 공간
19. 링컨 기념관

22. 베트남전쟁 전몰 군인 기념비
23. 워싱턴 기념비

워싱턴 DC 중심가 지도와 주요 건물들.

지역을 존중함을 드러내고자 했다.[5]

랑팡의 도시 계획은 일거에 완성되지 않았다. 신생 공화국의 국력이 대규모 건설 사업을 일거에 완성할 만큼 충분치 않았기 때문이었다. 계획 추진이 지연되는 가운데 초기의 계획은 조금씩 수정, 변경되었다. 19세기 초반에는 헨리 러트로브Henry Latrobe가 책임자로 임명되어 새로운 수정안을 내놓았다. 내셔널 몰 남서쪽으로 물길을 정리해 티버 운하Tiber Canal를 건설하고 국회의사당 주변에 공원(캐피틀 그라운즈Capitol Grounds)을 조성함으로써 좀 더 정돈된 도시 경관을 만들기로 했다. 또한 그는 내셔널 몰에 대학교를 짓자는 다소 놀라운 계획도 내놓아, 국회의사당을 바라보는 디근자 형태의 건물이 설계되었다. 이 계획은 실현되지 못했지만, 후일 제퍼슨의 버지니아 대학교 건설에 재활용되었다.

어쩌면 19세기 중반에 수도 워싱턴에서 일어난 가장 중요한 변화는 내셔널 몰에 일어난 변화일지도 모른다. 랑팡의 계획에 의해 그냥 공공장소로 설정돼 있었던 그 공간은 19세기 초반까지도 계획적으로 개발되지 않았기 때문에 아직 이 공간의 성격을 규정할 만한 특별한 점은 없었다. 그랬다가 1841년에 와서 제임스 스미스슨James Smithson의 유산을 기탁받은 재단이 내셔널 몰의 비어 있던 이 공간에 건물을 짓기 시작했다. 그러나 정말 본격적인 변화가 시작된 것은 러트로브의 후임인 로버트 밀스Robert Mills에 이어 1851년에 앤드루 잭슨 다우닝Andrew Jackson Downing이 조경 책임자로 부임하면서부터였다. 다우닝은 그때까지 산발적인 나무숲, 소풍을 위한 공터, 소떼를 풀어놓은 풀밭, 군데군데 파헤쳐진 흙더미로 이루어져 있던 이 공간을 획기적으로 변화시킨 인물이다.[6]

다우닝은 거의 버려져 있던 이 공간을 미국 최초로 종합적 설계에 의한 도시 공원으로 만들고자 했는데, 이는 뉴욕의 센트럴파크보다 7년 앞선 일이었다. 그는 단지 식물을 심는 것이 조경이 아니라, 정신을 치유하는, 시민을 시민으로 만드는 도덕적 기능을 가진 것이 조경이라고 생각했다. 도시에도 농촌에도 없는 자연과 질서의 조합이 내셔널 몰에서 실현될 수 있다고 생각했다. 그는 내셔널 몰에 세 가지 기능, 즉 오락과 휴식, 교육과 도덕, 상징과 대표성을 담고자 했다. 그 결과 장이 열리기도 하고 기차역이 들어서기도 했던 이곳은 모든 것을 없애고 열린 공간으로 남게 되었다. 공간을 비웠으나 의미가 채워진 것이다.

다우닝 때부터 남북전쟁 이후까지 내셔널 몰은 다우닝의 공공 공원 조경이라는 밑그림 위에 상징물들과 교육적 장소들을 더하면서 그야말로 국립공원의 격을 갖춰가게 되었다. 특히 스미스소니언 재단Smithsonian Institution Building(1855), 국립자연사박물관National Museum of Natural History(1858), 국립동물학공원National Zoological Park(1889), 예술산업관Arts and Industries Building(1881) 등 스미스소니언 재단이 이곳에 건설한 박물관과 전시관 등은 국가의 역사관과 미래 정신을 대변하며 교육 공간으로 자리 잡게 되었다.

3. 국가적 기억과 기념의 공간

수도의 상징적 의미가 더 부각되어 워싱턴이 상징적 공간으로 변화하기 시작하는 전환점에 바로 워싱턴 기념비가 건설되었다. 이 기념비는 워싱턴의 가장 중요한 건물이라고 할 수 있는 백악관과 국회의사당이 만드는 사선의 두 축에서 비롯되는 직각삼각형의 수심垂心, 즉 내셔널 몰의 서쪽 끝에 세워진, 초대 대통령 조지 워싱턴을 기념하는 조형물이다. 워싱턴 기념비의 건립은 국가적 기념물의 탄생이라는 점에서 의의 있는 일이었으며, 그 탄생의 역사와 이에 얽힌 정치적 논쟁은 이 공간의 상징성을 잘 전해준다.

워싱턴 기념비는 약 170미터 높이의 석조 조형물로, 세계에서 가장 높은 오벨리스크이다. 이것은 로버트 밀스에 의해 도안되었고, 1848년에 건설을 시작해 1884년에 완성되었다. 워싱턴 기념비의 건설은 내셔널 몰을 보다 완결성 있는 공간으로 만들었으며, 그 너머 서쪽으로 계속되는 기억과 추모의 공간을 조성하는 출발점이 되었다.

초대 대통령 조지 워싱턴을 추앙하고 기념하려는 움직임은 독립 전쟁이 끝난 직후에, 그러니까 그의 생전에 이미 시작되었다. 영국으로부터의 독립을 이끈 총사령관에서 새로운 통일 국가의 수반이 된 워싱턴은 국가적 영웅, 국민의 아버지로 일컬어졌다. 그런 그에 대한 존경을 담아 그를 기념할 무언가를 건립하려는 움직임은 전형적 영웅상인 말 탄 장군 워싱턴의 동상을 세우려는 것부터 어느 정도 치장이 된 무덤을 만들려는 것까지 다양했다.[7] 1799년 그가 사망하자 이러한 움직임은 보다 구체화되었다. 그를 공화국의 덕성을 체현하고 시민 사회에 뚜렷한 공적을 남긴 국부로 기억하고자 한 것이다. 하지만 이런 움직임은 결과물로 이어지지 못했다. 당시 정권을 잡은 집권 세력은 제퍼슨 일파Jeffersonian Republican였고, 이들은 정파적으로 연방

링컨 기념관에서 바라본 워싱턴 기념비. ⓒ 신재호

주의 당을 경계했기 때문이다.[8]

　한동안 수면 아래로 가라앉았던 기념물 논의가 다시 시작된 것은 1832년, 워싱턴 탄생 100주년을 맞으면서였다. 이때 시민 단체의 주도로 기념비 건립을 위한 대대적인 모금 운동이 벌어졌고, 모금된 2만 8,000달러(2010년 가치로 환산하면 60만 달러)를 가지고 1836년에 기념비 설계가 공모되었다. 당선작은 이미 워싱턴 공공건물 건축 책임자로 부임해 있던 로버트 밀스의 설계였다. 그의 설계는 사각 기둥 모양의 긴 오벨리스크를 세우고 그 주변에 둥근 열주식 건물을 짓는 것이었다. 또한 그 건물 지붕에는 전차를 모는 워싱턴의 동상을 세우고, 건물 내부에는 독립전쟁의 영웅 30인의 동상을 세우게 되어 있었다.[9]

　이 설계에 따라 기념비 건설이 시작되었고, 모금도 계속 진행되었다. 하지만 자금은 바닥이 났고, 1854년에 건설이 중단되었다. 이듬해에 국회에서 건설 재개를 위한 비용을 마련하기로 결정이 났지만 복잡한 이유로 그 자금은 건설에 이용되지 못했고, 그러다 남북전쟁이 발발해 결국 1877년까지 건설이 중단되었다. 지금도 기념비의 아래에서 3분의 1 지점에 선명하게 드러나 있는 선은

워싱턴 기념 시설의 계획안.

건설이 중단된 오벨리스크의 모습.

바로 그 23년간의 중단의 역사를 말해준다.

　건설이 재개된 것은 남북전쟁 이후였다. 내전이라는 초유의 국가 분열을 진정시키고 다시 하나가 된 국가에서 '통일'의 지도자로서의 워싱턴이 새삼 부각되었기 때문이다. 그리고 이제는 시민 단체가 아니라 중앙정부의 주도 하에 이 사업을 마무리 짓게 되었다. 하지만 밀스의 설계를 그대로 따르자면 큰 문제가 있었으니, 그것은 비용이 너무나 많이 든다는 것이었다. 이에 대한 비판이 계속되자, 건설이 재개되었을 때는 열주식 건물을 없애고 오벨리스크를 온전한 형태로 완성하는 데만 주력하는 것으로 계획이 바뀌었다.

　워싱턴 기념비는 정치적·실리적 이유에서 원래의 계획보다 축소되고 간소화된 형태로 완성되긴 했지만 그럼에도 특이한 점이 있다. 첫 번째는 이것이 흔한 인물 조각상이 아니라 추상화된 기념비라는 것이다. 그 전에는 말을 탄 장군의 모습이나 위대한 영도자의 모습을 형상화한 동상이 특정 인물을 기념하는 조형물의 주된 형태였던 데 반해, 워싱턴 기념비는 고대 이집트의 오벨리스크를 그대로 재현했다. 이는 영원성이나 완결성 같은 것, 균형미나 질서를 강조하고 싶어 한 당대인들의 경향이 반영된 것이라고 해석할 수 있다.

두 번째로, 이 기념비는 그 자체가 관람거리인 동시에 경치나 경관을 굽어볼 수 있게 하는 장소이다. 워싱턴 기념비는 워싱턴 시에 대한 거의 모든 홍보물에 등장하는 건축물이자 이 도시 어디에서나 보이는 이정표이며, 동시에 시 전경을 내려다보는 전망대이다. 이곳에서는 북쪽으로는 백악관이 보이고 동쪽으로는 국회의사당이 보이며, 이 두 곳으로 연결되는 직선의 대로들이 시원하게 조망된다. 워싱턴 기념비는 시민들에게 수도 워싱턴이 지향하는 가치를 공간적으로 체험하게 해주는 곳인 것이다.

워싱턴 기념비가 완성되면서 내셔널 몰은 더 깔끔하게 정비되어야 했다. 이러한 필요성에 따라 1902년부터 국회는 맥밀런 계획(정확한 명칭은 'The Report of the Senate Park Commission. The Improvement of the Park System of the District of Columbia')을 세워 도시 정비를 시작했고, 이는 마침 미국 전역에 불어닥친 도시 미화 운동과 맞물려 상승 작용을 일으켰다. 당시 뉴욕이나 필라델피아에서 슬럼 철거 운동이 벌어진 것과 마찬가지로, 수도 워싱턴에서도 급속한 도시화의 잔재를 없애고 새로운 도시 미관을 갖추기 위해 노력했다.[10]

위에서 내려다본 내셔널 몰의 모습. 앞에서부터 링컨 기념관, 워싱턴 기념비, 국회의사당의 모습이 차례로 보인다.

내셔널 몰에서 기념의 공간을 더 서쪽으로 확장시킨 것이 바로 링컨 기념관이다. 1914~1922년에 건설된 링컨 기념관은 그리스의 도리아식 신전과 같은 양식으로 설계되었고, 13.4미터 높이의 거대한 36개 기둥들 뒤에 링컨 동상이 앉은 모습으로 자리하고 있다. 그 동상 위의 벽에는 다음과 같은 글이 새겨져 있다.

이 신전에는
모든 사람들의 마음속에서 그런 것처럼
연방을 구해낸
에이브러햄 링컨에 대한 기억이
영원히 안치되어 있다.

또한 그의 두 번째 취임사와 게티즈버그 연설문도 신전 내부에 새겨져 있다. 이 건물로부터 87개의 계단을 내려가면 워싱턴 기념비를 바라보는 방향으로 기다란 연못인 리플렉팅 풀을 만나게 된다.

링컨 기념관 건설은 워싱턴 기념비 건설에 비하면 순탄한 편이었다. 워싱턴 기념비를 통해 대통령 기념물을 조성해본 경험이 생긴 국회는 좀 더 신속하고 효율성 있게 일을 진행했고, 링컨을 위한 기념물을 조성하는 것에 대해 큰 논쟁이나 반대도 없었다. 그의 동상 위에 아로새겨진 것처럼 '연방을 구한 사람', 그것이 바로 링컨이기 때문이었을 것이다. 이처럼 맥밀런 계획에 쓰인 그대로, 링컨 기념관은 "연방을 구한 자의 불멸의 메시지"를 전하는 곳이 되고자 했다.[11]

게다가 이곳에서 있었던 1939년의 매리언 앤더슨 공연과 1963년의 킹 목사 연설은 '노예 해방자'로서의 링컨을 환기하는 계기가 되기에 충분했다. 전자는 이 장소를 향후 민권 운동의 상징적 장소로 만들었다. 후자는 노예해방령이 발포된 지 100주년이 되는 뜻깊은 해에 제대로 된 평등을 촉구하는 행진 끝에 나온 연설인 만큼 링컨 기념관과 딱 어울리는 행사였다. 더욱이 그보다 한 해 전인 1962년에는 링컨 기념관 뒷벽에서 "깜둥이 애인nigger lover"이라는 낙서가 발견되는 일도 있었다.[12] 이렇게 여전한 차별과 고조되는 갈등의 분위기 속에서 킹 목사가 링컨이 게티즈버그 연설에서 이야기했던 연방 수호, 애국, 단합과 같은 이상을 다시 이야기한 것은 그 자신의 목표가 링컨이 추구했던 바와 다르지 않음을 의미했다. 그의 연설은 백년 전의 이상이 아직 실현되지 않았음을 링컨에게 하소연하는 것이기도 했고, 링컨을 배경 삼아 전 국민에게 이러한 메시지를 전달하려는 것이기도 했다.

1963년의 워싱턴 행진은 분명 어떤 계기가 되었다. 이후 링컨 기념관과 내셔널 몰이 민권 운동의 상징적 장소를 넘어 국가의 진정한 의미를 묻는 모든 반항자들의 집결지가 되었기 때문이다. 1968년에는 '가난한 사람들의 운동Poor People's Campaign'이 내셔널 몰을 한 달 이상 점거하고서 자신들만의 독립적인 도시를 차렸었고, 1971년에는 베트남 전쟁에 반대하는 참전 용사들 일부가 링컨 기념관을 점거하려다가 경찰에 체포되는 일이 있었다. 1978년에는 전 장에서 살펴본 것처럼 미국 원주민들이 앨커트래즈에서부터 행진해 와 워싱턴 기념비 앞에서 점거 농성을 벌이기도 했고, 1979년에는 이곳에서 농민들의 시위가 있었다.[13]

4. 추모의 공간으로

20세기 후반에 링컨 기념관과 워싱턴 기념비 사이의 기념 공간에 또 다른 변화가 생겼다. 베트남전쟁, 홀로코스트, 한국전쟁, 제2차 세계대전을 기념하는 시설이 1982년, 1993년, 1995년, 2004년에 각각 들어선 것인데, 이 기념 시설들은 이전의 대통령 기념 시설과는 근본적으로 성격이 달랐다. 이 시설들은 전쟁에서 죽은 희생자들에 대한 추모와 애도의 공간이었던 것이다. 이 공간들은 링컨 기념관 뒤를 흐르는 포토맥 강 너머의 알링턴 국립묘지까지 연결되면서, 국가를 위해 생명을 바친 사람들을 기리는 장소가 되었다.

베트남전쟁 기념 시설은 줄지어 있는 거대한 비석들이다. '베트남전쟁 전몰 군인 기념비Vietnam Veterans Memorial'라는 정식 명칭에서도 알 수 있듯이 이곳은 국가에 대한 경의를 표하는 곳이라기보다는 국가를 위해 목숨을 바친 사람들을 기리는 곳이다. 바닥이 지면보다 아래에 위치한 검은 화강암 비석들이 V자를 그리며 서 있는데, 이 V자의 꼭짓점이 지면 아래로 가장 깊숙하게 들어가 있고, 양쪽 날개로 펼쳐지면서는 지면을 만나게 되어 있는 형상이다. 비석에는 5만 8,000명에 달하는 전몰자 전원의 이름이 새겨져 있다. 이 베트남전쟁 기념 시설은 그 흔한 동상도 치장물도 없이 미니멀리즘을 극대화한 설치물로 유명하다. 이 시설을 설계한 사람은 놀랍게도 설계도 공모에서 1,400여 명의 경쟁자를 물리치고 당선된 21세의 대학생 마야 린Maya Lin이었는데, 자신의 설계에서는 그 어떤 설교적·교훈적 설명문도 붙이지 않는 것이 중요하다고 설명했다. 방문객 개개인이 스스

워싱턴 기념비의 서쪽 방향. 링컨 기념관이 전방에 있고, 그 앞에 있는 연못의 왼편에는 한국전쟁 참전군을 위한 기념 시설이, 오른편에는 베트남전쟁 전몰 군인 기념비가 있다. 링컨 기념관 뒤로 포토맥 강이 흐르고 그 너머는 알링턴 국립묘지이다.

로 이 공간을 경험하며 전쟁에 대한 기억을 개인적으로 정리하는 것이 이 기념 시설의 목적이라는 것이었다.[14]

 이러한 설계자의 계획에 따라 비석들에는 오로지 전사자의 이름만을, 계급도 소속도 없이 죽은 순서에 따라 새겨 넣었다. 하지만 좀 더 친절한 설명을 원했던 사람들은 린의 반대에도 불구하고 결국 조금 떨어진 곳에 '3인의 군인 동상'을 세웠고, 또한 전몰자 명단의 시작과 끝에 각각 다음과 같은 문구를 집어넣었다.

기념비 가운데 지면 아래로 가장 깊숙이 들어가 있는 지점에서 워싱턴 기념비 쪽을 바라본 모습. © 신재호

베트남전쟁에서 복무한 미합중국의 남녀 군인에게 경의를 표하며, 자신의 생명을 내어준 이들과 여전히 실종 중인 이들의 이름이, 우리에게서 앗아가진 순서로 새겨져 있습니다.

우리나라는 베트남 참전 군인들의 용기, 희생, 그리고 의무와 국가에 대한 헌신에 경의를 표합니다.
이 기념비는 미국 국민의 사적인 기여로 만들어졌습니다.

방문객이 거대한 비석들을 따라 걷는 동안 처음부터 끝까지 뇌리에서 떠나지 않는 것은 수많은 죽음에 대한 상실감일 것이다. 전쟁은 영웅담과 관련된 것도, 국가의 영광에 기여하는 것도 아닌, 그저 엄청난 살상이라는 것이 설계자가 의도하지 않았음에도 전해지는 이 비석들의 교훈이다. 결국 앞뒤에 덧붙은 글은 전몰자들을 영웅시하지 않으면서도 그들의 능동적 선택을 강조함으로써 그들을 무기력한 희생자로 만들지 않으려는 의도가 중첩된 결과일 것이다.

물론, 영웅적 행위에 대한 찬사가 없다는 것 자체가 이미 불명예스러운 일이라는 반론도 끊이지 않았다.[15] 즉, '애국적 행위'라는 구체적 언급 없이 그저 그들이 자신의 생명을 '내어주었음'에 대해 이야기하는 것이 무슨 의도인지 묻는 사람들이 있었다. 더구나 그들의 생명이 '우리에게서 앗아가진' 사실을 강조함으로써 상실감을 극대화하는 것이 국가에 대한 충성을 당연시하는 정서와는 거리감이 있지 않으냐는 질문도 있었다.

워싱턴이나 링컨 같은 지도자의 기념 시설을 대하는 것과는 사못 다른 이러한 분위기는 민권 운동부터 반전 운동까지 1960년대의 일련의 저항 문화가 남긴 유산이다. 이 기간에 미국인들은 국가의 의미를 다시 물어야 했고, 애국자이면서도 전쟁에 찬성하지 않는 것이 가능함을 알게 되었다. 평화를 지향하는 사회에서 전쟁을 기념하는 것에 대한 회의도 있었지만, 변치 않는 것은 국민이 죽어갔다는 사실이라는 깨달음이 있었고, 중요한 것은 그 희생을 기억하고 희생자를 추모하며 유가족을 위로해야 한다는 것이었다. 그것이 결국 전쟁을 겪은 미국인들을 치유하는 방법이었다. 즉, 진정한 영웅은 어떤 장군이나 대통령이 아니라 일반 병사들, 그리고 그들을 떠나보낸 미국인들이었던 것이다.

베트남전쟁 전몰 군인 기념비로 시작된 새로운 애도의 공간에 담긴 이와 같은 이념은 그 후 조성된 또 다른 애도의 공간들인 홀로코스트 기념비, 한국전쟁 참전군 기념 공간, 그리고 제2차 세계대전 기념관에서도 계속 유지되었다. 한국전쟁 기념 공간을 보자. 여기엔 19명의 군인이 수색 중인 장면이 연출되어 있다. 동상은 사람 실물 크기로 돼 있고, 군인들의 인종과 병과는 다양하다. 이들의 오른편에는 검은 석벽이 있는데, 거기에 이들의 모습이 비치면 이들은 모두 38명이 된다. 이것은 38선을 상징한다고 한다. 그 벽에는 "자유는 공짜가 아니다Freedom is not free"라는 문구가 새겨져 있고, 병사들의 앞에는 다음과 같은 글귀가 새겨진 반석이 있다.

우리나라는 알지도 못하는 나라와 만난 적도 없는 사람들을 지켜야한다는 부름에 응답했던 아들들과 딸들에게 경의를 표합니다.

한국전쟁 참전군 기념 공간. © 신재호

　여기서 보이는 바와 같이 한국전쟁 참전군 기념 공간 역시 '애국'
이나 '영웅담'과는 거리가 있다. 이 문구를 읽다 보면, 알지도 못하는
나라를 위해 참전한 군인들의 선택이 기이하게 느껴지기까지 한다.
이런 문구가 '본 적도 없는 그런 사람들을 위해 목숨까지 바친다는
것은 허무하다'라는 생각으로 이어질 가능성은 없을까? 이러한 점에
서 이 공간은 달라진 국가의 의미를, 특히 탈냉전 시대에 냉전기의
대표적 전쟁인 한국전쟁이 어떻게 기억되는지를 알려준다.

　수도 워싱턴은 19세기에는 정치적 중심에서 상징적 중심으로 옮
겨 갔고, 20세기에 와서는 기념 공간의 역할에 더해 추모의 장으로서
의 역할까지 담당하게 되었다. 내셔널 몰, 그리고 거기서 포토맥 강

까지 의도적으로 조성된 국가 시설은 시대마다 다른 색채를 띠는 국가와 국민의 관계를 공간적으로 표현하고 있다. 그리고 주요 관광지이자 수많은 미국인들로 하여금 국가의 의미를 되새기게 하는 장소로 기능한다.

워싱턴은 그런 국가적 대표성을 지닌 도시이기에, 미국이라는 나라를 만드는 데 중요한 공을 세운 워싱턴이나 링컨 같은 인물의 뜻을 기리며 국가 통합의 질서를 바로잡는 공간을 보유하고 있는 것이다. 그리고 워싱턴은 바로 그 통합 국가, 하나의 국가에서 동등한 권리를 인정받고자 하는 소수 집단들의 시위의 장소가 되기도 한다. 워싱턴의 이와 같은 상징적 정체성은 시대의 변화와 더불어 계속 진화해나갈 것이다.

제8장

뉴욕
—
젠트리피케이션의 최전선[1]

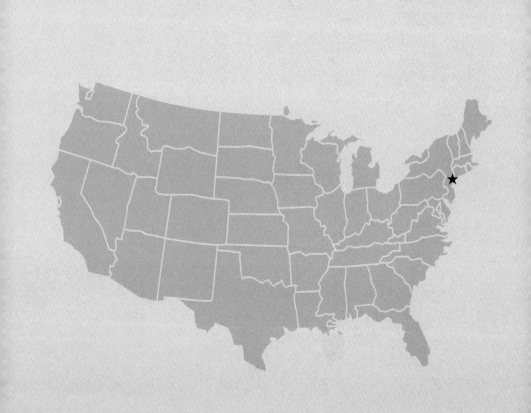

우리는 미국 대륙을 한 바퀴 돌아 다시 북동부 대도시로 돌아왔다. 뉴욕에 대해서는 이미 너무 많이 이야기되었기에 이 책에서 굳이 다룰 필요가 있을까 싶지만, 그렇다고 이 도시를 빼놓고 미국 도시를 이야기한다면 그것은 또 얼마나 부자연스러운 일일까. 사실 뉴욕은 이 책이 다룬 모든 시기에 미국의 대표 도시였다. 식민지 시기부터 이미 대표적인 이민자 도시였고 독립 이전부터 경제의 중심이었던 뉴욕은 미국에서 가장 큰 도시, 가장 유명하고 발달한 도시이며, 인구 조사가 시작된 이래로 가장 인구가 많은 도시로서의 지위를 잃은 적이 없다. 이곳은 늘 관심이 집중되는 곳이었고, 산업화, 인구 증가, 개혁과 혁신, 교외화와 재개발, 정보화와 세계화라는 측면에서도 다른 도시에 뒤떨어진 적이 없다. 뉴욕은 이 책의 어느 장에 등장해도 부족함이 없을 도시인 것이다.

여기서는 '젠트리피케이션gentrification'이라는 키워드를 통해서 1960년대 이후 뉴욕의 변화를 살펴보려 한다. 젠트리피케이션은 1964년 독일 출신의 영국 사회학자인 루스 글라스Ruth Glass가 런던 시내에서 노동자 계급의 거주지에 중산층이 유입하면서 기존 거주자들인 노동자들이 밀려나는 현상을 보고 붙인 용어였다. 글라스는 이 현상을 산업화 시대에 농민들이 경작지를 잃어버리고 밀려나게 만들었던 토지 귀족들, 즉 젠트리의 사유지 증강 운동에 빗대어 비판하는 차원에서 그렇게 표현한 것이었는데, 그 후 젠트리피케이션은 도시 공간의 고급화나 거주민 구성의 변화에 흔히 붙는 단어가 되었다. 여기서는 여전히 진행 중인 뉴욕의 젠트리피케이션을 추적해보려 한다.

1. 대도시의 운명

프루잇-아이고가 세인트루이스의 골칫덩이가 되고 있을 때, 뉴욕에서는 도시 공간의 공공성을 두고 한판 전쟁이 벌어지고 있었다. 뉴욕의 시민활동가 제인 제이컵스Jane Jacobs는 1961년에 출간한《미국 대도시의 죽음과 삶》에서 재개발이라는 이름으로 옛 건물을 허물고, 구역별로 용도를 구분하고, 계층별로 거주지를 나누고, 고속화도로를 시내로 끌어들이고, 도시를 점점 더 자동차에 의존하게 만들면 예전과 같은 '공동체' 개념의 동네는 자리를 잃게 될 것이라고 썼다. 제이컵스는 그런 도시를 활력을 잃은, 즉 생명력을 상실한 곳으로 보았다. 아무도 걷고 싶어 하지 않고 공터와 공원은 지나가기 무서운 공간이 되는 그런 곳, 바로 프루잇-아이고 같은 곳 말이다.

20세기 대도시의 문제를 어떻게 해결해야 할까? 낙후하고 중산층이 떠나고 마약과 범죄에 이용되기 시작한 도시를 어떻게 바꾸어야 할까? 이러한 질문에 세인트루이스와 같은 답을 내놓은 사람은 많았다. 제이컵스가 살았던 뉴욕을 비롯한 많은 도시들이 일종의 '청소'를 통해 도시 문제를 해결하려고 했다. 청소 방법은 대체로 이랬다. 낙후한 건물을 허물고 새 건물로 대체한다. 새 건물은 비싸진다. 그래서 경제력이 없는 사람들은 떠날 수밖에 없다. 결국, 그런 건물들이 모인 구역은 특정 계층만 모여 살게 되어 안전해진다. 일하는 곳과 거주하는 곳은 분리해서 따로 관리한다. 사무실과 상업 지구는 밤에는 문을 닫는다. 아무도 들어오지 못하게 하면 안전해진다. 이것이 미국 도시들이 선택한 재개발renewal의 방향이었다.

그러나 제이컵스는 이에 반대했다. 비우면 더 위험해진다는 것이 그녀의 생각이었다. 그녀는 계층이건 직업이건 용도건 억지로 분리하면 자연스럽지 않은, 즉 도시의 유기체적 성질을 해치는 결과에 이르게 된다고 보았다. 깨끗하게 청소하는 것이 능사가 아니다. 거주 비용이 비싸지는 것은 기존 주민들, 더욱이 대부분이 세입자인 도시 거주민들에게 불리한 현상이다. 제이컵스는 바로 자신과 같은 도시 거주자의 입장에서 어떤 도시가 살기 좋은지를 역설했다. 따라서 그녀의 생각은 도시 계획자나 행정가, 특히 부동산 이해 세력의 생각과는 다를 수밖에 없다. 도시 거주민은 도시 공간을 투자나 재산이라는 관점에서 보기보다는 자신의 정체성의 일부로 파악하기 때문이다.

제이컵스에게는 싸워야 할 상대가 있었다. 바로 뉴욕의 '오스망Haussmann 남작'[2], 로버트 모지스Robert Moses였다. 뉴욕 도로 건설의 아버지이자 도시 개발의 대부였던 모지스의 별명은 '인간 불도저'였다. 모지스는 효율을 가장 중시했다. 도시에서 길이 막히면 효율적이지 못하다고 생각했다. 그래서 고속도로, 대교, 터널 등을 끊임없이 건설했다. 대공황기에 일자리 창출을 위한 공공사업이 시작되면서 연방 자금이 마침 뉴욕으로 흘러 들어왔을 때 그 자금을 맡아 건설 사업을 시작한 것이 바로 모지스의 첫걸음이었다. 이후 모지스는 공직에 나간 적은 한 번도 없지만 중요 건설 사업의 감독관으로 위촉되어 전권을 발휘했다. 그것도 40여 년이라는 긴 세월 동안 말이다. 모지스는 뉴욕에 무려 13개의 다리를 건설했고, 416마일의 고속화도로를 놓았다.

　　모지스에게 구도심은 비효율적인 공간일 뿐이었다. 밀집과 막힘의 이 공간을 개선하기 위해 모지스는 이곳을 관통하는 고가도로를 건설해야 한다고 생각했다. 누구도 이 정열적이고 진취적인 사업가를 막을 수 없을 것만 같았다. 그런 모지스가 추진한 사업 중에 처음으로 좌절된 것이 바로 로어맨해튼 고속고가도로Lower Manhattan Expressway 건설 사업이었다. 이 도로는 원래 맨해튼 남쪽 지역을 관통하

로버트 모지스.

제인 제이컵스.

도록 계획되었고, 현재의 소호에 해당하는 14개 블록이 그 안에 포함
되어 있었다. 만약 그 도로가 건설되었다면 오늘날 수많은 관광객을
끌어들이는 소호는 없었을 것이다. 누군가에게는 다양한 문화를 즐
기고 역사를 누리는 곳으로 기능하는 공간이 모지스에게는 그저 지
저분한 옛날 동네에 불과했던 것이다. 소호에 고가도로가 놓였다면
거리의 가게들에 그늘이 드리우게 되었을 것이고, 소호는 고가도로
를 따라 둘로 넷으로 도막이 나버렸을 것이다.

　　불굴의 모지스가 추진하고 이미 시의회를 통과한 계획이 어떻게
좌절되었을까? 바로 제인 제이컵스와 그녀의 동료들이 주민회를 통
해 의회를 움직인 결과였다. 하필 제이컵스가 사는 동네, 제이컵스의
집 위로 지나가는 고가도로를 계획했다니, 모지스도 참 불운했다. 당
시까지만 해도 모지스는 많은 존경을 받고 있었고, 로버트 카로Robert
Caro가 1,200쪽이나 되는 모지스의 일대기 《파워 브로커The Power Bro-

ker》를 출판하기 전에는 사람들은 그가 얼마나 보수적이고 무신경하고 권력욕에 찬 개발지상주의자인지 잘 알지 못했다. 어쨌건 모지스와 제이컵스는 한판 승부를 벌였고, 골리앗과 개미 군단의 대결과도 같은 이 싸움에서 놀랍게도 전문가도 아닌 이 여인이 승리를 거두었다. 그 덕분에 10억 달러짜리 계획이 무효화되어 소호는 오늘날의 모습 그대로 남게 되었다.

모지스와의 승부로 유명해진 제이컵스는 《미국 대도시의 죽음과 삶》을 출판해 반개발주의 운동의 대모가 되었다. 주민의 뜻을 거스르며 재개발을 벌이려 하는 모든 곳에 그녀가 나타났고, 거의 모든 도시 전문가의 서가에 그녀의 책이 꽂혔다. 그녀는 아주 단순한 질문을 던졌는데, '도시 건설이 사람을 위해서 하는 것인가 차를 위해서 하는 것인가?'라는 것이었다. 제이컵스는 무엇보다 '동네neighborhood'의 중요성을 강조한다. 제이컵스가 이상적으로 여기는 동네는 상가와 주택이 섞여 있고 지식 노동자, 상인, 제조업자, 학생 등 다양한 직업의 사람들이 살고 일하는 동네다. 말하자면 모든 것이 섞여 있는 다양성의 공간이다.

2. 젠트리피케이션과 로어이스트사이드 스토리

그러나 그사이 많은 것이 변했다. 뉴욕은 제이컵스가 원치 않았던 방향으로 꾸준히 변해갔다. 소호는 남았지만 더 이상 제이컵스의 소호는 아니다. 철저히 상업화되었고, 임대료가 너무 비싸졌고, 주민보다 관광객이 더 많아졌다. 역사 속에서 자연스럽게 형성된 동네의 독특한 분위기 때문에 매력적이었던 소호가 아니라, 그저 하나의 관광지가 된 소호. 이것이 바로 젠트리피케이션의 대표적인 결과이다.

젠트리피케이션은 결국 도시 공간이 계급적으로 독점되는 현상이다. 역사적인 동네가 낙후한 건물을 철거하거나 개조하는 방식으로 재개발에 들어간다. 그러면 부동산 가치가 높아지기 때문에, 원래 그곳에 살던 주민들이 더 이상 그곳에 살 수 없는 경우가 많아진다. 그 주민들은 떠나고 그 대신에 경제력을 갖춘 새로운 인구가 그 동네에 들어와 살게 된다. 그곳에서 밀려난 사람들은 주변의 낙후 지역으로 들어간다. 하지만 그곳도 언젠가는 젠트리피케이션의 대상이 되고, 결국 도시의 여러 부분이 이와 같은 과정을 통해 저임금 생활자들을 밀어내게 된다. 이것이 오늘날 뉴욕을 비롯한 세계의 대도시들에서 공통적으로 벌어지고 있는 일이다.

오늘날 젠트리피케이션은 탈이념화된 채 전 세계로 확산되고 있다. 글라스가 이 단어를 만들었을 때의 비판적인 태도는 더 이상 없고, 그저 도시 공간이 뭔가 새롭고 고급화되는 변화를 겪으면 젠트리피케이션이라는 말을 갖다 붙인다. 도시 공간의 개선책으로서 낙후한 도심지 구역을 싹 쓸어버리고 고층 건물을 짓는 식의 재개발밖에 생각해내지 못하는 빈곤한 상상력은 영국과 미국만의 문제가 아니다. 시애틀, 시드니, 베를린, 브뤼셀, 샌프란시스코, 프라하 등에 이어 교토, 모스크바, 베이징, 케이프타운 등 우리가 이름을 알 만한 대도시들 대부분은 어느 대륙에 속해 있건 관계없이 젠트리피케이션을 겪고 있는 도시들의 명단에 이름을 올리고 있다.[3]

특히 도시는 금융, 회계 분야의 다국적 기업을 유치하는 공간으로서, 그리고 국제적인 관광 수요를 흡수하는 공간으로서 국제 자본과 직접 연결된다. 그렇다 보니 지역적 요구나 지역민의 특성을 고려한 개발보다는 자본의 요구를 충실히 따르는 개발로 나아가기 십상이다. 세계 어디에서나 자본은 자본이 최대화될 수 있는 방식으로 도시를 바꾸는 것 외에는 관심이 없다. 도시의 특색이나 기존 거주민들의 특성 같은 것을 보호하려는 노력은 하지 않는 것이다. 이 때문에 어디나 천편일률적인 모습으로 변화하면서 장기적으로는 각 동네의 매력이 사라지게 된다.[4]

인류학자이자 지리학자인 닐 스미스Neil Smith는 신자유주의 세계화 시대에 젠트리피케이션을 주도하는 도시 정부의 특성을 네 가지로 정리한다. 첫째, 국제적 기업과 자본에 세금 혜택을 포함한 개발 특혜를 부여함으로써 젠트리피케이션을 부추기고 지원한다. 둘째, 고소득 고학력의 전문가들과 저임금 일용 노동자들로 인구가 심각하게 양극화되는 상황에 직면한다. 셋째, 국제적 도시로서의 정체성을 새롭게 확립하고 외국과의 관계 속에서 도시의 위상을 정립하려 노력한다. 넷째, 젠트리피케이션에 저항하는 세력에게는 철저하게 불관용으로 대응하며, 때로는 극단적이고 폭력적인 공권력을 동원하기도 한다.[5]

1970년대에 뉴욕은 다른 미국 대도시들과 마찬가지로 최악의 경제 위기를 겪었다. 1970년대 초에 석유 파동으로 국가적 경제 위기가 있었고, 1975년에는 시의 재정이 바닥나면서 파산 가능성이 공식적으로 제기되었다. 하지만 이러한 위기 속에서 미국은 브레턴우즈 체제의 종식과 더불어 신자유주의적 세계화를 본격화함으로써 돌파구를 마련했다. 1970년대 내내 미국의 해외 직접 투자Foreign Direct Investment(FDI)가 꾸준히 증가해 다국적 기업의 융성에 밑거름이 되었다. 기업은 해외 진출, 해외 공장 설립 등으로 위기를 탈출하려 노력했는데, 이는 미국의 전반적 방향이었지만 국제적 기업이 많은 뉴욕 시에서는 특히 더 뚜렷했다. 특히 국제 금융, 국제법, 보험 부문의 약진은 뉴욕 시의 재정을 안정시키고 경제를 활성화하는 데 큰 공헌을 했다.[6]

이러한 분위기 속에서, 중산층의 교외 이주 및 도심지 공동화 현상으로 인해 슬럼화되었던 대도시 내부 공간에 대한 개선 계획도 시작되었다. 뉴욕 시에서 가장 두드러진 공간 개선 프로그램, 다시 말해서 대규모 젠트리피케이션이 처음으로 이루어진 곳은 로어이스트사이드Lower East Side였다. 로어이스트사이드는 맨해튼의 남동쪽 구역으로, 이스트빌리지, 리틀이탈리아, 차이나타운을 포함하고 있다. 오랜 세월 동안 이민자 집단들의 거주지로 유명했던 구역이다. 20세기로의 세기 전환기에 동유럽과 아시아에서 온 이민자들의 열악한 생활상을 고발한 제이컵 리스Jacob Riis의 르포 《다른 절반은 어떻게 사는가How the Other Half Lives》가 집중 조명했던 바로 그 구역이기도 하다. 이곳은 이민자들이 열악한 노동 환경에 시달리던 작업장과 협소한 임대 아파트가 뒤섞인 동네였다. 1950년대 이후 급증한 푸에르토리코 이민자들도 우선 로어이스트사이드에 자리를 잡았다. 이곳은 지가와 임대료가 싸서 전통적으로 극빈자와 저임금 노동자들이 거주해온 동네였다. 또한 뉴욕 대학교, 쿠퍼유니언 대학교, 뉴스쿨 등이

인근에 있어서 가난한 대학생들이 하숙을 구하는 동네이기도 했다.[7]

1970년대까지 급격히 악화된 경제 상황에서 로어이스트사이드가 지속적으로 퇴락해갔으리라는 것은 짐작하기 어렵지 않다. 경제 위기는 하층민에게 더 큰 타격을 입히기 때문이다. 로어이스트사이드의 낙후 건물들의 재산세 체납률이 급증했고, 건물 유지·보수는 거의 이루어지지 않았다. 게다가 제조업이 시외와 국외로 빠져나가면서 비정규 노동자로 전락한 극빈층과 이주 노동자들이 더욱 몰려들어 이곳의 주거 환경은 점점 더 열악해졌다.[8] 은행들이 대출을 꺼리니 낙후된 구역에 대한 재투자가 이루어질 리 없고 그래서 동네 상황은 거듭 악화되는, 빈곤의 악순환이 계속되었다.

로어이스트사이드 거리. 다양한 구성원들이 복잡하게 얽혀 살고 있는 동네.

그런데 흥미로운 점은 바로 이렇게 세금 체납과 건물 낙후가 최악으로 치닫던 시기가 바로 로어이스트사이드가 예술가의 거리로 거듭나기 시작한 시기와 겹친다는 것이다. 1970년대 후반부터 1980년대 초반에 임대료가 비싼 그리니치빌리지와 소호에서 밀려난 예술가들이 로어이스트사이드로 옮겨 오면서 이곳에 화랑, 무도장, 공연장이 급증하기 시작했다. 전위적이고 조야한 예술, 로큰롤 음악, 마약, 알록달록하고 펑퍼짐한 스타일의 의류가 이곳으로 흘러들었고, 이제 이스트빌리지 혹은 로이사이다Loisaida(로어이스트사이드를 뉴욕식 발음으로 부르는 애칭)라는 단어가 의미하는 것은 히피의 반문화였다. 그레이트풀 데스, 산타나, 더 후, 벨벳 언더그라운드 같은 밴드들이 고정 출연하는 술집들과 앤디 워홀의 작업실이 여기 있었다. 로어이스트사이드가 그저 지리적 구역의 이름이라기보다는 일종의 정신 상태, 혹은 문화적 현상을 지칭하는 단어가 된 시기였다.[9]

그랬던 로어이스트사이드에 다시 변화가 시작된 것은 1977년 시정부의 재정을 위해 주택 압류 유예 기간을 3년에서 1년으로 단축시킨 결정이 어느 정도 작용한 결과라고 평가된다. 이 결정 이후 장기 채무자 위주로 압류가 시작되었다. 압류된 건물은 경매에 부쳐졌고, 이는 경직되었던 부동산 시장이 활성화하는 계기가 되었다. 이 시기에 로어이스트사이드에 투자한 사람들을 아마도 이 지역의 1세대 젠트리파이어gentrifier로 볼 수 있을 것이다. 이들은 일정 정도의 자본을 소유한 개인 사업자, 혹은 중소 규모의 부동산 개발업자들이었는데, 단순히 되팔아 이윤을 남길 목적으로 이곳의 건물을 매입했다.[10] 이때만 해도, 뉴욕 다른 지역의 부동산 가격이 오르고 있으니 이 지역의 부동산도 언젠가는 가격이 올라갈 것이라는 낙관적 기대나 개인 투자자의 모험심이 투자의 필수 조건이었다.

하지만 1980년대 중반 무렵에는 이 지역에 대한 대규모 투자가 본격화되었다. 이런 변화에는 또다시 정부의 정책이 상당히 작용한 것으로 분석된다. 당시는 친기업적이던 에드워드 코치Edward Koch 시장의 재임기로, 시정부의 부동산 정책은 직접 개발을 주도하는 것이 아니라 대리 기구 설치와 정책적 지원을 통해 기업의 개발 및 재개발 사업 참여를 유도하는 것이었다. 시정부는 우선 시 재무부와 별도로 '시 후원 기구Municipal Assistance Corporation'를 설립해 재개발 정책을 지원하게 했다. 이 기구의 구성인은 기업인, 부동산 회사 임원, 은행 고위 간부 등이었다. 또한 시정부는 소유하고 있던 로어이스트사이드의 버려지거나 압류된 건물 300여 채를 경매에 내놓았으며, 고급 주택 건설이나 재건축에 투자하는 기업에 세금을 감면해주는 법안 J-51을 통과시켰다.[11]

1984년에 전면 보수된 크리스토도라Christodora 아파트는 로어이스트사이드에 불어닥쳤던 부동산 열풍을 단적으로 보여주는 사례다. 로어이스트사이드 중심에 자리 잡은 16층짜리 아파트 크리스토도라는 1928년에 이민자 정착소로 건설되었다. 한동안 싸구려 임대 아파트였던 이곳은 1970년대에 접어들면서는 빈 건물이 되었다. 그리하여 결국 인테리어가 뜯겨 나가고 수도와 전기가 끊긴 채, 인근 대학 학생들의 캠핑장, 혹은 노숙자와 마약 중독자의 거처가 되어버렸다. 그랬다가 1975년에 경매에 부쳐졌고, 유일한 입찰자에게 6만 2,500달러에 낙찰되었다. 그런데 건물 자체의 낙후도 문제였지만 거

전면 보수된 크리스토도라 아파트.

지와 노숙자와 불량배와 마약상 등이 들끓는 주변 환경이 더 큰 골 칫거리였기에 매입자는 건물 보수에 쉽게 착수하지 못했고, 그런 채로 8년의 세월이 흘렀다. 그러다 1983년에 해리 스카이델Harry Skydell 이 주도하는 투자자 연합이 이 건물을 120만 달러에 샀다가, 이듬해에 부동산개발업자인 새뮤얼 글래서Samuel Glasser에게 무려 300만 달러에 팔았다. 이 건물은 아무런 개선도 변화도 없이 9년 사이에 가격이 50배 뛴 것이었다! 하지만 이러한 가격 상승은 건물주가 다시 글래서에서 로버트 와이스Robert Weiss로 바뀐 뒤 이 건물이 고급 콘도로 개조되어 팔렸을 때의 가격을 생각하면 놀랄 일도 아니었다. 와이스는 이 건물의 아파트들을 다양한 크기의 콘도로 개조해서 총 86세대를 팔았는데, 한 세대의 가격이 120만 달러에 달했던 것이다.[12] 도대체 어떻게 이런 일이 벌어졌을까?

동네가 변하고 있었다. 이미 로어이스트사이드 군데군데에서 보수를 거친 건물이 전보다 높은 가격에 임대되고 있었다. 높은 임대료는 기존 거주자를 밀어내고 새로운 직업군을 이 동네로 끌어들였다. 다운타운에 직장이 있는 젊고 경제력 있는 전문직 종사자들은 시내의 흥미로운 동네에서 살고 싶어 했다. 그러나 너무 낙후하거나 불편한 집은 싫어했다. 전에는 로어이스트사이드가 가끔 놀러갈 수는 있지만 거주하기에는 위험하거나 낙후한 곳이라고 생각되었지만, 새로 개조된 건물들이 생겨나면서 이러한 생각은 바뀌어갔다. 그런 가운데 로어이스트사이드에서 가장 높은 건물인 크리스토도라의 재개발은 이 동네의 변화를 상징적으로 홍보해주었다. 크리스토도라 아파트의 재개발은 2단계 젠트리피케이션의 기점으로 여겨진다. 이 재개발이 대성공을 거두면서 로어이스트사이드의 변화는 가속화되었다.

크리스토도라의 사례에는 여러 측면에서 흥미로운 점이 있었는데, 이것들은 이후 젠트리피케이션의 전형적 특성이 되었다는 점에서 자세히 살펴볼 필요가 있다. 첫째, 젊은 투자자들의 등장이다. 당시 스카이델은 26세의 변호사로, 부동산 투자에 뛰어든 지 불과 4개월 된 신참이었다. 와이스는 29세로, 염색 회사의 중역이었다. 이들에게 투자한 사람들, 콘도를 사들인 '젠트리파이어'들, 로어이스트사이드에 새로이 거주자로 등장한 '젠트리'들은 펀드매니저, 변호사, 디자이너, 레스토랑 주인, 언론인, 주식 중개인 같은 직업을 갖고 있었고 나이는 대부분 20대 후반이나 30대 초반이었다.[13] 이들의 경제력 약진은 1987년의 주가 폭락 직전까지 활황세를 유지했던 주식 시장으로 대표되는 세계화 시대의 미국 경제와 밀접한 관련이 있다. 또한 금융계, 법조계, 보험업계의 대표 기업이 몰려 있는 뉴욕의 특수한 조건도 작용했다. 여섯 자리 숫자의 연봉을 자랑하는 이들에게 부동산은 매력적인 투자처였다.

둘째, 은행과 제2금융권의 적극적인 개입이다. 지역의 건물 가격이 상승해 투자 자본이 더 많이 필요하게 된데다가, 건물을 호화롭게 개보수해 파는 것 역시 그저 건물을 사두었다가 되파는 것에 비해 큰 자본을 필요로 했다. 그런데 크리스토도라의 개보수에 자금을 댔던 씨티은행에 이어 JP모건, 뱅크오브아메리카 등도 로어이스트사이드의 대형 개발 사업에 적극적으로 투자하기 시작했다.[14] 물론 이와 같은 금융권의 협조는 이미 젠트리피케이션의 물결을 탄 동네 환경, 그리고 이 환경이 더 나아질 것이라는 기대에 힘입은 것이었다.

하지만 무엇보다 흥미로운 점은 셋째, 시정부의 협조다. 앞서 언급한 대로 시정부는 기업의 재개발 사업에 대한 세금을 감면해주었을 뿐 아니라, 로어이스트사이드에 대대적으로 경찰력을 투입해 마약 사범 소탕 작전Operation Pressure Point을 벌였다. 스카이델이 크리스토도라 매입을 위해 가격 협상 중이던 1983년 2월에 크리스토도라에서 내다보이는 톰킨스스퀘어 공원Tompkins Square Park에서 150명의 경찰이 2교대로 24시간 감시를 시작했다. 이후 3개월 동안 이 구역에서 마약상 4,000명이 체포되었다. 경찰은 노숙 금지, 배회 금지 등의 조치를 통해 공원에서 어슬렁거리는 행동 자체를 금지하기도 했다.[15] 경찰과 시정부의 이러한 행동은 이제 로어이스트사이드가 투자하기

크리스토도라에서 내다보이는 톰킨스스퀘어 공원. 1983년 이곳에서 경찰이 24시간 감시 체제로 마약 사범들을 체포했다.

에 안전한 동네라는 인식을 심어주기에 충분했다.

　넷째, 로어이스트사이드의 문화적 특수성의 개입이다. 재개발에 따라 임대료가 폭등하는 동네로 굳이 이사를 오는 이유는 뭘까? 거기엔 로어이스트사이드의 독특한 문화적 정체성이 크게 작용했다. 이민자들의 문화가 녹아 있는 특이한 음식점과 소품 가게들, 동시대의 가장 개성 넘치는 갤러리와 바, 클럽, 극장 등은 이곳에 소호를 대체할 '예술의 거리'라는 명성을 안겨주었고 특별한 문화적 소비를 가능하게 해주었다. 게다가 임대료가 올라가면서 기존의 상점들이 빠져나가고 코즈모폴리턴적 젠트리들이 선호하는 체인점들(스타벅스 커피, 라이트에이드 약국, 스테이플스 문방구 등등)이 들어와 생활의 편

맨해튼 어디서나 볼 수 있는 재건축 풍경. 재건축 중인 건물들에 내걸린 간판들에서 '현대적', '고급화'라는 단어가 눈에 띈다.

의를 더해주었다. 말하자면 로어이스트사이드의 젠트리피케이션은 이전에는 비주류의 첨단, 기이하고 때로는 역겹기까지 했던 히피 문화를 조금 순화시켜 즐기는 것이 '쿨'한 유행이 되어가는 과정이었다.[16] 비주류 문화를 가장 급진적이고 위험한 요소는 제거한 상태로 주류 문화에 수용해버리는, 일종의 문화적 정체성 사들이기 현상은 사실 다른 지역의 젠트리피케이션에서도 자주 나타난다.

3. 임차 주민의 운명

로어이스트사이드의 젠트리피케이션에서 드러난 가장 심각한 문제는 아마도 그 결과로 터줏대감들이 밀려나야만 했다는 데 있을 것이다. 다른 지역보다 싼 임대료 덕분에 그곳에 둥지를 틀고 장사를 할 수 있었던 저소득층과 소규모 상인들은 젠트리피케이션의 여파로 올라가는 임대료를 감당할 수 없게 되어 원치 않는 이주를 해야만 했다. 일례로, 로어이스트사이드에서 27년간 장사를 했던 우크라니아 음식점 '오치디아Orchidia'는 1984년 4월, 임대료가 950달러에서 5,000달러로 대번에 5배 이상 뛰는 바람에 바로 문을 닫았다. 전위적인 작품들을 전시하던 소규모 화랑들이 버티지 못하고 나간 자리에는 소호나 첼시에서 규모를 키운 자본력으로 주류 미술계와 연결되어 있는 대규모 화랑들이 들어오기 시작했다.[17] 상인들은 뒤늦게 상가 건물에 대한 임대규제법을 제정해달라고 요구했지만, 이미 불어닥친 부동산 열기 앞에선 역부족이었다.

　주거지는 임대규제법으로 보호받았기 때문에 상가보다는 사정이 나았지만, 그렇다고 안전한 것은 아니었다. 뉴욕 시에는 1947년 이전에 지어진 건물의 경우 1971년 7월 이전에 입주한 기거주자의 임대료를 올리지 못하게 하는 법이 있는데, 로어이스트사이드의 건물들은 대부분 1920년대 이전에 지어진 것이어서 임대 규제를 받았다. 새로 입주자가 들어올 경우에는 2년마다 조정되는 시세에 따라 7.5퍼센트씩 임대료를 올려 받을 수 있기 때문에, 건물주의 입장에서는 오래된 세입자를 내보내고 새로운 세입자를 받는 것이 훨씬 유리했다. 이러한 규제 때문에 심한 경우 한 건물에 속해 있는 같은 넓이의 아파트들의 월세가 173달러에서 835달러까지 천차만별이었다. 또한 로어이스트사이드의 아파트들이 다 고만고만한 가운데 월세 75달러를 내고 사는 가족도 있었고, 페인트만 새로 칠한 아파트에서 2,000달러를 내고 사는 가족도 있었다. 사정이 이러하니 건물주들은

어떻게든 구실을 만들어 기존 거주자를 내보내고 새 세입자를 받으려 했다.[18]

1994년 브로드웨이에서 공연되어 토니상까지 수상한 뮤지컬 〈렌트Rent〉의 무대가 바로 로어이스트사이드이다. 이 뮤지컬은 밀린 월세를 내라는 집주인(전에는 친구였던)의 전화로 시작된다. 자금난에 시달리는 가난한 영화 제작자와 작곡가가 함께 세 들어 살고 있는 작은 아파트를 중심으로, 젠트리피케이션이 이곳의 전형적인 거주자들에게 어떤 영향을 미치게 되었는지가 생생하게 그려진다. 주인공의 주변 인물들은 대부분 젊은 동성애자 예술가들과 댄서들인 동시에 마약 중독자, 후천성면역결핍증 환자들이다. 이들은 결국 월세를 내지 못해 뉴욕을 떠나기도 하고 병들어 죽어가기도 한다. 이 유명한 뮤지컬은 젠트리피케이션으로 인해 로어이스트사이드의 기존 주민에게 닥친 비극을 이런 식으로 적나라하게 보여준다.

시정부, 건설업계, 금융업계, 경찰까지 한통속으로 관여하면서 급속히 진행된 젠트리피케이션으로 피해를 본 사람들은 반젠트리 운동을 시작했다. 역사적 위상과 특징 때문에 온 도시의 관심을 집중시켰던 크리스토도라는 제2기 젠트리피케이션의 시작을 알리는 동시에 반젠트리피케이션 운동의 출발점이 되었다. 1980년대 중반에 로어이스트사이드의 골목에서는 새로운 임대 광고 간판과 나란히 "투기꾼 퇴출", "음모를 중단하라" 같은 내용의 현수막이 걸렸다. 반젠트리피케이션 운동과 개발 세력 사이의 갈등은 1988년 톰킨스스퀘어 공원 사건으로 폭발했다.

로어이스트사이드의 중심에 위치한 톰킨스스퀘어 공원은 기존 거주민들에게 오랫동안 휴식과 여가의 공간이었다. 밤이면 마약상이나 노숙자들의 소굴이 된다는 악명도 있었지만, 낮에는 동유럽 이민 1세대인 할머니가 3세대인 손녀를 데리고 산책 나와 모국어로 유아어를 가르치는 풍경이 익숙하게 펼쳐지는 쉼터였다. 그런데 임대료 상승으로 살던 집에서 내몰려 오갈 데 없게 된 사람들이 이 공원에 모여들어 노숙을 하면서 이곳이 자연스럽게 반젠트리피케이션 시위의 중심지가 되어버렸다.

1988년 어느 여름밤, 반젠트리피케이션 시위자들과 대치하던 경찰은 마침내 공원에 남아 있던 사람들을 무력으로 해산시키는 작전에 돌입했다. 새벽 1시경, 공원과 거리에 있던 시위대와 시민들을 450명에 달하는 경찰이 일부는 말을 탄 채 곤봉을 휘두르면서 해산시키기 시작했다. 로어이스트사이드의 밤하늘에 사이렌이 울렸고, 총성 비슷한 폭음도 진동했다. 헬리콥터가 공원 상공을 돌며 도망치는 시민들의 등을 비추었다. 요행히 경찰의 무력을 피한 일부 시위자들이 좁은 골목길을 점거하고 바리케이드 뒤에서 "우리는 공원을 원한다", "경찰은 집에 가라" 같은 구호를 외치다가, 새벽 4시에 경찰이 철수하자 환호성을 지르며 다시 공원으로 진입했다. 그러나 이후 재개된 경찰의 진압 작전으로 톰킨스스퀘어 공원을 비롯한 로어이스트사이드의 '빈 공간'에 모여 있던 점거자들과 시위자들은 모두 강제 해산되었다. 이들의 재진입을 막기 위해 경찰은 아예 공원을 폐쇄해 버렸는데, 이 조치는 1991년까지 3년간 계속되었다.[19]

폭력까지 동원한 무조건적 진압, 공원 폐쇄라는 극단적 조치, 왜 이렇게까지 해야 했을까? 이 같은 철저한 불관용주의는 신자유주의 도시에 반드시 나타난다. 이는 신자유주의적 자본주의라는 대세에 역행하는 그 어떤 문제 제기도 용납할 수 없다는 태도로, 과거에 미국 도시 정책의 근간이 되었던 리버럴리즘의 종언을 의미했다.[20] 톰 킨스스퀘어 공원 사건 이후 뉴욕 시의 이러한 태도는 강화되었다. 1993년에 취임한 줄리아니 시장은 '삶의 질'을 내세워 공공장소에서의 일탈 행위에 철저한 불관용 정책zero-tolerance으로 맞섰다. 이때 도입된 것이 바로 유명한 '깨진 유리창' 이론으로, 어떤 동네에서 단 한 집이라도 유리창이 깨진 채로 놔두면 이것이 범죄자들을 안심시키고 범죄 의지를 자극해 전체 마을을 슬럼화하는 불씨가 된다는 것이다. 이 이론에 따라 1994년 경찰은 이른바 '경찰 전략 제5번'을 통해 적극적인 경찰력 사용 의지를 밝혔다. 깨진 유리창은 모두 제거되어야 했으며, 방치된 건물은 용납되지 않았다. 시내의 모든 공원이 '청소'되고 노숙자들은 사라져야 했다.[21]

널 스미스는 이런 도시를 "복수주의 도시revanchist city"라고 부른다. 이런 도시는 빈민이나 노숙자 같은 사람들을 사회적 약자나 피해자로 보지 않고 도시 공간의 약탈자로 본다. 이들의 존재를 인정한 탓에 이들에게 도시를 빼앗긴 것이라 여기며 이들로부터 도시를 되찾아야 한다고 본다. 젠트리피케이션, 더 넓게는 신자유주의 도시 정책의 결과로 이들이 거리로 나앉게 되었다고 보는 것이 아니라, 이들의 존재가 도시 문제의 근원이라고 보기 때문이다. 따라서 이런 도시는 근본적 해결책, 즉 도시 빈민의 주머니 사정에 맞는 대안적 주거지 마련에는 관심을 두지 않는다. 이러한 접근법은 로어이스트사이드의 재개발과 재개발의 정점에서 터진 톰킨스스퀘어 공원 사건에서 여실히 드러났다고 볼 수 있다.

1980년대에 뉴욕의 젠트리피케이션을 대표하는 곳이 로어이스 트사이드였다면 1990년대에는 할렘이었다. 대도시 흑인 게토의 대명사, 뉴욕의 거대한 치부, 흑인이 아니라면 발을 들여서는 안 될 위험 구역, 빈곤과 범죄의 상징이었던 할렘은 1990년대에 이른바 '제2차 할렘 르네상스'를 통해 엄청나게 탈바꿈했다. 청소된 거리와 널리 알려져 있는 유명 상점 간판들, 모던한 새 건물들과 보수를 거친 고풍스러운 브라운스톤 주택들, 여기에 덧붙여진 할렘만의 독특한 문화로 할렘은 이제 뉴욕 시의 주요 관광지가 되어 있다. 변화가 시작된 것은 1985년에 시정부가 소유하고 있던 할렘의 주택들을 팔려고 내놓으면서부터였다. 당시 할렘 전체 주택의 무려 65퍼센트가 시 소유였고 1990년대 초반까지 그 가운데 68퍼센트가 팔려 나갔다는 점을 고려하면, 이러한 방향 전환이 얼마나 큰 변화를 불러왔을지 짐작할 수 있다.[22]

뉴욕 시는 할렘의 오랜 악명 때문에 이곳 부동산의 매입을 꺼리는 잠재적 구매자들을 상대로 적극적인 홍보에 나섰고, 할렘의 인프라 개선을 약속했다. 그러면서 다운타운의 부동산업계를 중심으로 서서히 구매자들이 나타났고, 다른 동네의 젠트리피케이션을 이끌었던 JP모건, 뱅크오브아메리카, 씨티은행 등이 역시 대출을 통해 투자에 가담했다. 말하자면, 시정부의 보증을 담보로 사적 자본의 부동산 투자가 진행된 것이다. 때마침 뉴욕 증시는 1990~1998년에 다우존스 지수가 4배 성장하는 등 활황을 이어가며 수많은 신흥 부자들을 만들어내고 있었다. 그렇게 넘쳐난 돈이 할렘을 비롯한 뉴욕 여러 지역의 젠트리피케이션으로 흘러들었다.[23] 1992년 '바디샵Body Shop'과 '벤앤드제리 아이스크림Ben and Jerry's'이 할렘에 진출한 것은 백인 전용으로 여겨지던 전국적 브랜드의 유입이라는 역사적 사건이었다.

사실 할렘은 19세기 말에 뉴욕 중상류층의 교외 주택지로 조성되었다. 그래서 원래 이곳에는 대저택 형태의 널찍한 평면 구성에 이제는 구할 수도 없는 좋은 돌로 지어진 양질의 브라운스톤 건물들이 즐비한 거리들이 많았다. 일찍이 20세기 초에 '할렘 르네상스'가 이곳을 공간적 무대로 삼았던 것 역시 흑인 신흥 중산층이 양질의 주택을 찾아 이 동네로 이주하면서 이루어진 일이었다. 그 후 낙후되는 과정을 겪었지만, 허름해 보였던 할렘의 거리들이 '투자'의 관점에서 다르게 보이기 시작했다. 관리만 제대로 된다면, 그리고 환경의 개선이 뒤따른다면, 오랫동안 감춰져 있었던 할렘의 매력이 제대로 발휘될 가능성이 있었다. 그동안 대체로 버려져 있었던 것은 오히려 이득이 되었다. 다른 동네가 원래의 주택들을 부숴가며 재개발이나 재건축을 수없이 되풀이하는 동안 할렘은 옛 정취와 성격을 그대로 가지고 있었고, 가격도 많이 오르지 않았기 때문이었다.

할렘의 젠트리피케이션은 1994년에 연방정부가 엄청난 자금 지원을 통해 대도시 내 낙후 지역의 경제를 활성화하는 정책인 '역량강화지구Empowerment Zone' 계획을 내놓으면서 본격화되었다. 뉴욕 시는 '어퍼맨해튼 역량강화지구Upper Manhattan Empowerment Zone'를 계획해 1996년부터 총 3억 달러의 지원금을 받았다. 이 계획에서 핵심이 된 지역은 바로 할렘이었다. 뉴욕 시정부는 이 역량강화지구 사업에서 할렘에 전국적 브랜드를 유치할 목적으로 해당 기업들에 저금리 대출을 해주는 데 가장 많은 자금을 썼고, 일부 자금은 관광 산업에 투자했다. 또한 할렘에 진출한 기업에는 총 2억 5,000만 달러에 달하는 감세 혜택을 주었다. 역량 강화 자금으로 지은, 116번로에서 119번로까지 걸쳐 있는 거대 상가 '할렘 USA'에는 올드 네이비와 갭(의류), 홈 디포(가재도구·공구), 스테이플스(문방구), 코스코(대형 할인마트), 베스트 바이(전자제품), 마셜스(재고할인 상점), 그리고 할렘 최초의 영화 개봉관을 유치했다.[24] 이것은 실은 미국 어디서나 볼 수 있는 전형적인 미국 쇼핑몰이었다.

2001년에는 전임 대통령인 빌 클린턴의 사무실이 할렘으로 이사를 오는 상징적인 일도 있었다.[25] 클린턴은 대통령 재임 시절 역량강화지구 사업을 만들어낸 당사자였다. 비록 사무실 위치가 할렘의

개보수를 마친 아름다운 할렘 주택가 풍경.

거대 상가 '할렘 USA'.

남쪽 경계에 해당하는 125번로이긴 했지만, 그가 전국적 언론 매체의 관심을 한 몸에 받으며 할렘으로 들어왔다는 것은 짧은 시간 안에 할렘에서 벌어진 변화의 정도를 가늠케 한다. 이제 할렘은 명실상부하게 뉴욕의 좋은 동네 가운데 하나이다. 2005년의 통계를 보면 할렘 아파트(침실 1, 화장실 1, 주방, 거실)의 평균 월세가 1,700달러로, 이제 이곳이 맨해튼의 다른 지역과 큰 차이가 없음을 알려준다.

지가와 임대료의 상승은 할렘처럼 대부분의 주민이 세입자인 동네에서는 특히 치명적이다. 2000년 인구 조사에 따르면, 웨스트할렘, 센트럴할렘, 이스트할렘에서 세입자 비율은 각각 90.3퍼센트, 93.4퍼센트, 93.6퍼센트로 매우 높다. 그런데 뉴욕 시는 임대 규제에 묶여 있는 건물주의 불만을 무마하기 위해서 1993년의 '임대규제개혁법Rent Regulation Reform Act'과 1994년의 '뉴욕 시 지역법 4번New York City Local Law 4'을 통해 월세 2,000달러 이상의 고급 아파트에 대한 규제를 우선 풀고, 연 수입 25만 달러 이상의 고소득층에 대한 월세 규제를 없앴다. 이 기준은 1997년에 17만 5,000달러로 하향 조정되면서, 규제가 풀린 대상을 더 증가시켰다.[26] 시정부의 이러한 조치는 세입자에게는 더 큰 부담을, 건물주에게는 더 큰 자유를 안겨주는 것이었다.

젠트리피케이션에 따른 할렘의 변화는 사람들의 이동을 초래했다. 이제 할렘에는 할렘을 할렘으로 만들었던 요소들이 더 이상 없다. 할렘에 정체성을 부여했던 사람들이 소리 없이 이 동네를 떠나고 있다. 그 사람들 중 일부는 집주인의 퇴거 명령에 성공적으로 저항해 남아 있지만, 대부분은 전반적인 월세 상승으로 인해 더 이상 할렘에 머물지 못하고 떠나간다.[27] 그렇다 보니 할렘 거주자 가운데 극빈자 비율이 줄어들었고, 주택 담보 대출은 1996년에서 2002년까지 약 5배 증가했다. 총액으로 보자면 2,000만 달러 미만에서 1억 달러 수준으로 증가한 것이다. 주민 가운데 대졸자의 비율은 1996년 6퍼센트에서 1999년 24퍼센트로 급증했다.[28] 할렘의 인구 구성은 분명 근본적으로 변하고 있다.

이러한 할렘의 변화에 대한 기존 거주자들의 반응은 양 갈래로 나뉘었다. 하나는 부정적인 반응으로, 기존 거주자들이 오른 임대료를 감당하지 못해 밀려나는 것에 대한 슬픔, 상점들이 어디에나 있는 전국적 브랜드로 대체되어 특이한 문화적 정체성을 상실하게 된 것에 대한 반감, 심지어 할렘에 관심이 집중되기 이전에 미리 경매로 헐값에 매물을 샀던 다운타운 백인들의 음모라는 극단적 생각들이 있었다. 하지만 그에 못지않게 긍정적인 반응도 있었다. 무엇보다, 공간의 물리적 개선을 긍정적으로 보는 시각이 있었다. 그리고 이제 미국 주류 사회에 편입했다는 자부심, 수입 상승이나 기업의 지역 사회 기여에 대한 기대 심리 등도 있었다.[29]

자본이 투여되면 개선이 이루어지고 관광지로 개발되어 적어도 일부 주민은 분명 수입 상승이라는 이득을 보게 될 것이다. 하지만 잊지 말아야 할 것은 젠트리피케이션의 결과로 만들어지는 공간에서는 저소득층의 선택의 폭이 좁아진다는 분명한 사실이다. 2003년의 조사에 따르면, 뉴욕 시 세입자 가운데 빈민층에 속하는 22만 5,000명이 임대료 상승을 감당하지 못해 거주하던 동네를 떠났고, 그 가운데 9만 6,000명은 집주인이나 정부에 의해 강제 퇴거당한 경우였다. 그들 중 일부는 임대규제법의 보호를 받는 경우였음에도 불구하고 강제 퇴거를 피할 수 없었다.[30]

4. 어떤 도시를 원하는가

되돌아보면, 도시는 항상 건설과 파괴를 반복하면서 자본의 순환을 매개해왔다. 이 책의 앞부분에서 살펴본 것처럼 젠트리피케이션의 전 단계는 도심지 공동화, 슬럼화 현상인데, 이것의 원인은 부르주아를 위한 교외화였다. 교외화 단계에서는 시내를 빠져나가는 것이 투자였다면, 빠져나갔던 이들이 다시 돌아오는 것에서도 경제적 이익을 기대할 수 있다. 이념적으로는 '자유'를 주장한 신자유주의 경제는 실제로는 일부만의 자유를 추구했고, 그 결과 사회 전체적으로는 불평등과 사회 불안을 야기했다. 역사적으로 살펴볼 때 도시 경관 변화의 결과가 이런 식으로 되풀이되어왔다는 사실은, 이것이 우연한 부작용이 아니라 자본주의에서의 도시 변화의 가장 근본적인 특성임을 증명하는 것이다. 결국 젠트리피케이션은 도시 공간에 자본의 터와 자본주의적 경관을 만드는 과정의 일부인 것이다.[31]

젠트리피케이션의 요건은 세 가지라고 한다. 첫째는 지역의 자본화를 열망하는 젠트리피케이션 산업(부동산 개발업, 담보 대출업, 건설업), 둘째는 낙후했지만 개선 가능성이 있는 위치 좋은 동네, 셋째는 정치적·경제적 능력이 없는 저소득층 주민.[32] 이 세 요소가 결합하면 바로 젠트리피케이션을 위한 조건이 충족된 것이며, 젠트리피케이션은 바로 이러한 조건이 맞아떨어지는 뉴욕의 또 다른 동네를 찾아 쉬지 않고 경계를 밀고 나가고 있다. 그리니치에서 밀려난 예술가와 빈민은 소호로 갔고, 소호가 비싸지자 다시 로어이스트사이드로 갔으며, 그곳에서마저 젠트리피케이션이 일어나자 맨해튼을 건너 브루클린의 브루클린하이츠로 옮겨 갔다.

덤보DUMBO(Down Under Manhattan Bridge Overpass)가 작고 예쁜 화랑들과 가게들로 예술가와 여피의 새로운 둥지로 관심을 끈 데 이어 더 북쪽의 윌리엄스버그로 젠트리피케이션의 경계가 옮겨 갔다. 지금은 윌리엄스버그와 그 주변의 그린포인트가 젠트리피케이션의 최전선이다. 빈민 슬럼가에 공장 지역이었던 윌리엄스버그의 비어 있던 폐공장은 높은 천장과 널찍한 공간 덕분에 예술가의 작업실이 되기에 적당했다. 폴란드 등 동유럽 이민자들의 거주지였던 과거 덕분에 독특한 문화유산을 간직한데다가 새로 유입된 예술가들의 기지와 참신함이 곁들여져 윌리엄스버그는 새로운 소호가 되었다.

하지만 오늘날 그리스 정교 예배당 바로 옆에 국제적 표준을 따른 새 아파트 건물들이 한창 건설되는 중이고, 재건축 중인 건물 혹은 거리가 곳곳에 보인다. 비싸지 않은 동네였던 이곳들에 재개발 사업과 부동산 임대업 열풍이 불어닥친 것이다. 예술가들의 뒤를 이어 고급 의류 상점들이 이사를 오고 있다. 뉴욕에 거주하는 알렉산드라 에스포지토라는 예술가가 이런 말을 했다고 한다. "뉴욕의 예술가들은 무슨 미생물 같아요. 가장 더럽고 후진 지역에 들어가서 더러운 거 다 먹어치우고 깨끗하게 해놓으면 땅값은 올라버리고, 그러고 나면 또 다른 더러운 곳을 찾아 떠나야 하죠."[33] 젠트리피케이션으로 내몰린 사람들은 이제 또 어디로 갈 것인가?

2016년 현재 맨해튼 내에서는 미트패킹 구역meatpacking district에 관심이 쏠려 있다. 이곳은 전통과 역사의 화랑가가 있는 첼시 남쪽에 위치한 아주 작은 구역으로, 이름에서 분명히 드러나듯 뉴욕 시에 공급되는 식육을 위해 도축·가공을 담당하던 동네이다. 한때는 100곳이 넘었던 식육 도축가공장이 아직도 20여 곳 남아 있는 이 구역에 헬무트 랑, 마놀로 블라닉 같은 고가품 상점과 그지없이 세련된 음식점들이 들어오기 시작한 것은 1990년대 후반부터다. 새벽에만 여는 도축장이 조용해질 때쯤이면 유행을 선도하는 레스토랑과 옷 가게가 문을 여는 참으로 이상한 광경이 펼쳐지게 되었다. 사람들은 이곳에 흥미를 느꼈고 이곳을 찾아왔다.

인기를 얻었던 미국 드라마 〈섹스 앤드 더 시티Sex and the City〉의 시즌 3(2000년 방영)에서 주요 등장인물 중 세태와 유행에 가장 민감한 인물인 광고업계 종사자 사만다 존스가 이사한 곳이 바로 이 미트패킹 구역이었다. 사만다의 이사에서 단적으로 드러나는 미트패킹 젠트리피케이션의 결과는 다른 구역과 다르지 않았다. 폐허나 다름없던 창고 건물들이 고가로 거래되었고, 임대료가 천정부지로 올랐고, 달리 갈 곳이 없어서 그곳에 둥지를 틀었던 가난한 사람들이 더 이상 그곳을 감당하지 못해 떠났다.[34] 이민 노동자, 전위적 예술가, 차별받던 흑인의 경험을 낭만화해 상품으로 만들고, 이를 통해 부동산 투자자들에게 큰 이윤을 안겨주었던 로어이스트사이드나 할렘의 전

미트패킹 지역. 도축 및 식육 가공이 이루어지는 작업장 바로 옆에 고가품 상점이 들어섰다.

윌리엄스버그 지역. 외관은 허름해 보이지만, 특이한 문화를 눈여겨보고 진입한 자본이 내부를 고급화하면 임대료와 부동산 가격이 급등한다.

례와 마찬가지로 미트패킹 역시 거리마다 차례로 젠트리피케이션에 점령당하고 있다.

　어디서든 자신의 의사와 관계없이 떠밀려 다니다가 결국 도시의 언저리로 내몰리는 사람들의 문제가 가장 중요하게 다루어져야 한다. 하지만 '부동산 = 투자 상품'이라는 공식에 따라 모든 공간을 효율이 최대화되도록 쪼개어 가격을 올려야 하는 현실을 고려하면 무언가 대안이 가능하리라 상상하는 것 자체가 어렵다. 바로 이것이 1960년대에 뉴욕의 재정비에 맞서 싸웠던 제이컵스의 교훈이 여전히 유효한 이유이다.

　그렇다고 젠트리피케이션의 문제점을 저소득층용 임대 주택 건설을 통해 해소한다는 것은 해결책이 될 수 없다. 로어이스트사이드 재개발로 인해 본거지를 잃은 저소득층을 위해, 젠트리피케이션에 든 만큼의 비용을 시 재정에서 부담해 임대 주택을 건설한다는 대응 보조금 정책cross-subsidy plan은 각계의 환영을 받았었다. 1987년의 주식 시장 붕괴로 인해 적극적으로 실현될 기회는 없었지만, 이것은 여전히 젠트리피케이션의 부작용에 대한 그나마 바람직한 치유책이라고 주장된다. 하지만 이 역시 근본적으로는 주택 시장의 양분화라는 문제를 해결하기는커녕 강화한다. 프루잇-아이고의 예가 이미 이 점을 적나라하게 보여주었다.

용도 구획화, 철거와 재개발 등의 근대적 도시 계획은 도시를 그저 투기의 대상으로 전락시키며, 기본적으로 사람이 사는 공간으로서의 도시, 인간들의 공동체로서의 도시를 무시하고 파괴한다는 것이 제인 제이컵스의 지적이었다. 고급과 저급, 비싼 동네와 싼 동네로 공간을 명확히 구분하고 일부 구성원들을 특정 구역들에서 소외시키는 도시는 생명력을 가질 수 없다는 제이컵스의 경고를 뉴욕을 넘어 젠트리피케이션의 무대가 되는 도시마다 귀담아들어야 할 것이다.

도시의 미래—젠트리피케이션 너머

《뉴욕열전》,《유체 도시를 구축하라!》,《죽음의 도시, 생명의 거리》라는 세 권의 책으로 현대 뉴욕의 젠트리피케이션 문제를 전하는 이와사부로 코소는 앵글로 색슨 미국인들 역시 한때는 아메리카 원주민 땅의 침입자이자 스쿼터(무단 점거자)였다는 사실을 상기시킨다. 그들은 단지 먼저 성공적으로 점거했다는 이유로 그 후 이민 노동자, 노동조합, 여성, 성적 소수자, 흑인, 반전주의자, 사회주의자에게 도시에서 생존하고 거주하고 노동할 권리를 부정해왔다. 젠트리피케이션은 끝을 모르고 진화 중이며, 이제 뉴욕은 그저 개발을 위한 개발을 되풀이하고 있다. 심지어 미래상도 없는, 그저 현재의 건설 그 자체만이 중시되는, "순수 개발의 시대"라 조소할 만한 변화가 계속되고 있다. 가장 최근 책에서 코소는 이것이 "도시적 상상력이라는 영역의 죽음"을 의미한다고까지 말했다.[1]

이러한 암울한 풍경은 마지막 장에서 살펴본 뉴욕에만 해당하는 것이 아니다. 필라델피아, 시카고, 로스앤젤레스, 애틀랜타, 세인트루이스 모두 이와 같은 재개발과 젠트리피케이션을 겪어왔다. 그뿐일까? 이 도시들의 이야기는 놀라울 정도로 한국 도시들의 상황과 겹친다. 닐 스미스가 신자유주의 도시의 불관용 정책을 말하는 것을 보고 2009년의 용산 참사를 떠올리지 않을 수가 없다. '할렘 USA'를 보면 영등포 타임스퀘어나 합정역 메세나폴리스를 떠올리게 된다.

　　도시의 공공 영역마저 공공성을 잃어가고 있다는 것 또한 전 지구적인 현상이다. 모두에게 열린 해방의 공간으로 얼핏 생각되는 뉴욕의 센트럴파크는 공공시설로 정의되지만, 모든 시민을 위한 것은 아니다. 관리와 영업을 맡고 있는 '센트럴파크 관리위원회'에 의해 '공공의 이익'이 규정되기 때문이다. 이것이 바로 센트럴파크에서 이라크전 반전 집회가 한 번도 허가되지 않은 이유이다. 이에 겹쳐지는 한국의 사례가 있다. 2009년 여름, 청계광장에서 제13회 인권영화제를 열도록 허가했던 '서울시 시설관리공단'이 개막 이틀 전에 이를 철회하고 불허를 통보했는데, 이때 내놓은 궁핍한 이유가 '부득이한 시설 보호의 필요성'이라는 것이었다. 이 영화제의 개막작이 젠트리피케이션 과정에서 경찰의 과잉 진압에 의해 촉발되었던 용산 참사를 다루고 있었다는 것은 우연이 아니다.[2]

　　그렇다면 이렇게 자본주의와 반민주적인 정책으로 죽어가는 도시에 희망은 없는가? 코소는 반G8 시위가 벌어지는 거리에서, 학내 민주화를 위해 점거 농성을 하는 학생들의 캠퍼스에서, 생태주의 도시를 실천하고 있는 포틀랜드에서, 반자본·반제국주의 정책을 취하고 있는 모랄레스의 볼리비아에서 희망을 찾는다. 그것들이 바로 세

번째 책의 제목에서 언급되는 "생명의 거리"를 만들기 위한 좋은 행동들이라는 것이다.[3]

코소는 마이크 데이비스와 같은 비관주의자는 아니다. 데이비스는 슬럼으로 뒤덮인 지구, 거대 도시 자체의 슬럼화 속에서 벌어지는 지구적 규모의 민중 궁핍화를 매우 비관적으로 논한다. 이것은 특정 도시의 문제가 아니라 자본주의 자체의 문제로, 전 지구적으로 퍼져나가고 있으며, 개선의 단서를 찾기 어렵기 때문에 사실상 해결 불가능한 비극과도 같다.[4] 그러나 코소는 하트와 네그리의 《공동체》에서 말하는 '삶정치적 도시biopolitical city'의 개념을 통해 민중의 유대 가능성을 되살린다. 그는 전 지구적 맥락에서 민중들은 공통적으로 자본에 의해 밀려나는 위기에 대한 투쟁을 감행하게 되었고, 이 때문에 '간도시적', '간운동적' 정치가 가능해졌다고 본다.[5]

따라서 '국가'와 '자본주의'에 의해 거대화된 '전쟁 기계로서의 도시'에 반대하기 위해 '거리로서의 도시'를 구축해야 한다는 것이 코소의 주장이다. 이 '거리로서의 도시'는 바로 투쟁의 공간으로서 전략적인 가능성을 가지는 공간이다. 코소는 뉴욕과 같은 선진국의 메트로폴리스에서 벌어지는 거리 투쟁뿐 아니라 다른 메가슬럼에서 벌어지는 민중의 투쟁에서도 배워야 한다고 말한다. "사람들의 생활의 재생산, 자율과 민주주의의 형성, 행복의 추구"의 여러 유형들이 존재할 것이며, 그것들을 연결시키고 연대할 때 새로운 미시적 희망이 있다고 말한다.

물론 희망적 요소가 완전히 부재하는 것은 아니지만, 과연 이 투쟁의 거리들이 얼마나 지속성을 가질 수 있을지, 혹은 전면적인 체제 변화를 정말로 견인할 수 있을지, 의문이 들지 않는 것도 아니다. 99 퍼센트의 세계인이 공유할 수 없는 자본을 가진 1퍼센트에 대항하자던 '월스트리트를 점령하라' 운동은 이 세상이 여전히 1퍼센트의 것임에도 깃발을 내렸다. 용산 참사도 세월호 사건도 서울의 거리에서 잊혀가고 있다.

미국도시사학회 회장을 역임한 도시사학자 마이클 카츠Michael Katz는 유작으로《왜 미국 도시들은 불타지 않는가Why American Cities Don't Burn》라는 도발적인 제목의 책을 남겼다. 왜 불타지 않느냐는 질문에는 원래는 불타야 한다는 뜻이 담겨 있다. 미국 도시들에서는 1950~1960년대 민권 운동기에 평등과 정의를 요구하는 불길이 솟구쳤었다. 오늘날 그 도시들은 당시에는 상상도 못했을 정도로 훨씬 심화된 불평등과 가난을 겪고 있다. 그럼에도 불구하고 더 이상 그때와 같은 봉기가 일어나지 않는 것은 이상한 일이라고 카츠는 말한다. 2005년의 프랑스 '방리외banlieue'처럼 유럽의 도시들은 불타고 있는데 말이다.

사실 미국의 도시는 민권 운동기 이전에도 불탔었다. 제2장에서 살펴본 시카고가 그랬듯이 20세기 초반에도 여러 미국 도시에서 폭동이 있었다. 또한 그 이전인 식민지 시기까지 거슬러 올라가도 다양한 집단들이 배타적 권력을 장악하기 위해 도시 공간을 두고 벌인 투쟁과 경합이 있었다. 20세기 중반을 배경으로 한 영화〈웨스트사이드 스토리〉에서 유럽계 청소년들과 라틴아메리카계 청소년들이 마주 서서 자기네가 동네의 주인이라 주장하는 장면은, 19세기 중반을 배경으로 한 영화〈갱스 오브 뉴욕〉에서 잉글랜드계와 아일랜드계가 각자의 구역을 확보하기 위해 전투를 벌이는 장면과 정확히 겹쳐진다.

그랬던 미국 도시들이 왜 더 이상 불타지 않는가? 그렇게 차별받고 빈곤의 늪에서 빠져나오지 못하고 있는 흑인들이 왜 지금은 폭동을 일으키지 않는가? 카츠의 책은 여러 가지 설득력 있는 이유를 제시한다. 첫째, 앞서 살펴본 바와 같이 미국 도시들에서는 20세기 내내 인종 간 분리가 지속되었기 때문이다. '흑인 동네'에는 빈곤과 불편, 불안전 등의 문제가 만연해도 그에 대한 분노를 쏟아 부을 상대인 백인이 존재하지 않는 것이다. 그러니 흑인들은 눈에 보이는 흑인들을 탓하면서 서로에게 총구를 겨눈다.

둘째, 제2차 세계대전 이후로 소비주의가 맹신되는 사회 분위기 속에서 사회 구조의 변화를 위한 투쟁에의 의지가 약화되었기 때문이다. 그 대신에 자신의 지위와 환경을 개선하고 싶은 일부 흑인들은 어떻게든 주류 사회의 소비주의 속으로 들어가는 것만이 공화국의 시민임을 증명하는 길이라 믿게 되었다. 따라서 흑인의 전문직 진출이나 더 높은 임금 구간으로의 진출이 이루어졌고, 그래서 무언가 나아졌다는 만족스러운 믿음이 있을지 모르지만, 여전히 대다수 흑인은 극빈 상황에서 벗어나지 못하고 있는 것이다.

셋째, 마이크 데이비스가 관찰한 것과 마찬가지로, 경찰의 군대화, 즉 약자에 대한 군사적 관리 때문이다. 마약과의 전쟁이라는 구실로 엄청난 경찰력이 군대화되고 마약 사범 검거 및 감금에 많은 자원이 쓰이고 있는데, 그 결과는 사소한 마약 관련 범죄에 연루된 흑인의 대규모 투옥이다. 너무나 많은 흑인 남성이 청소년기와 청년기를 감옥에 드나드는 것으로 허비하고 무능한 사회 부적응자로 중년

을 맞게 된다. 결국 이들은 불을 지를 만큼 정치화될 기회조차 갖지 못하는 것이다.[6]

결국 20세기 중반 이후 미국 도시에서 강화된 극도의 자본주의와 인종 분리, 그리고 특히 흑인 빈민에 대한 최근의 보수적 정책의 결과로, 흑인들은 좌절하거나 아니면 그저 그런 사회 체계에 익숙해져 더 이상 혁명을 꿈꾸지 않는다는 것이 카츠의 지적이다. 혁명을 하고 싶은데 역부족인 정도가 아니라, 반기를 들어볼 생각조차 못하는 상태인 것이다.

이런 무기력한 상황을 타개할 희망이 전혀 없을까? 카츠는 에필로그에서 희망의 가능성을 언급하며 책을 마쳤다. 그는 혹시 우리가 그동안 도시의 실패를 이야기하는 데만 애를 쓴 것은 아닌지, 실패 담론에 가려진 "개발의 좋은 예"를 너무 무시했던 것은 아닌지 묻는다. 그리고 실제로 성공한 공공 임대 주택의 예들이나, 연방의 결정에 의존하지 않고 다른 방식으로 사적 재원을 구축해 도시 주택 문제에 접근한 예들을 언급한다.[7] 연방정부 차원에서밖에 할 수 없는 일들은 물론 연방정부에 요구해야겠지만, 그 외의 영역에서는 능동적으로 대처해보자는 취지로 읽힌다. 지나친 낙관론이나 이상주의도 위험하지만, 지나친 회의주의나 냉소주의도 경계해야 한다는 것이다.

카츠는 1983년에 펜실베이니아 대학에 도시학 연계 전공을 만들고 30여 년간 가르쳤는데, 이는 그 양극단 사이를 걷기 위한 끈질긴 시도였을 것이다. 도시학 연계 전공은 사회학, 인류학, 역사학, 문학, 사회복지학 등 다양한 전공 분야에 개설된, 도시 관련 부분을 함께 학습하고 실험하는 수업들로 이루어지며, 전공자들을 지역 사회에 필요한 사업에 투입해 현장 능력을 갖추게 하는 실습장 역할도 한다. 그야말로 이론과 실천을 지역 사회에 접목하려는 의도에서 만들어진 과정이다. 도시를 살아 있는 공간으로 만들기 위해 대학에서 할 수 있는 일의 좋은 예이다.

도시는 무엇을 할 수 있을까? 역사의 가르침을 따라 지금의 미국 도시 문제를 해결할 가장 빠른 길은 무엇일까? 제5장에서 비교적 좋은 재개발의 예로 살펴보았던 술라드로 다시 가보자. 술라드 자체는 흥미롭고 살아 있는 공간이다. 일단 때려 부순 뒤 높은 건물을 세우는 것이 지배적이던 시대를 잘 건너뛰고 그대로 남아 있었기에 부분 개보수 차원에 그쳤고, 새로운 세대와 옛 마을 주민들이 어울려 살 수 있는 공간이 되었기 때문이다.

그런데 알고 보면 술라드 역시 백인 중산층 내지 젊은 전문직 종사자를 위한 세련된 공간이다. 세인트루이스 다운타운에서 자동차로 20분도 안 걸리는 동네이지만, 유일한 대중교통인 버스를 이용하려면 하루에 몇 번밖에 없고 시간표도 지키지 않는 버스를 대책 없이 기다려 한 시간 반을 타고 가야 한다. 누가 어떻게 평가해도 이곳은 세인트루이스에 '갇혀' 있는 흑인 빈민이 놀러 가는 곳은 아니다. 그 유명한 파머스마켓의 주 고객은 생산자 직거래를 원하는 고소득 고학력의 백인들이고, 트럭에 농산물을 싣고 오는 농민들 대부분은 남부 사투리를 심하게 쓰는 흑인들이다.

맨해튼에서는 '하이 라인High Line'이 주목을 받는다. 사용하지 않게 된 고가 철로를 청소하고 가꾸어 산책로를 만들었다. 번잡한 차로를 내려다보고 양옆의 빌딩 계곡을 올려다보며 이 산책로를 걷는 재미가 상당하다. 이곳은 그냥 철거될 뻔했던 철로를 '하이 라인의 친구들'이라는 주민 조직이 강력한 의지를 가지고 재생해 만든 예외적인 공간이다. '하이 라인의 친구들'이 각계 명사들의 지지를 얻은데다가, 마침 환경 친화적 사업에 관심을 갖고 있던 마이클 블룸버그 Michael Bloomberg 시장도 거들어 폐철로의 재생 사업이 순조롭게 진행되었다. 버려졌던 철로 위에 잡초와 들꽃들이 자연스럽게 자라나며 만들어진 초록의 산책로가 요즘 뉴욕을 방문하는 이들은 빼놓지 않고 걸어보는 길이 되었다. 입장료도 받지 않고 자원봉사로 운영하는 '하이 라인의 친구들' 덕분에 거의 죽어 있었던 도시의 한 구역이 완전히 재생된 것이다.

하이 라인. 기존의 철로를 남겨놓고 그 옆으로 보도를 만들었다.

하이 라인에는 사람들이 머물렀다 갈 만한 공간들도 드문드문 조성돼 있다. 이곳은 남북으로 뻗은 하이 라인을 동서로 가로지르는 차로를 내려다보게 되어 있는 계단식 공연장.

    주민과 시정부의 성공적인 협업 사례이자 비교적 큰 자금을 들이지 않은 '재활용' 사업이라는 측면에서 엄청난 각광을 받은 하이 라인이지만, 최근에는 그 역시 결국 젠트리피케이션의 도구가 되었다는 비판을 받고 있다. 하이 라인의 구간이 바로 젠트리피케이션의 핵심 구역인 미트패킹의 서쪽 부분을 관통하기 때문에, 이미 진행 중이던 이 지역의 젠트리피케이션을 더욱 가속화하게 되었기 때문이다. 이 지역에서 50~100년간 사업장을 유지했던 자동차 수리점이나 작은 음식점들이 높아진 임대료를 견디지 못해 속속 떠나고 있다.[8]

    무엇이 잘못된 걸까? 누구도 폐철로를 살려서 주민에게 이로운 녹색 공간을 만들자는 '하이 라인의 친구들'의 의도가 순수하고 진정한 것이었음을 의심하지 않는다. 하지만 결국 이 사업은 1억 7,000만 달러를 들인 대형 공원 사업이 되었고, 주민보다 관광객의 관심을 더 많이 끌었다. 바야흐로 '친환경 젠트리피케이션environmental gentrification'의 시대이다. 건강과 환경에 대한 관심이 커지면서 이것 역시 자본의 투자 대상이 된 지 오래이다. 이런 시대에 도시 내 녹색 공간을 조성하는 친환경주의 사업은 결국 부동산 가치 상승에 직접적 영향을 줄 수밖에 없다는 것이 비판적 시각의 주장이다.[9]

그렇다면 어떻게 해야 하는가? 하이 라인과 같은 방식의 대규모 사업은 아무리 녹색 사업이라고 해도 결국 젠트리피케이션의 제물이 될 수밖에 없다고 비판하는 사람들이 주목하는 것이 "딱 적당한 만큼의 초록just green enough"이라는 방법이다. 이 말은 드폴DePaul 대학의 위니프리드 커런Winifred Curran이 브루클린에 위치한 그린포인트의 마을 만들기 사업에 대한 연구에서 처음 사용했다. 그린포인트는 엑슨 사의 석유 폐기물과 폐수 방류 사고로 인한 부유물에 큰 피해를 입은 뒤, 보상금으로 마을을 되살리는 사업을 시작했다. 그런데 이들은 대규모 건축 사업이나 기념사업 같은 것은 벌이지 않았고, 그 흔한 "공원, 카페, 강변 산책로의 묶음 개발" 같은 것도 하지 않았다. 그들은 원래 노동자 계층이 다수 거주하는 이 동네를 그 상태 그대로, 그저 더 깨끗하고 안전한 곳으로 만드는 데에만 관심을 갖기로 했다. 개발업자에게 매력적으로 보일 일은 하지 않는 것을 목표로, 주민 자치회는 위험하고 오염된 것을 청소하고, 산업 시설의 폐수 방류를 감시하고, 주변 지역의 수질을 검사하는 등의 여러 가지 프로그램을 운영한다. 또한 부분적으로 젠트리피케이션의 어쩔 수 없는 침투가 있더라도 노동자들이 그 물결에 밀려나지 않게 하기 위해, 이 지역에서 그들의 일자리가 감소하지 않도록 인근 기업들을 설득하는 일에도 열심이다.[10]

이러한 방법은 철저히 주민을 위해, 주민에게 필요한 만큼만 재개발을 한다는 점에서 제이컵스와 상통한다. 또한 동네를 소득 수준이 다른 주민들이 모두 살 만한 곳으로 만들고, 기존 주민과 새로 유입된 주민이 함께 참여하는 여러 가지 사업을 진행한다는 점에서도 제이컵스를 떠올리게 한다. 아직 젠트리피케이션이라는 신조어가 생기기 전에 쓰인 그녀의 책이 강조한 것이 바로 관광객을 위한 로어이스트사이드, 행정가나 개발업자를 위한 로어이스트사이드가 아니라, 그곳에 사는 주민들을 위한 로어이스트사이드를 만들어야 한다는 것이었다.

주

들어가며 : 미국 도시로의 초대

1 가장 대표적으로, 도시 성장의 단계와 과정에 대한 분석을 통해 산업화와 기술의 발전이 도시를 어떻게 변화시켰는지 살펴본 Sam Bass Warner Jr., *Streetcar Suburbs : The Process of Growth in Boston, 1870~1900*(Cambridge : Harvard University Press, 1962)와 도시 노동자의 생활상을 센서스 자료 분석을 통해 연구한 Stephen Thernstrom, *Poverty and Progress : Social Mobility in a Nineteenth Century City*(Cambridge : Harvard University Press, 1964)를 들 수 있다.

제1장 필라델피아—독립 100주년과 새로운 세기

1 "Nativity of the Population for the 50 Largest Urban Places, 1870 to 1990", www.census.gov/population/www/documentation/twps0029/tab19.html

2 Richard Juliani, "The Origins and Development of the Italian Community in Philadelphia", John Bodnar (ed.), *The Ethnic Experience in Pennsylvania*(Lewisburg : Bucknell University Press, 1973), 233~262쪽.

3 Maxwell Whiteman, "Philadelphia's Jewish Neighborhoods", Allen Davis · Mark Haller (eds.), *The Peoples of Philadelphia : A History of Ethnic Groups and Lower-Class Life, 1790~1940*(Philadelphia : University of Pennsylvania Press, 1973), 231~254쪽.

4 John Sutherland, "The Origins of Philadelphia's Octavia Hill Association : Social Reform in the 'contended' City", *Pennsylvania Magazine of History and Biography* 99:1(1975), 27~30쪽.

5 Emily Dinwiddie, "Housing Conditions in Philadelphia", *Charities* 14(1905년 4월 1일), 630~638쪽.

6 Richard Kenin, "Introduction", Frank Leslie, *A Facsimile of Frank Leslie's Illustrated*

Historical Register of the Centennial Exposition 1876(New York : Paddington Press, 1976), i~v쪽. 이 책은 미국 독립 200주년 기념행사를 준비하던 1976년에 과거 독립 100주년 때의 기념행사에 대한 관심이 되살아나면서 백 년 만에 재출간된, 프랭크 레슬리의 100주년 박람회에 대한 안내서이다.

7 J. S. Ingram, *The Centennial Exposition, Described and Illustrated, Being a Concise and Graphic Description of This Enterprise Commemorative of the First Centenary of American Independence*(Philadelphia : Hubbard Brothers, 1876), 41~45쪽.

8 Ingram, *The Centennial Exposition*, 52~56쪽.

9 A Century of Lawmaking for a New Nation : US Congressional Documents and Debates, 1774~1875, https://memory.loc.gov/cgi-bin/ampage?collId=llhb&fileName=041/llhb041.db&recNum=5044

10 Ingram, *The Centennial Exposition*, 51쪽. 필라델피아 이전에 뉴욕이 국제 박람회를 개최한 적이 있지만 시 차원에서 추진된 일이었고 국가가 개입하지 않았기 때문에 국가 차원의 박람회 준비란 선례가 없는 일이었고, 따라서 예산 확보가 어려웠던 것으로 보인다. 게다가 전후 복구 사업도 급박한 과제였기 때문에 자금 여유가 더더욱 없었을 것이다.

11 John Findling · Kimberly Pelle (eds.), *Encyclopedia of World's Fairs and Expositions*(Jefferson, NC : McFarland & Company, 2008), 56쪽.

12 Linda Gross · Theresa Snyder, *Images of America : Philadelphia's 1876 Centennial Exhibition*(Charleston SC : Arcadia, 2005), 9~28쪽.

13 Robert Post (ed.), *1876 : A Centennial Exhibition*(Washington DC : National History Museum, 1976), 11~23쪽. 다른 책에서는 1,016만 4,489명으로 추산하기도 한다. Nicholas Wainwright · Russell Weigley · Edwin Wolf, *Philadelphia : A 300-Year History*(New York : W. W. Norton, 1982), 466~467쪽.

14 Centennial Commission, *International Exhibition, 1876, An Appendix to the Reports of the United States Centennial Commission and Centennial Board of Finance 50*(Washington DC : Government Printing Office, 1880), 25~29쪽.

15 Ingram, *The Centennial Exposition*, 157~190쪽.

16 Robert Rydell, *All the World's A Fair : Visions of Empire at American International*

Expositions, 1876~1916(Chicago : University of Chicago Press, 1987), 15~16쪽.

17 Ingram, *The Centennial Exposition*, 119~156쪽.

18 Faith Pizor, "Preparations for the Centennial", *Pennsylvania Magazine of History and Biography* 94(1970년 4월), 225~226쪽.

19 Centennial Commission, *International Exhibition, 1876, An Appendix to the Reports of the United States Centennial Commission and Centennial Board of Finance* 50 ; Findling · Pelle (eds.), *Encyclopedia of World's Fairs and Expositions*, 39~41쪽.

20 Frank Leslie, *A Facsimile of Frank Leslie's Illustrated Historical Register of the Centennial Exposition 1876*, ii~v쪽 ; Findling · Pelle (eds.), *Encyclopedia of World's Fairs and Expositions*, 414쪽.

21 Mary Frances Cordato, "Toward A New Century : Women and the Philadelphia Centennial Exhibition, 1876", *Pennsylvania Magazine of History and Biography* 107-1(1983년 1월), 113~135쪽.

22 Ross Evans Paulson, *Liberty, Equality, and Justice : Civil Rights, Woman's Rights, and the Regulation of Business, 1865~1932*(Durham, NC : Duke University Press, 1997), 52~53쪽 ; Anne Firor Scott · Andrew MacKay Scott, *One Half the People : The Fight for Woman Suffrage*(Champaign, IL : University of Illinois Press, 1982), 90~91쪽.

23 Mitch Katchun, "Before the Eyes of All Nations : African-American Identity and Historical Memory at the Centennial Exposition of 1876", *Pennsylvania History* 65-3(1998), 300~323쪽.

24 Bruno Giberti, *Designing the Centennial : A History of the 1876 International Exhibition in Philadelphia*(Lexington : University of Kentucky Press, 2008), 93~96쪽.

25 레슬리는 세밀한 목판화를 기사와 함께 배치한 신문을 발행해 성공한 기업가로, 필라델피아 박람회에 직접 투자했을 뿐 아니라 324쪽에 달하는 박람회 안내서 (*Frank Leslie's Illustrated Historical Register of the Centennial Exposition, 1876*) 를 발행해 판매하기도 했다. 그는 박람회 곳곳에 화가들을 배치해 박람회의 다양

한 모습들을 그리게 했는데, 그렇게 해서 얻어진 그림들을 담은 이 안내서는 사진이 일반화되지 않았던 당시의 박람회 풍경을 가장 자세하고 사실적으로 보여주는 귀중한 자료이다.

26 The City Parks Association of Philadelphia, "Proposed Improvements in Philadelphia's City Plan"(1902).

27 James Beck, "The Necessity for a City Hall Plaza : An Argument in Behalf of the Pending Ordinance to Create on the Northeast Side of the City Hall a Public Park or Plaza"(1896) ; The Parkway Association, "The Proposed Parkway for Philadelphia"(1902) in Pamphlets Collection, Urban Archives(Philadelphia).

28 Philadelphia Housing Association, *Housing in Philadelphia*(1922), 3~6쪽.

29 Dinwiddie, "Housing Conditions in Philadelphia", 630~638쪽 ; PHA, *Housing in Philadelphia*(1923), 22~24쪽.

30 대표적인 사회 고발 언론인muckraker이었던 링컨 스테펀스는 미국의 주요 도시들을 방문하고 시정부의 행정 투명성과 시민의 생활고에 대한 기사를 썼다. 그가 쓴 기사에서 필라델피아는, 공화당 머신 조직(당시 미국 도시에서 권력을 장악한 정치 조직을 부르던 말)이 지역 기업인과 결탁해 여론 형성과 정책 결정에서 절대적인 영향력을 행사하고 이를 견제할 세력은 부재하는, 부패 도시의 전형으로 소개되었다. Lincoln Steffens, "Philadelphia : Corrupt and Contented", *The Shame of the Cities*(New York : McClure, 1904), 134~161쪽 ; Gustavus Myers, "The Most Corrupt City in the World", *The Living Age* 3111(1904년 2월 20일), 447~464쪽.

31 "Councils To Ask For Housing Law Repeal", *North American*(1915년 2월 2일) ; "Bill To Nullify Housing Division", *Philadelphia Inquirer*(1915년 2월 2일).

32 Caroline Golab, "The Immigrant and the City : Poles, Italians, and Jews in Philadelphia, 1870~1920", Davis·Haller (eds.), *The Peoples of Philadelphia*, 203~230쪽.

33 Philadelphia Housing Association, *Housing in Philadelphia*(1924), 47~49쪽 ; *Housing in Philadelphia*(1925), 46~52쪽 ; "Councils Open Entire Parkway", *Philadelphia Inquirer*(1916년 7월 21일) ; "Two Subway Loop Contracts Signed by M'Nichol's Co.", *Philadelphia Inquirer*(1917년 9월 30일).

제2장 시카고—흑인 대이동과 갈등

1 이 장의 내용은 박진빈, 〈1919년 시카고의 인종폭동과 도시문제〉,《미국사연구》
26권(2007년 11월), 97~123쪽을 수정, 보완한 것이다.

2 서부 개척의 전초지로서의 시카고의 역할과 발전상에 대해서는 William Cronon,
Nature's Metropolis : Chicago and the Great West(New York : Norton, 1991) 참조.

3 Timothy B. Spears, *Chicago Dreaming : Midwesterners and the City,
1871~1919*(Chicago : University of Chicago Press, 2005), 3~23쪽.

4 Julian Ralph, *Our Great West*(New York : Harper & Bros., 1893), 1~2쪽.

5 박진빈, 〈만국박람회에 표현된 미국과 타자〉,《미국사연구》18권(2003년 11월),
133~157쪽 ; Stanley Appelbaum, *The Chicago World's Fair of 1893*(New York :
Dover Books, 1980).

6 박진빈, 〈만국박람회에 표현된 미국과 타자〉, 133~157쪽.

7 George Warrington Steevens, *The Land of the Dollar*(New York : Dodd, Mead &
Co., 1897), 14~15쪽. 당시 시카고 인구의 3분의 2는 외국 태생이었다.

8 Louise W. Knight, *Citizen : Jane Addams and the Struggle for Democracy*(Chicago :
University of Chicago Press, 2005).

9 Robyn Muncy, *Creating a Female Dominion in American Reform, 1890~1935*
(New York : Oxford University Press, 1991).

10 James Grossman, *Land of Hope : Chicago, Black Southerners, and the Great Migration*
(Chicago : University of Chicago Press, 1989), 66~97쪽.

11 노예제 경험이 있는 흑인과 흑인 해방 이후 출생한 흑인 사이의 세대차 문제에
대해서는 Leon Litwack, "Hellhounds", James Allen · John Lewis · Leon F. Litwack ·
Hilton Als, *Without Sanctuary : Lynching Photography in America*(Santa Fe, NM :
Twin Palms Publishers, 2000), 8~37쪽 참고.

12 Alain Locke, "Enter the New Negro", *The Survey Graphic* 4:6(1925년 3월),
631~634쪽.

13 American Social History Project : Up South Video, http://www.ashp.cuny.edu/
video/up3.html(검색일 : 2006년 7월 25일).

14 Grossman, *Land of Hope*, 123~128쪽.

15 Ira Katznelson, *City Trenches : Urban Politics and the Patterning of Class in the United States*(Chicago : University of Chicago Press, 1981), 67~86쪽.

16 James Barrett, *Work and Community in the Jungle : Chicago's Packinghouse Workers, 1894~1922*(Urbana · Chicago : University of Illinois Press, 1987), 70쪽.

17 Grossman, *Land of Hope*, 181~207쪽 ; Carl Sandburg, *The Chicago Race Riots July, 1919*(New York : Harcourt, Brace and Howe, 1919), 75쪽.

18 Barrett, *Work and Community in the Jungle*, 64~117쪽.

19 Upton Sinclair, *The Jungle*(New York : Doubleday, 1907). 업턴 싱클레어,《정글》, 채광석 옮김(동녘, 1991), 40~42쪽.

20 George E. Haynes, *The Negro at Work During the World War and During Reconstruction* (Washington DC : Government Printing Office, 1921), 54~55쪽.

21 유럽계 이민자들은 노조에서 마련한 프로그램들을 통해 빠르게 미국 생활에 적응해갔다는 당시의 보고서들이 존재한다. 흑인들과 달리 폴란드, 리투아니아, 슬로바키아에서 온 이민자들은 노조로부터 큰 환영을 받았고, 작업장 내 배치 등에서 특별한 배려를 받으며 동료로 인정받았다. 그들에게 노조화는 곧 미국화를 의미했다. Barrett, *Work and Community in the Jungle*, 118~147쪽.

22 Rick Halpern, *Down on the Killing Floor : Black and White Workers in Chicago's Packinghouses, 1904~54*(Urbana · Chicago : University of Illinois Press, 1997), 44~51쪽.

23 Grossman, *Land of Hope*, 196쪽.

24 John Dittmer, *Black Georgia in the Progressive Era, 1900~1920*(Urbana · Chicago : University of Illinois Press, 1977), 30쪽.

25 Halpern, *Down on the Killing Floor*, 51~65쪽. 1930년대에는 예외적으로 흑백 노동자의 단결이 실현되었고, 특히 시카고의 도축업이 그러한 단결의 성공 사례로 유명하지만, 1920년대까지만 해도 그것은 상상하기 어려운 일이었다. 특히 백인 노조는 사측과의 협상 과정에서 흑인과의 약속을 저버리며 배신하는 행위도 일삼았다. T. J. Woofter Jr., "Negro and Industrial Peace", *The Survey*(1920년 12월 18일), 420~421쪽.

26 Barrett, *Work and Community in the Jungle*, 188~263쪽 ; Grossman, *Land of*

Hope, 208~245쪽.

27 William Tuttle, Jr., *Race Riot : Chicago in the Red Summer of 1919*(Urbana · Chicago : University of Illinois Press, 1996), 175~176 · 233~236쪽 ; Sandburg, *The Chicago Race Riots July, 1919*, 17쪽.

28 Tuttle, Jr., *Race Riot*, 238~241쪽.

29 이 글에서 7월 29일 사건의 재구성은 터틀William Tuttle, Jr.의 서술을 따랐다. 터틀의 서술은 다섯 명의 흑인 청소년 가운데 하나로 유진 윌리엄스의 친구였던 존 해리스의 인터뷰 자료에 근거한 것이다. 그런데 당시의 신문 기사나 1922년에 간행된 시카고 인종관계위원회Chicago Commission on Race Relations의 최종 보고서 등은 조금씩 다른 설명을 하고 있다. 특히 윌리엄스가 29번가 쪽으로 헤엄쳐 갔기 때문에 여러 백인이 그에게 돌을 던진 것이고 그렇게 날아온 돌에 맞아 윌리엄스가 죽었다는 기록이 있다. 그 밖에 인물의 이름과 나이 등이 일치하지 않는 경우 더 많은 사료들이 지지하는 쪽을 택했다.

30 당시의 신문 기사들은 피해 인원의 수를 각기 다르게 제시한다. 집계에 문제가 있었을 것으로 보고, 여기서 피해자 수는 인종관계위원회의 최종 보고서를 따랐다. Chicago Commission on Race Relations, *The Negro in Chicago : A Study of Race Relations and a Race Riot*(Chicago : University of Chicago Press, 1922), 595~602쪽.

31 Grossman, *Land of Hope*, 124~125쪽.

32 "28 Dead, 500 Hurt in Three-Day Race Riots in Chicago", *New York Times*(1919년 7월 30일).

33 "Troops Leave Stock Yards : Strike Continue in Packing House Plants", *New York Times*(1919년 8월 9일). 안전을 보장하니 출근해도 좋다고 했던 시정부를 고소하고 폭력에 대한 피해 보상을 요구해 1921년에 승소한 흑인에 대한 보도가 있다. "Gets Verdict Against Chicago for Negro's Death in Race Riot", *New York Times*(1921년 5월 27일).

34 다만 8월 2일 토요일에 리투아니아 이민자들이 살던 구역에 방화로 인한 대규모 피해가 있었다. 49채의 집이 불타 948명이 노숙자가 되었다. 재산 피해는 25만 달러 규모로 집계되었는데 방화범은 끝내 잡히지 않았다.

35 "The Recommendations of the Commission", Chicago Commission on Race Relations, *The Negro in Chicago*, 640~651쪽.

36 "5 More on Death Toll", *New York Times*(1919년 7월 31일).

37 "Reds Try to Stir Negroes to Revolt", *New York Times*(1919년 7월 28일).

38 물론 노예 해방 이후에도 흑인의 상황이 나아지지 않은 현실에 환멸을 느낀 흑인들 가운데 사회주의에서 희망을 찾고 소련 공산당과 교통한 선구자들이 있었다는 것을 고려하면 이러한 의심에 전혀 근거가 없는 것은 아니었다. 러벳 포트-화이트맨Lovett Fort-Whiteman처럼, 모스크바로 가서 소련 공산당에 입당하고 거기서 교육을 받은 뒤 미국으로 돌아와 노동 운동에 매진한 흑인의 사례가 있다. 하지만 흑인 노동 운동이나 인권 운동의 핵심은 비교적 온건한 노선을 택한 전미유색인지위향상협회NAACP와 두보이스, 그리고 흑인 노조 운동의 대부 격인 필립 랜돌프A. Philip Randolph 등이었다고 봐야 하며, 이들은 공산당이나 급진주의와 분명히 거리를 두었다. Glenda Elizabeth Gilmore, *Defying Dixie : The Radical Roots of Civil Rights, 1919~1950*(New York : W. W. Norton, 2008), 15~105쪽.

제3장 로스앤젤레스—자연의 정복과 다인종 사회

1 이 장의 "1. 사막의 낙원"과 "2. 자동차 도시"는 박진빈, 〈환경, 공간, 인종—LA의 도시 정체성〉,《역사와문화》13권(2007년 3월), 162~193쪽의 일부를 수정, 보완한 것이다.

2 Steven P. Erie, "How the Urban West Was Won : The Local State and Economic Growth in Los Angeles, 1880~1932", *Urban Affairs Quarterly* 27(1992년 6월), 519~554쪽.

3 Abraham Hoffman, *Vision or Villainy : Origins of the Owens Valley-Los Angeles Water Controversy*(College Station : Texas A & M University Press, 1981) ; William Karl, *Water and Power : The Conflict over Los Angeles' Water Supply in the Owens Valley*(Berkeley : University of California Press, 1982).

4 브루스 커밍스,《바다에서 바다로 : 미국 패권의 역사》, 박진빈·김동노·임정명 옮김(서해문집, 2011), 406~414쪽.

5 Mike Davis, *City of Quartz : Excavating the Future in Los Angeles*(New York : Vintage, 1992), 110~120쪽.

6 Michael F. Logan, *The Lessening Stream : An Environmental History of the Santa Cruz River*(Tuscon : University of Arizona Press, 2002), 245~247쪽.

7 〈미 서부 가뭄, 500년 내 최악 될 듯〉,《연합뉴스》(2004년 6월 19일) ; 〈워싱턴 주 등 미 북서부 겨울 가뭄 비상〉,《연합뉴스》(2005년 3월 14일).

8 시미스 관리 부처인 캘리포니아 수자원국 홈페이지 참고. http://wwwdwr.water.ca.gov

9 Charles Mulford Robinson, *The City Beautiful : Report to the Municipal Art Commission*(Los Angeles : William J. Porter, 1909), 32쪽.

10 Kevin Starr, *Material Dreams : Southern California through the 1920s*(New York : Oxford University Press, 1990), 46쪽.

11 Martin Wachs, "The Evolution of Transportation Policy in Los Angeles : Images of Past Policies and Future Prospects", Allen J. Scott·Edward W. Soja (eds.), *The City : Los Angeles and Urban Theory at the End of the Twentieth Century*(Berkeley : UC Press, 1996), 112~120쪽.

12 Wachs, "The Evolution of Transportation Policy in Los Angeles", 127~132쪽.

13 "A History of Miracle Mile", http://artdecoapts.com/MM%20History.htm

14 http://en.wikipedia.org/w/index.php?title=Miracle_Mile%2C_Los_Angeles%2C_California

15 John Modell, *The Economics and Politics of Racial Accommodation : The Japanese of Los Angeles, 1900~1942*(Urbana : University of Illinois Press, 1977), 99~107쪽.

16 Ronald Takaki, *Strangers from a Different Shore : A History of Asian Americans* (Berkeley : University of California Press, 1987), 179~185쪽.

17 Douglas Sackman, *Orange Empire : California and the Fruits of Eden*(Berkeley : University of Califronia Press, 2005), 127~133쪽.

18 Takaki, *Strangers from a Different Shore*, 186~189쪽.

19 Takaki, *Strangers from a Different Shore*, 192쪽.

20 Eiichiro Azuma, *Between Two Empires : Race, History, and Transnationalism in*

Japanese America(New York : Oxford University Press, 2005), 61~66쪽.

21 Robert Higgs, "Landless by Law : Japanese Immigrants in California Agriculture to 1941", *Journal of Economic History*, vol. 38, no. 1(1978년 3월), 220~221쪽.

22 Azuma, *Between Two Empires*, 78쪽.

23 Takaki, *Strangers from a Different Shore*, 207~209쪽.

24 Greg Robinson, *By Order of the President : FDR and the Internment of Japanese Americans*(Cambridge : Harvard University Press, 2001).

25 Takaki, *Strangers from a Different Shore*, 379쪽.

26 Robinson, *By Order of the President* ; Emiko Omori, *Rabbit in the Moon : A Documentary/Memoir about the World War II Japanese American Internment Camps* (Furumoto Foundation, 2004).

27 Bonnie Tsui, *American Chinatown : A People's History of Five Neighborhoods*(New York : Free Press, 2009), 117쪽.

28 George Sanchez, *Becoming Mexican American : Ethnicity, Culture and Identity in Chicano Los Angeles, 1900~1945*(New York : Oxford University Press, 1993), 33~125쪽.

29 http://www.pbs.org/wgbh/amex/zoot/eng_peopleevents/e_riots.html

30 Stuart Cosgrove, "The Zoot-Suit and Style Warfare", *History Workshop Journal* 18(1984), 77~91쪽 ; Eduardo Obregon Pagan, "Los Angeles Geopolitics and the Zoot Suit Riot, 1943", *Social Science History* 24-1(2000년 봄), 223~256쪽.

31 Richard Rayner, *A Bright and Guilty Place : Murder, Corruption, and Los Angeles's Scandalous Coming of Age*(New York : Doubleday, 2009).

32 Marc Cooper, "The Two Worlds of Los Angeles", *The Nation*(2000년 8월 21일) ; "Color of Money : The 2004 Presidential Race", http://www.colorofmoney.org/report/2004_cofm_pres_11_15.pdf

33 Robert Gottlieb · Mark Vallianatos · Regina M. Freer · Peter Dreier, *The Next Los Angeles : The Struggle for a Livable City*(Berkeley : University of California Press, 2006), 90~91쪽.

34 Cooper, "The Two Worlds of Los Angeles".

35 Mike Davis, *City of Quartz : Excavating the Future in Los Angeles*, 223~263쪽.

제4장 애틀랜타―백인의 도시 탈출과 쇼핑몰 교외

1 John Shelton Reed, *My Tears Spoiled My Aim : And Other Reflections on Southern Culture*(New York : Harvest Book, 1994), 5~28쪽.

2 James Cobb, *The Selling of the South : The Southern Crusade for Industrial Development, 1936~1990*(Urbana : University of Illinois Press, 1993), 125~126쪽 ; Virginia Hein, "The Image of 'A City Too Busy to Hate' : Atlanta in the 1960s", *Phylon* 33:3(1972년 가을), 206쪽 ; Ronald Bayor, *Race and the Shaping of Twentieth-Century Atlanta*(Chapel Hill : University of North Carolina Press, 2000), 221~225쪽.

3 Alton Hornsby Jr., "Black Public Education in Atlanta, Georgia, 1954~1973 : From Segregation to Segregation", *Journal of Negro History* 76(1991).

4 *New York Times*(1961년 8월 31일) ; *US News and World Report*(1961년 9월 11일).

5 Kevin Kruse, *White Flight : Atlanta and the Making of Modern Conservatism* (Princeton : Princeton University Press, 2005), 156~158쪽.

6 Kruse, *White Flight*, 161~179쪽.

7 Bayor, *Race and the Shaping of Twentieth-Century Atlanta*, 40~41쪽.

8 Steven Weisenburger, "The Columbians, Inc. : A Chapter of Racial Hatred from the Post-World War II South", *Journal of Southern History* 69:4(2003년 11월), 824~826쪽 ; Stetson Kennedy, *Klan Unmasked*(Birmingham : University of Alabama Press, 1990), 125~151쪽.

9 Kruse, *White Flight*, 78~92쪽.

10 "Remaining Walls", *Ebony*(1963년 6월), 24~25쪽 ; Paul Carter, "49 Years Ago This Month : Atlanta's 'Berlin Wall' ; December 1962", *Atlanta Magazine*(2011년 12월).

11 1934년의 국민주택법은 1949년, 1954년, 1961년에 개정되었다. 1949년의 개정에서는 구시가지의 재개발을 촉진하고 구시가지에 공공 주택을 건설하기 위한 제도가 추가적으로 마련되었고, 1954년과 1961년의 개정에서는 주택 단지의 개

290 도시로 보는 미국사

발이나 재개발이 전체 도시의 개발 계획과 유기적으로 이루어지도록 조치되었다. Gail Radford, *Modern Housing for America : Policy Struggles in the New Deal Era*(Chicago : University of Chicago Press, 1996).

12 팽창sprawl은 전방위로 무질서하게 무계획적으로 마구 뻗어나간다는, 어느 정도 부정적인 의미를 담고 있는 말이다. 전후 교외로의 도시 팽창의 양상과 연방정부 정책의 영향에 대해서는 Kenneth Jackson, *Crabgrass Frontier : The Suburbanization of the United States*(New York : Oxford University Press, 1985), 190~218쪽 ; Rosalyn Baxandall · Elizabeth Ewen, *Picture Windows : How the Suburbs Happened*(New York : Basic Books, 2000), 78~105쪽.

13 Robert Bullard · Glenn Johnson · Angel Torres (eds.), *Sprawl City : Race, Politics, and Planning in Atlanta*(Washington DC : Island Press, 2000), 1~19쪽.

14 US Bureau of Census, *US Censuses of Population and Housing*, 1960, 1970, 1980 ; Douglas Massey · Nancy Denton, *American Apartheid : Segregation and the Making of the Underclass*(Cambridge : Harvard University Press, 1993), 47~76쪽.

15 Baxandall · Ewen, *Picture Windows*.

16 "3. 새로운 도시, 쇼핑몰 교외"는 박진빈, 〈전후 미국의 쇼핑몰의 발전과 교외적 삶의 방식〉, 《미국사연구》 37권(2013년 5월), 107~134쪽의 일부를 수정, 보완한 것이다.

17 Lizabeth Cohen, *A Consumers' Republic : The Politics of Mass Consumption in Postwar America*(New York : Vintage Books, 2003), 194~256쪽. 전후 교외 가정을 채울 소비주의의 대표적 상품들에 대해서는 Thomas Hine, *Populuxe*(New York : Alfred Knopf, 1986) ; Lynn Spigel, *Welcome to the Dreamhouse : Popular Media and Postwar Suburbs*(Durham, NC : Duke University Press, 2001).

18 M. Jeffrey Hardwick, *Mall Maker : Victor Gruen, Architect of an American Dream*(Philadelphia : University of Pennsylvania Press, 2010), 72~90쪽.

19 Victor Gruen, "Dynamic Planning for Retail Areas", *Harvard Business Review* 32, no. 6(1954년 11/12월), 53~62쪽.

20 Victor Gruen · Larry Smith, *Shopping Towns USA : The Planning of Shopping Centers*(New York : Reinhold Publishing Corporation, 1960), 23~24쪽.

21 Hardwick, *Mall Maker*, 128~131쪽.

22 Joel Garreau, *Edge City : Life on the New Frontier*(New York : Anchor Books, 1992), 103~138쪽.

23 Stephanie Dyer, "Designing 'Community' in the Cherry Hill Mall : The Social Production of a Comsumer Space", *Perspectives in Vernacular Architecture* 9(2003), 263~275쪽.

24 2000년까지의 통계에 따르면, 한 달에 1억 9,600만 명의 미국인이 쇼핑몰을 방문하며, 1,000만 명 이상이 쇼핑몰에 고용되어 있다. 미국인은 월 평균 3.2회 쇼핑몰에 가서 매번 71달러 정도를 쓰는데, 이는 연간 1조 달러의 매출로 이어진다. James J. Farrell, *One Nation Under Goods*(Washington DC : Smithsonian Books, 2010), ix쪽.

25 Cohen, *A Consumers' Republic*, 274~278쪽.

26 Jackson, *Crabgrass Frontier*와 더불어 교외 연구의 고전들을 참고할 것. Robert Fishman, *Bourgeois Utopias : The Rise and Fall of Suburbia*(New York : Basic Books, 1987) ; Dolores Hayden, *Building Suburbia : Green Fields and Urban Growth, 1820~2000*(New York : Vintage Books, 2003) ; Dianne Harris (ed.), *Second Suburb : Levittown, Pennsylvania*(Pittsburgh : University of Pittsburgh Press, 2010).

27 Kruse, *White Flight*, 248~251쪽.

28 Lisa McGirr, *Suburban Warriors : The Origins of the New American Right* (Princeton : Princeton Univeristy Press, 2001).

29 Robert Self, *American Babylon : Race and the Struggle for Postwar Oakland* (Princeton : Princeton University Press, 2003).

제5장 세인트루이스—도심지 재개발의 악몽

1 Colin Gordon, *Mapping Decline : St. Louis and the Fate of the American City*(Philadelphia : University of Pennsylvania Press, 2008), 22~38쪽.

2 Robert Mendelson · Michael Quinn (eds.), *The Politics of Housing in Older Urban*

Areas(New York : Praeger Publishing, 1976), 151~158쪽.

3 Michael Katz, "Reframing the 'Underclass' Debate", Michael Katz (ed.), *The 'Under-
class' Debate : Views from History*(Princeton : Princeton University Press, 1993),
449~457쪽.

4 Gordon, *Mapping Decline*, 72·74쪽.

5 Gordon, *Mapping Decline*, 83쪽 ; Mendelson·Quinn, *The Politics of Housing in
Older Urban Areas*, 162~165쪽.

6 City Plan Commission, *Comprehensive City Plan, Saint Louis, Missouri*(Saint Louis :
City Plan Commission, 1947).

7 Alexander Von Hoffman, "Why They Built Pruitt-Igoe", John Bauman·Roger Biles·
Kristin Szylvian (eds.), *From Tenements to the Taylor Homes*(University Park : The
Pennsylvania State University Press, 2000), 180~205쪽.

8 Roger Montgomery, "Pruitt-Igoe : Policy Failure or Societal System," Barry Checko-
way·Carl Patton (eds.), *The Metropolitan Midwest, Policy Problems and Prospects
for Change*(Urbana : University of Illinois Press, 1985), 236~237쪽.

9 Eric Karolak, "'No Idea of Doing Anything Wonderful' : The Labor-Crisis Origins of
National Housing Policy and the Reconstruction of the Working-Class Community,
1917~1919", John Bauman·Roger Biles·Kristin Szylvian (eds.), *From Tenements to
the Taylor Homes*(University Park : The Pennsylvania State University Press, 2000),
60~80쪽.

10 Gail Radford, *Modern Housing for America : Policy Struggles in the New Deal
Era*(Chicago : University of Chicago Press, 1996).

11 Gordon, *Mapping Decline*, 163쪽.

12 Eugene Meehan, *Public Housing Policy : Convention Versus Reality*(New Bruns-
wick : Rutgers University Press, 1975), 8~10·33쪽.

13 "Slum Surgery in St. Louis", *Architectural Forum*(1951년 4월) 94:4, 128~135쪽.

14 "Four Vast Housing Projects for St. Louis", *Architectural Record*(1956년 8월)
120:2, 182~189쪽.

15 Oscar Newman, *Defensible Space : Crime Prevention Through Urban Design*(New

York : Macmillan, 1972).

16 Marsha Canfield, "Pruitt-Igoe, Sad Song to the Tune of $41Million", *St. Louis Globe-Democrat*(1971년 1월 27일) ; "Pruitt-Igoe Fiasco May Have Taught Us Nothing, Urban Specialist Says", *St. Louis Globe-Democrat*(1975년 10월 3일).

17 Eugene Porter, *A Dream Deferred : The Story of Pruitt-Igoe's Conditions*(Pamphlet Prepared by the Pruitt-Igoe Neighborhood Corporation, 1966년 11월 7일), SHSMO, sl 434 box 10 file 288.

18 Katherine G. Bristol, "The Pruitt-Igoe Myth", *Journal of Architectural Education*(1991년 5월) 44:3, 164~165쪽.

19 "Crime in High-Rise Housing", *St. Louis Globe-Democrat*(1959년 10월 10일).

20 "Can Subsidies Solve America's Problem? : An Industry's Answer", *Nation's Business*(1965년 8월), 53:8, 36~37 · 81~84쪽.

21 *Housing for Low-Income Families : HUD's New Section 8 Housing Assistance Payments Program*(US Department of Housing and Urban Development), SHSMO, sl 772 box 7 file 127 ; Gordon, *Mapping Decline*, 102~109쪽.

22 I. Jack Fasteau · Abner D. Silverman, *Two-Year Progress Report of Joint Task Force on Health, Education, Welfare Services and Housing*(US Department of Health, Education and Welfare and US Housing and Home Finance Agency, 1964년 9월), 9~14쪽.

23 Edward Goetz, "Where Have All the Towers Gone? The Dismantling of Public Housing in U.S. Cities", *Journal of Urban Affairs*, vol. 33, no. 3(2011), 270~274쪽.

24 *The Pruitt-Igoe Expanded Services Program Final Report, September 1, 1964~December 1, 1967*(St. Louis City Office, Missouri Division of Welfare), SHSMO, sl 434 box 8 file 240.

25 "Proud Residents of Pruitt-Igoe", *St. Louis Post-Dispatch*(1967년 4월 20일) ; "Respect and Friendship Are Developed in Ethical Society-Pruitt-Igoe Program", *St. Louis Globe-Democrat*(1967년 8월 30일) ; "Pastor Finds Pruitt-Igoe Has Many Good Citizens", *St. Louis Globe-Democrat*(1969년 9월 1일).

26 John Lyons, *The Story of a Block Partnership in Pruitt-Igoe, St. Louis, MO*(1971

년 9월), SHSMO, sl 790 box 2 folder 6.

27 Lee Reinwater, *Behind Ghetto Walls : Black Life in a Federal Slum*(Chicago : Aldine, 1970).

28 Andrew Hurley, *Beyond Preservation : Using Public History to Revitalize Inner Cities*(Philadelphia : Temple University Press, 2010), 55~94쪽.

29 인종의 주거지 분리에 대한 고전 Douglass S. Massey · Nancy A. Denton, *American Apartheid : Segregation and the Making of the Underclass*(Cambridge : Harvard University Press, 1993), 60~82쪽은 다섯 가지 지표를 통해 각 도시의 인종 분리의 정도를 평가한다.

제6장 앨커트래즈─그들만의 나라

1 이 장의 내용은 박진빈, 〈미국 원주민의 알카트라즈 점거사건의 의의〉, 《동국사학》 44권(2008년 6월), 157~180쪽을 수정, 보완한 것이다.

2 Adam Fortunate Eagle, *Alcatraz! Alcatraz! The Indian Occupation of 1969~1971*(Berkeley : University of California Press, 1991), 44쪽.

3 Eagle, *Alcatraz!*, 36~43쪽.

4 James Olson · Raymond Wilson, *Native Americans In the Twentieth Century*(Urbana : University of Illinois Press, 1984), 168~169쪽.

5 Eagle, *Alcatraz!*, 44~45쪽.

6 하워드 진, 《미국 민중 저항사 2》, 조선혜 옮김(일월서각, 1986), 288~289쪽.

7 Olson · Wilson, *Native Americans In the Twentieth Century*, 164쪽.

8 필리프 자캥, 《아메리카 인디언의 땅》, 송숙자 옮김(시공사, 1998), 172쪽.

9 켄트 너번, 《상처난 무릎, 운디드니》, 정지인 옮김(시학사, 2003), 75~76 · 99쪽.

10 Eagle, *Alcatraz!*, 46~47쪽.

11 윌리엄 헤이건, 〈서부는 어떻게 사라졌나〉, 프레더릭 혹시 · 피터 아이버슨 엮음, 《미국사에 던지는 질문》, 유시주 옮김(영림카디널, 2000), 237~266쪽 ; 앨런 와인스타인 · 데이비드 루벨, 《사진과 그림으로 보는 미국사》, 이은선 옮김(시공사, 2004), 317~343쪽.

12 Mark David Spence, *Dispossessing the Wilderness : Indian Removal and the Making of the National Park*(New York : Oxford University Press, 1999), 123~128쪽.

13 Richard West Sellars, *Preserving Nature in the National Parks*(New Haven : Yale University Press, 1997), 267~290쪽.

14 Olson · Wilson, *Native Americans*, 49~78쪽.

15 패트리샤 넬슨 리매릭,《정복의 유산 : 서부개척으로 본 미국의 역사》, 김봉중 옮김(전남대학교 출판부, 1998), 229~230쪽.

16 Tim Findley, "Alcatraz Recollections", Troy Johnson · Joane Nagel · Duane Champagne (eds.), *American Indian Activism : Alcatraz to the Longest Walk*(Urbana : University of Illinois Press, 1997), 84~85쪽. 오크스 역시 육지로 나온 지 얼마 되지 않아 1972년에 살해되었는데, 이로 미루어 원주민 내부의 갈등과 권력 투쟁이 심각했을 것으로 짐작된다.

17 John Garvey · Troy Johnson, "The Government and the Indians : The American Indian Occupation of Alcatraz Island, 1969~1971", *American Indian Activism : Alcatraz to the Longest Walk*, 153~185쪽.

18 오글랄라 라코타 부족과 미국원주민운동은 사우스다코타 주의 운디드니 시를 점거하고 연방정부의 원주민 정책에 대한 불만을 표시했다. 그들이 이 도시를 선택한 것은, 이곳이 바로 1890년 연방군에 의해 라코타 부족 원주민이 학살당한 역사의 현장이기 때문이었다.

19 Troy Johnson · Duane Champagne · Joane Nagel, "American Indian Activism and Transformation : Lessons from Alcatraz", *American Indian Activism : Alcatraz to the Longest Walk*, 25~39쪽.

20 추수감사절이 백인의 시각에서 원주민과의 첫 조우를 긍정적으로 역사화하는 행사라면, 이것을 백인의 침략과 원주민의 몰락이라는 측면에서 해석하는 행사가 바로 '추수 감사 안 하기 축제'라고 볼 수 있다.

제7장 워싱턴 DC—기념 공간의 형성

1 Excerpt from Oral History Interview with Modjeska Simkins, Interview A-0356,

Southern Oral History Program Collection #4007, http://docsouth.unc.edu/sohp/
A-0356/excerpts/excerpt_959.html(검색일 : 2016년 3월 26일) ; "Eleanor Roosevelt
and Marion Anderson", http://fdrlibrary.marist.edu/aboutfdr/anderson.html(검색일 :
2015년 12월 8일).

2 Scott Sandage, "A Marble House Divided : The Lincoln Memorial, The Civil Rights
   Movement, and the Politics of Memory, 1939~1963", *Journal of American History*
   80-1(1993년 6월), 143~151쪽.

3 Michael Lewis, "The Idea of the American Mall", Nathan Glazer · Cynthia Field (eds.),
   The National Mall : Rethinking Washington's Monumental Core(Baltimore : John's
   Hopkins University Press, 2008), 11~12쪽.

4 Pamela Scott, "This Vast Empire", Richard Longstreth (ed.), *The Mall in Washington*
   (Washington DC : National Gallery of Art, 2003), 55쪽.

5 Lewis, "The Idea of the American Mall", 14~15쪽.

6 Kirk Savage, *Monument Wars : Washington DC, the National Mall, and the Trans-
   formation of the Memorial Landscape*(Berkeley : University of California Press,
   2005), 70쪽.

7 Savage, *Monument Wars*, 35~44쪽.

8 Paul Longmore, *The Invention of George Washington*(Charlottesville : University of
   Virginia Press, 1999), 207쪽.

9 Savage, *Monument Wars*, 54~56쪽.

10 Constance Green, *Washington : Capital City, 1879~1950*(Princeton : Princeton
   University Press, 1963), 132~146쪽.

11 "Report of the Senate Committee on the District of Columbia on the Improvement
   of the Park System of the District of Columbia", Senate Report no. 166, 57th Con-
   gress, 1st Session(Washington DC : Government Printing Office, 1902), http://
   www.library.cornell.edu/Reps/DOCS/parkcomm.htm(검색일 : 2013년 1월 18일).

12 "Vandals Deface Lincoln Memorial", *Ocala Star-Banner*(1962년 9월 27일).

13 Sandage, "A Marble House Divided", 164쪽. 웃지 못할 해프닝도 있었다. 1979년
   일군의 농민이 트랙터를 몰고 와 곡물 가격 인상을 요구하며 농성을 벌였다. 그

런데 때마침 심한 눈보라로 시민들이 고립되었고, 그러자 농성 중이던 농민들이
나서서 트랙터로 이들을 구조했다.

14 Savage, *Monument Wars*, 265~279쪽.

15 Nathan Glazer, "Monuments, Modernism, and the Mall", Glazer·Field (eds.), *The National Mall*, 117~133쪽.

제8장 뉴욕—젠트리피케이션의 최전선

1 이 장의 내용은 박진빈, 〈1970년대 이후 뉴욕의 젠트리피케이션—신자유주의 시대 대도시의 운명〉, 《역사비평》89호(2009년 11월), 333~364쪽을 수정, 보완한 것이다.

2 프랑스의 나폴레옹 3세(재위 1852~1870)는 파리의 도시 정비를 오스망E. Haussmann에게 맡겼고 오스망은 1870년까지 대대적인 도로 및 다리 건설, 하수시설 정비, 주거 환경의 위생적 개발, 공원과 광장의 조성 등을 통해 오늘날의 파리 모습 대부분을 만든 도시 정비를 주도했다. 그의 이름을 딴 '오스망화'는 이후 세계의 수많은 도시에서 근대적 정비 모델로 수용되었다.

3 Helga Leitner·Jamie Peck·Eric Sheppard (eds.), *Contesting Neoliberalism : Urban Frontiers*(New York : Guilford Press, 2007).

4 Rowland Atkinson·Gary Bridge (eds.), *Gentrification in a Global Context : The New Urban Colonialism*(London : Routledge, 2005), 1~17쪽.

5 Neil Smith, "New Globalism, New Urbanism : Gentrification as Global Urban Strategy", *Antipode* 34:3(2002), 427~450쪽.

6 Neil Smith, "Giuliani Space : Revanchist City", Ines Miyares·Marianna Pavlovskaya·Gregory Pope (eds.), *From the Hudson to the Hampton : Snapshots of the New York Metropolitan Area*(Washington DC : Association of American Geographers, 2001), 71~73쪽.

7 Jacob Riis, *How the Other Half Lives*(New York : Charles Scribner's Sons, 1901) ; Janet Abu-Lughod, "Welcome to the Neighborhood", Janet Abu-Lughod (ed.), *From Urban Village to East Village : The Battle for New York's Lower East Side*

(Cambridge : Blackwell, 1994), 17~40쪽.

8 Janet Abu-Lughod (ed.), *From Urban Village to East Village : The Battle for New York's Lower East Side*(Cambridge : Blackwell, 1994), 1~5쪽.

9 Neil Smith·Betsy Duncan·Laura Reid, "From Disinvestment to Reinvestment : Mapping the Urban 'Frontier' in the Lower East Side", Abu-Lughod (ed.), *From Urban Village to East Village*, 149~167쪽 ; Christopher Mele, *Selling the Lower East Side : Culture, Real Estate, and Resistance in New York City*(Minneapolis : University of Minnesota Press, 2000), 162~166쪽.

10 Mele, *Selling the Lower East Side*, 224~225쪽.

11 William Sites, "Public Action : New York City Policy and the Gentrification of the Lower East Side", Abu-Lughod (ed.), *From Urban Village to East Village*, 189~199쪽. '시 후원 기구'는 파산 직전이었던 뉴욕 시의 재정을 흑자로 돌려놓아 "뉴욕을 구했다"는 평가를 받으며 2008년에 화려하게 해체되었다. "Municipal Assistance Corp., New York's 1975 Savior Says 'See Ya'", *New York Daily*(2008년 9월 28일).

12 Neil Smith, *The New Urban Frontier : Gentrification and the Revanchist City* (New York : Routledge, 1996), 22쪽.

13 Graig Unger, "The Lower East Side : There Goes the Neighborhood", *New York Magazine*(1984년 5월 28일), 32~41쪽.

14 젠트리피케이션의 단계 구분에 대해서는 Loretta Lees·Tom Slater·Elvin Wyly, *Gentrification*(New York : Routledge, 2008), 130·175~179쪽.

15 Unger, "The Lower East Side", 40쪽 ; Mele, *Selling the Lower East Side*, 239쪽.

16 Mele, *Selling the Lower East Side*, 224~256·287~297쪽.

17 Unger, "The Lower East Side", 40쪽.

18 Christopher Mele, "The Process of Gentrification in Alphabet City", Abu-Lughod (ed.), *From Urban Village to East Village*, 180~182쪽.

19 C. Carr, "Night Clubbing : Reports from the Tompkins Square Police Riot", *Village Voice*(1988년 8월 16일), 10·17쪽 ; Smith, *The New Urban Frontier*, 4~12쪽.

20 Jason Hackworth, *The Neoliberal City : Governance, Ideology, and Development*

in American Urbanism(Ithaca : Cornell University Press, 2007), 123~133쪽. 미국사에서 리버럴리즘은 (고전적) 자유주의와는 차별화되기 때문에 번역하지 않고 그대로 쓰는 것이 바람직하다. 미국의 리버럴리즘은 사회적 약자에 대한 복지 정책 강화와 정부의 시장 중재 및 개입을 중시하는 사상으로, 1890년대의 혁신주의, 1930년대의 뉴딜, 1960년대의 사회보장정책 등으로 이어져왔다. 주로 민주당의 국내 정책의 기본이 되며, 오바마 행정부의 조세 및 의료보험 정책도 리버럴리즘의 연장선상에 있다.

21 Smith, "Giuliani Space", 70~77쪽 ; Nicholas Fyfe, "Zero Tolerance, Maximum Surveillance? Deviance, Difference and Crime Control in the Late Modern City", Loretta Lees (ed.), *The Emancipatory City? Paradoxes and Possibilities*(London : Sage Publications, 2004), 40~48쪽.

22 Derek Hyra, *The New Urban Renewal : The Economic Transformation of Harlem and Bronzeville*(Chicago : University of Chicago Press, 2008), 38 · 48~49쪽.

23 Lance Freeman, *There Goes the 'Hood : Views of Gentrification from the Ground Up*(Philadelphia : Temple University Press, 2006), 28~34쪽.

24 David Maurrasse, *Listening to Harlem : Gentrification, Community, and Business* (New York : Routledge, 2006), 13~40쪽.

25 Amy Waldman, "In Harlem, A Hero's Welcome for New Neighbor Clinton", *New York Times*(2001년 7월 31일).

26 Maurrasse, *Listening to Harlem*, 100~101쪽.

27 개개인의 사례들은 Rebecca Weber, "The New Gentrification", *Gotham Gazette*(2000년 12월 11일), www.gothamgazette.com/printable.php(검색일 : 2009년 1월 12일) ; John Leland, "A New Harlem Gentry in Search of Its Latte", *New York Times*(2003년 8월 7일).

28 Freeman, *There Goes the 'Hood*, 27~32쪽 ; Kathe Newman · Elvin Wyly, "Gentrification and Resistance in New York City", *Shelterforce Online* #142(2005년 7월/8월), www.nhi.org/online/issues/142/gentrification.html(검색일 : 2009년 1월 12일).

29 Maurrasse, *Listening to Harlem*, 103 · 115 · 109 · 80 · 135쪽.

30 US Department of Housing and Urban Development and US Department of Com-

merce, "American Housing Survey for the New York Metropolitan Area : 2003",
23~26쪽, http://www.census.gov/hhes/www/housing/ahs/metropolitandata.
html(검색일 : 2009년 8월 28일).

31 Neil Brenner · Nik Theodore (eds.), *Spaces of Neoliberalism : Urban Restructuring
in North America and Western Europe*(London : Blackwell, 2002).

32 Kari Lydersen, "Shame of the Cities : Gentrification in the New Urban America",
LiP Magazine(1999년 3월 15일), www.lipmagazine.org/articles/featlydersen_7_
p.htm(검색일 : 2009년 1월 12일).

33 박상미,《뉴요커 : 한 젊은 예술가의 뉴욕 이야기》(마음산책, 2004), 94쪽.

34 Hannah Fons, "Grit and Glamour : Rediscovering the Meatpacking District", *The
Cooperator*, www.cooperator.com/articles/637/1/Grit-and-Glamour(검색일 : 2009
년 1월 12일).

책을 마치며 : 도시의 미래—젠트리피케이션 너머

1 이와사부로 코소,《죽음의 도시, 생명의 거리》, 서울리다리티 옮김(갈무리, 2013),
85쪽.

2 이 사건과 관련된 정보에 대해서는 http://anar.tistory.com/39 참고(검색일 : 2016
년 2월 9일).

3 코소,《죽음의 도시, 생명의 거리》, 223~257쪽.

4 마이크 데이비스,《슬럼, 지구를 뒤덮다》, 김정아 옮김(돌베개, 2007).

5 코소,《죽음의 도시, 생명의 거리》, 281 · 294쪽.

6 Michael B. Katz, *Why Don't American Cities Burn?*(Philadelphia : University of
Pennsylvania Press, 2012).

7 Nicholas Dagen Bloom, *Public Housing That Worked : New York in the Twentieth
Century*(Philadelphia : University of Pennsylvania Press, 2009) ; David James Erickson,
The Housing Policy Revolution : Networks and Neighborhoods(Washington DC : Ur-
ban Institute Press, 2009).

8 Jeremiah Moss, "Disney World on the Hudson," *The New York Times*(2012년 8월

21일). 이 저자의 블로그는 젠트리피케이션에 의해 자취를 감추고 있는 뉴욕의 곳곳을 알리고 있다. www.vanishingnewyork.blogspot.com

9 Kelly Chan, "Getting to the Bottom of the High Line Controversy : How Good Design Spurred Chelsea's Gentrification", *Blouinartinfo*(2012년 8월 24일).

10 Winifred Curran·Trina Hamilton, "Just Green Enough : Contesting Environmental Gentrification in Greenpoint, Brooklyn", *Local Environment* 17(9)(2012년 10월), 1027~1042쪽 ; Jennifer Wolch·Jason Byrne·Joshua Newell, "Urban Green Space, Public Health, and Environmental Justice : The Challenge of Making Cities 'Just Green Enough'", *Landscape and Urban Planning* 125(2014), 234~244쪽 ; 그리고 그린포인트 마을의 공식 누리집(www.newtowncreekalliance.org)에는 "회복하고restore, 드러내고reveal, 다시 활력을 주자revitalize"라는 구호가 선명하게 나타나 있다.

찾아보기

도시로 보는 미국사

아메리칸 시티, 혁신과 투쟁의 연대기

초판 1쇄 발행 2016년 6월 10일
초판 4쇄 발행 2021년 3월 9일

지은이 박진빈

펴낸이 김현태
펴낸곳 책세상
등록 1975. 5. 21. 제1-517호
주소 서울시 마포구 잔다리로 62-1, 3층(04031)
전화 02-704-1250(영업) 02-3273-1334(편집)
팩스 02-719-1258
이메일 editor@chaeksesang.com
광고·제휴 문의 creator@chaeksesang.com
홈페이지 chaeksesang.com
페이스북 /chaeksesang   **트위터** @chaeksesang
인스타그램 @chaeksesang   **네이버포스트** bkworldpub

ISBN 979-11-5931-065-2 93940

이 도서의 국립중앙도서관 출판예정도서목록(CIP)은 서지정보유통지원시스템 홈페이지
(http://seoji.nl.go.kr)와 국가자료종합목록 구축시스템(http://kolis-net.nl.go.kr)에서
이용하실 수 있습니다.(CIP제어번호: CIP2016013192)

이 저서는 2011년 정부(교육부)의 재원으로 한국연구재단의 지원을 받아 수행된 연구입니다
(NRF-2011-812-A00032).